문예신서
236

튜 링

인공지능 창시자

장 라세구

임기대 옮김

東 文 選

튜 링

Jean Lassègue

TURING

차 례

연대기로 본 튜링

1912년 6월 23일 런던에서 앨런 매시슨 튜링(Alan Mathison Tu-ring)은 줄리어스 매시슨 튜링(Julius Mathison Turing)과 스토니 (Stoney)에서 태어난 에설 사라(Ethel Sara)의 아들로 출생한다.

1912-1921년 앨런과 그의 큰형인 존은 영국에 있는 접대 가정에 의해 양육되었다. 그들의 부모는 인도에 살고 있었는데, 인도에서 튜링의 부친은 식민지를 통치하는 공무원으로 근무하고 있었다. 튜링의 부모는 자녀들을 가끔씩 보기만 할 뿐이었다.

1917년 다시 톰슨(D'Arcy Thomson):《성장과 형태에 관해서》.

1926년 앨런 튜링은 셔본에 있는 퍼블릭 스쿨에 입학한다.

1928년 D. 힐베르트는 볼로냐에서 개최된 학술회의에서 자신의 프로그램을 새로이 바꾼다.

에딩턴(Eddington):《물질계의 구조》.

1931년 수학 연구를 위해 케임브리지에 있는 킹스 칼리지에 입학한다. (그의 조부 중 한 명이 목사가 되기 전에 수학자였다.)

괴델(K. Gödel):《수학 원리의 결정 가능할 수 없는 명제와 유사 체계 I에 관하여》.

1933년 히틀러가 권좌에 오르고, 독일과 중앙유럽 국가들의 지식인들이 망명길에 오른다.

1934년 보통보다 나은 성적으로 수학사 학위를 취득한다.

1935년 확률론 계산에서 한계중심정리에 관한 '학위 논문'을 한 후 킹스 칼리지의 특별 연구원이 된다.

1936년 D. 힐베르트가 제시했던 결정 가능성(Entscheidung)의 부정적 결과를 증명해 보인다. 처치(A. Church)와 폰 노이만(J. von Neumann)과 함께 프린스턴대학으로 공부하러 간다.

1937년 《런던수학협회 의사록》에서 〈계산 가능한 수와 결정할 문제에의 응용〉을 출간했다. 프린스턴대학에서 프록터(Procter) 장학금을 받아 낸다. 폰 노이만은 다음해에도 프린스턴대학에 머물 것과 자신의 조교가 되어 줄 것을 제의한다.

1938년 영국으로 돌아와서 정부암호학교(Goverment Code and Cypher School; GCCS)에서 해독학 수업을 듣는다.

1939년 9월 4일 전쟁이 시작된다. 튜링은 블레칠리 파크(Bletchley Park)에 있는 GCCS 부서에 들어간다. 그는 영국을 포위하고 있는 독일 해군의 무선 메시지를 해독하는 작업을 수행한다.

1941년 존 클라크(John Clarke)와 약혼하고, 곧 약혼을 파기하게 된다.

1942년 GCCS를 위한 수석 연구 자문위원이 된다. 미국의 암호부서와 접촉하기 위해 미국으로 비밀리에 입국한다. 그리고 원자폭탄에 대한 많은 사항을 자문하게 된다.

1943년 1월부터 3월까지 벨(Bell) 연구소에서 음성 해독 문제에 대해 작업한다. 이곳에서 샤논(Shannon)을 만난다.

1944년 튜링은 음성 암호화 전자기 델리아(Deliah) I에 대한 작업을 한다.

1945년 유럽에서 전쟁이 종료된다.

슈뢰딩거(Schrödinger):《생명이란 무엇인가》.

'두뇌를 구축한다'는 그의 프로젝트를 구상하기 시작한다. 컴퓨터의 자동 계산 기계(Automatic Computing Engine; ACE)를 구축하기 위해 테딩턴에 있는 국립물리연구소(NPL)에 들어간다.

1947년 이론적이고 행정적인 이유로 NPL을 떠나게 된다. 1년 예정으로 케임브리지대학으로 다시 돌아온다. 생리학과 신경과학 수업을 수강한다.

1948년 6월에 실용화될 컴퓨터의 원형에 대한 작업을 하기 위해 맨체스터대학의 정보과학 팀에 들어간다.

1950년 철학지《정신 *Mind*》에 〈계산기와 지능〉이란 논문을 게재한다.

1951년 왕립학회(Royal Society)의 특별 회원으로 선출된다.

동성연애로 인해 소송을 받고 형을 집행받는다. 감옥과 화학적 거세 사이에서 선택해야만 했다.

1952년 《왕립학회 회보》에 그의 논문 〈형태 발생의 화학적 토대〉를 게재한다. 엽서(葉序) 연구를 한다. 10월: (융식의) 정신분석학적 치료법을 받기 시작한다.

1953년 크릭(Crick)과 윗슨(Watson)은 DNA 구조를 발견한다. 2-3월: 호르몬 처방을 받게 된다.

1954년 튜링은 약간의 시안화물에 담가 놓았던 사과를 먹음으로써 (맨체스터에서 가까운) 윔슬로우(Wimslow)에 있는 자택에서 6월 7일 자살한다.

서 문

원숙한 플라톤의 대화 《테아이테토스》를 읽어 가는 데 있어서의 어려운 점은, 그리스식 기원을 통해 학문적 합리성의 연구를 도입해야 할 책임을 맡고 있는 선생에게 과해진다. 이 대화에서 플라톤은 당대의 젊은 수학자를 등장시킨다. 당시 모든 사람들은 엄청난 미래가 예고될 것이라는 생각에 동감하고 있었다. 실제로 역사가 그대로 자취를 보존하고 있는 이 젊은 수학자의 운명은 많은 점에 있어서 영웅적 모습을 보여 준다. 무엇보다도 수학자로서 그의 사고의 영웅적 행위는, 다음과 같은 두 가지 사실에 이르게 하였다. 첫째, 그의 사고 행위는 유클리드의 공리(axiomatique)에서 진술된 바와 같은 무리(無理)수(nombre irrationnel) 이론의 토대를 마련하게 해주었다. 둘째, 글자 이전에 논리학자는 다섯 가지 형태만 존재할 수 있었던 것을 증명하면서 정다면체 목록을 종결시키는 데 성공했다. 행동하는 영웅인 그는, 이후 아테네인들이 기원전 369년 코린트인에 맞서 전투했을 당시 전쟁터에서 입은 많은 상처로 인해 사망했다.

플라톤은 자신의 대화 중 하나의 제목을 통해 수학자이자 시민인 이 젊은이에게 영예를 돌리면서, 인류 문화의 역사에서 수학과 철학의 수수께끼와도 같은 결합을 확인하고 있다. 《테아이테토스》에서 플라톤은 이와 같은 연결을 다음과 같은 방식으로 나타내고 있다. 수학의 산물인 비지식과, 정신이 문제가 되는 지식을 습득했던 방식과 연관된 비지식이 수학이라는 아주 훌륭한 지식에 대립된다. 수학자가 수학적 대상에 접근하게 됐던 방식을 기술하는 것이 가능하기 위해서는 어떤 기능을 정신에 일치시켜야만 하는가? 대화가 진행되는 도중 우리가 고상한 가치를 인정했던 수학적 지식은, 결국 수학적 발견이 진행되는 도중 테아이테토스가 **알려지지 않은 것**(l'inconnu)에 접근해 가는 문제를 제기한 것에 가장 유리한 방법으로서만 나타날 뿐이다. 게다가 이 조사에서 확실성은 차례대로 사라지는데, 이는 **논리적 궁지**(aporie), 해결책의 부재, 우리들 각자를 필요로 하는 합리적 연구 등을 결국 권고하기 위한 것이다.

철학과 수학 간의 전통적 연합을 공고히 하는 일은 이런 불가사의 한 경우를 쇄신하는 데 있다. 또 다른 수학자이자 시민인 앨런 매시슨 튜링의 여정을 서술하면서 뒤이어 나올 부분들은 이런 불가사의 한 면을 쇄신해 가는 데 일조한다. 튜링은 많은 점에서 플라톤 대화에 나오는 젊은 테아이테토스와 흡사하다. 이는 이들 두 명을 분리시키는 시/공간적 거리에도 불구하고 나타나는 현상이다. 튜링에게는 사고의 영웅적 행위도 볼 수 있다. 그는 24세에 산술 행위의 근원을 수학적으로 기술하는 데 성공했으며, 이런 분석으로부터 사고가 작동하는 문제와 동시에 신체 조직을 재구성하고자 했다. 게다가 튜링은 행동에 있어서도 영웅적이다. 흔히 말하기를 튜링이 제2차 세계대전 당시 영국을 봉쇄한 독일 잠수정에 보낸 메시지를 해독하는 데 성공하면서 나치의 침략으로부터 영국을 구해 냈다고 한다. 테아이테토스처럼 튜링은 젊은 나이에 죽었다. 그의 경우는 분명 냉전의 희생양에 해당된다. 다시 한 번 더 테아이테토스처럼 수학에서 튜링의 공헌은 지식의 영역들간의 경계, 그러니까 이 영역에서 새로운 결과를 산출하는 방법을 심오하게 변화시켰다. 튜링이 확실히 만들어 내는 데 공헌한 컴퓨터 사용의 일반화는 지식의 영역에 대해 가장 괄목할 만한 확증을 해낸 것이다. 하지만 수학적 성공은 철학자로 하여금 이 여정에서 논리적 궁지의 길을 찾아내는 것과 지식의 속성이 갖고 있는 불가사의함과 다시 관계를 맺지 못하게 한다. 이 지식의 속성은 포착하기가 매우 어렵지만, 더 어려운 것은 정당화하는 일이다. 그것은 내가 지금 독자에게 권유하고 있는 플라톤의 교훈에 따르면, 가장 확고한 지식에서부터 비지식으로 가고 있는 흐름에 속해 있는 것이다.

I

튜링이 추구한
지적 여정의 주된 방향

1

튜링, 독립적인 연구를 추구한 인물

튜링은 학문에 대한 관심이 아주 다양했다. 예를 들어 순수수학
(확률론 · 통계학 · 수 이론 · 군론), 수리논리학(결정 가능성 · 계산성),
암호학, 첫번째 컴퓨터의 실제적 구성과 형태발생 등에 관심을 보였
던 것은, 그의 다양한 학문적 관심을 잘 반영해 준다.

이런 복잡하고 끝도 보이지 않는 미궁 속에서 우리가 어디 있는지
를 알기 위해, 튜링이 자신의 학술 저서에서 생각했던 바를 참조할
것이다.[1] 그의 논문 글 중 2개가 독창적인 것으로 보이며, 그 논문 글
로부터 우리는 튜링이 추구한 지적 여정을 재구성해 볼 것이다.

첫번째[2]는 튜링의 나이 불과 24세였던 1936년으로 거슬러 올라간
다. 튜링은 이 시기부터 '튜링 기계(machine de Turing)'[3]의 개념이라
고 부르기 시작한 것에 의존한 계산 가능성의 논리 이론을 만든다.

---

1) 우리는 이런 판단을, 호지스(Hodges; 1983, 448쪽)에서 인용됐지만 튜링이 쓴
자서전풍의 문학적 텍스트에서 찾을 수가 있다. 이 장에 포함된 모든 역사적이고 전
기적인 세부 내용은 대립되는 정보를 제외하고는 호지스(1983)와 튜링(1992)에서 유
래한다.

2) 문제는 다음의 튜링(1936) 논문과 관계된다: 〈계산 가능한 수와 결정할 문제
On Computable Numbers with an Application to the Entscheidungsproblem〉. 프랑스
어 번역으로는 튜링(1995)을 볼 것: 《Sur les nombres calculables avec une applica-
tion au problème de Entscheidung》.

3) 《상징논리학지 The Journal of Symbolic Logic》, (2)(1937, 42-43쪽)에 나타난
튜링(1936)의 서평에서 처치(A. Church)에 의해 처음으로 인용되었다.

특별히 논문은, 튜링이 이 글에다 20세기 후반기에 가장 중요한 기술적·과학적 현상——예를 들어 이론적 정보 처리 기술의 구조와 컴퓨터 사용의 확산——중 하나가 될 이론적 토대를 세웠다는 면에서 학문적 독자들에게 알려졌다.

두번째[4]는 1952년으로 거슬러 올라간다. 튜링은 여기에서 형태발생에 대한 일반적 이론이 될 수 있는 토대를 제기하고 있다. 이 이론은 생물체들의 조직 속에 나타난 여러 가지 형태를 설명하려는 목적을 갖고 있으며, 정보 처리 기술의 시뮬레이션이 수반된 수학적 모델화를 이용하여 유기체 내에서 화학적 반응을 연구하고 있다.

1950년에 썼던 세번째 글에서[5] 튜링은 두 가지 연구 주제인 논리학과 생물학 간의 관계를 확립하였는데, 이 두 분야는 서로간의 경계가 확연하게 나타난다. 과학적이기보다는 철학적인 속성을 갖고 있는 이 문제의 논문은 정보 처리 기술의 시뮬레이션을 통한 인지 과정 연구를 제의하고 있다. 튜링은 이 연구에서 훗날 자신이 죽은 2년 후 '인공지능(l'intelligence artificielle)'이라고 부르게 될 연구의 토대를 세웠다. 논문이 형태발생에 영향을 미치는 생체수학 연구의 맥락에서 쓰여졌던 텍스트에서 확립된 문제를 정당하게 평가하지 않는다 할지라도, 이 논문에 대한 평판은 실로 엄청나다.

튜링 이후에 오게 될 것을 이 텍스트에 투영하지 않는다는 것은 내게는 훨씬 견디기 어려운 일이다. 왜냐하면 상당히 일관성 있는 프

4) 튜링(1952): 〈형태발생의 화학적 토대 The Chemical Basis of Morphogenesis〉 (프랑스어 번역: 〈Le fondement chimique de la morphogenèse〉).

5) 튜링(1950): 〈계산기와 지능 Computing Machinery and Intelligence〉(프랑스어 번역: 〈Machine à calculer et intelligence〉). 마찬가지로 다음 사이트에서도 논문을 찾아볼 수가 있다.(http://www.sscf.ucsb.edu/~sung/comm115/writing-define-computing/Computing-machine/ry.htlm) 튜링(1995)은 여기에서 불행히도 잘못된 프랑스어 번역을 제시하고 있다.

로젝트가, 내가 언급했던 3개의 논문을 원근법에 따라 맞추어 가는 동시에 그려지기 때문이다. 튜링 기계의 논리 개념 도움으로 생물학의 경우와 사고 연구의 경우가 문제시된다. 생물학의 경우는 생물학적 형태를 구성할 책임을 맡고 있는 화학적 원인을 결정하는 것이고, 사고 연구의 경우는 지능 행동의 원인을 결정하는 것이다. **인간 존재의 이런 물리적이고 정신적인 재구성 가능성이 3개의 논문에서 튜링의 학문적 계획에 관한 토대를 이루고 있다.** 이것이 내가 다음에 나올 부분에서 옹호하려는 주된 관점이다. 우리가 보게 될 터이지만, 튜링은 어떻게 보면 처음 두 논문을 구성하는 축이 되는——철학적 논문에 부여해야 할——위상에 대해 예기치 않은 다양한 결과를 초래한다.

튜링의 지적 여정을 짧은 기간——겨우 20년[6]——을 통해 생각해 본다면, 이 3개의 논문이 거의 학문적 활동과 동떨어진 상태에서 써졌고, 튜링 자신이 살고 있던 시기 동안에는 새로운 연구 경로를 발전시켜 가는 데 헌신하지 않았다는 인상을 받게 된다. 튜링은 자신이 살던 시대를 벗어나지 못했다. 제2차 세계대전 동안 튜링은 독일 선박의 암호화된 메시지를 해독할 임무를 맡고 있는 영국군 부서원이었다. 또한 그는 자신의 삶 전체를 통해 '고전적' 수학자로서의 경력을 추구했다. 그것은 분명 튜링 자신이 중점을 두는 관심 사항과는 동떨어진 행동이었다. 수학자로서 튜링은 수학적 지식의 확장을 이루려는 인내심 필요한 노역에 참여했다. 이 수학적 지식은 수년 동안 축적되고 점진적으로 서로에 결부된 부분적 결과로 이루어졌다. 그렇게 해서 연구 지표로 설정된 영역에서 상당수의 기술적 결

---

6) 그의 처음 논문은 1935년으로 거슬러 가고, 마지막 논문은 1954년으로 거슬러 올라갈 수 있다.

과를 얻어냈다. 그가 원래 추구한 작업은 '독립적으로 연구하는 사람(franc-tireur)'이 행하는 방식과도 같은 것이었다. 이런 식의 연구가는 생각하는 데 있어서 그만이 추구하는 분야의 핵심 속에서 찾아가면서, 조직된 연구의 팀이나 기구와는 거리를 둔다. 우리는 다음에 튜링이 어디에서 영감을 받았는지에 대해 자문해 볼 것이다. 현재로서는 그가 불러일으킨 영감의 근원이 되는 것을 개별적으로 두고 있다는 사실을 주목할 필요가 있다. 튜링은 결코 단체나 기구에 통합되지 않았으며, 그의 얼마 안 되는 옛 학생들은 오늘날 말하기를, 튜링이 자신들과 교제하는 데 까다로웠으며, 그가 행한 교육 방식은 매우 교육자적인 자질이 결여되었었다고 한다. 튜링은 학문적 집단을 찾아내거나 학파를 만들어 낼 생각을 전혀 하지 않았던 은둔자로만 남아 있었다.

2

수학적 지식이 축적된 튜링의 연구 작업

튜링이 전개한 수학 방식은 **계산의 유효성**(l'effectivité du calcul)이
라는 관점으로부터 스스로가 항상 위치해 있으려는 데 있다. 이것은
다시 말해서 계산의 단순 가능성뿐만 아니라, 계산이 실현하는 실제
적 조건들의 관점에서 위치해 있으려 한 그의 자세를 엿볼 수 있게
한다.

직감적으로 '계산할 수 있는(calculable)' 이라는 말을 통해서, 수의
정확하고 완전한 결정으로 이끄는 연산 결과를 포함시킬 수 있다.
실제로 고대 그리스 시대부터 '계산할 수 있는' 이라는 개념은 이미
다듬어졌었고, 세 가지 경우로 그 모습이 추출되었다. 첫째는 우리
가 '계산할 수 있는' 이라는 개념을 갖고 있는 직관에 상응하는데, 이
는 **유한수의 단계를 포함하는 연산 작용에 이은 정확하고 완전한 결
과**를 찾아내는 데 있다. 예를 들어 (1+1)이나 √9는 유한수의 단계를
요구하는 연산 작용 이후에 정확하고 완전한 결과를 찾게 해준다.
두번째는 유한수의 단계를 포함하는 연산 작용에 이은, **사전에 결정
된 아무 근사식의 정도에서나 어림잡아 본** 결과를 찾게 해준다. 예를
들어 무한하고 아무런 근사식의 정도(예를 들어 6개 숫자로 된 근사
치)에서나 그럴 수 있는 √2의 십진법 확장을 계산할 수가 있다. 세번
째는 '계산할 수 없는 것' 의 개념에 상응한다. 이 계산할 수 없는 것
에 대해서 우리는 유한수의 단계를 포함하는 연산 작용에 이은, 어떤

근사식의 정도에서 어림잡아 본 결과를 찾아낼 **방법을 갖고 있지 못하다.** 여러 예들이 제공되는 일은 더욱 어려운데, 그 이유는 우리가 수를 보여 주자마자 그 수를 계산할 방법을 갖고 있기 때문이다. 그러므로 간접적인 추론을 거쳐야 할 필요가 있다. 이 간접 추론 덕택에, 여러 사례들의 계열(famille)이 계산할 수 없다는 것을 증명할 수 있게 된다. 이 문제에 대해서는 더 나중에 보게 될 것이다. 주목할 사항이 있다. 일반적 관점으로부터, 그리고 직감적으로 가정할 수 있는 것과는 반대로, 계산할 수 있는 영역은 규칙이기보다는 예외적인 것이라 말할 수 있다. 이것은 마치 군론에서의 연구 작업이 보여 주었던 것과도 같다. '함수' 개념을 개량해 가면서 이 중요한 수학적 사실은 명백하게 추출되었다.

함수는 출발 집합(ensemble de départ)과 도착 집합(ensemble d'arrivée) 간의 논리적 관계 배치이다. 하지만 이런 논리적 관계 배치를 계산을 통해 기술하는 방법을 갖고 있다는 것에 대해서는 어떤 것도 말해 주지 못한다. 함수는 출발 집합에서 계산할 수 있는 모든 수에 대해 그것의 값이 계산할 수 있는 수라면, 소위 말하는 **계산할 수 있는** 것이 된다. 수학 연구의 중요한 임무 중 하나는 그러므로 계산을 통해 상당수의 함수를 가까이하는 방법을 찾아내는 데 있다. 이런 형태의 연구를 우리는 **수치 해석(analyse numérique)**이라고 부른다. 문제는 알고리듬식 방법을 찾아내는 것이다. 이 방법은 검토된 함수와 비슷한 계산을 가능하게 하는 특징적 요소들을 찾아낼 수 있게 해준다. 예를 들어 실제 수의 집합에 대해 정의된 함수 $\sqrt{x}$는, 자연수 집합에서 선택된 모든 x에서 그것의 근(racine) $\sqrt{x}$에 상응하게 한다. 이 근은 사전에 결정된 근사치의 아무 정도에서나 기술되었으며, **계산할 수 있는** 함수이다. 그 이유는 x와 $\sqrt{x}$ 간의 논리적 관계 배치의 유일한 결과를 보여 주는 일이 언제나 가능하기 때문이다.

그러므로 수치 해석은 우리가 방금 전 기술했던 것과 같은 처음 두 경우, 즉 '계산할 수 있는 경우'를 연구 영역으로 취할 수가 있다. 바로 이런 영역에서 튜링은 기술을 향상시켰으며, 상당한 결과를 얻어 냈다.[7] 이는 비록 세번째 경우, 즉 계산할 수 없는 경우가 튜링을 수학사에 남게 했음에도 불구하고 얻어진 것이다.

1. 성공적인 결과

튜링이 가져다 준 첫번째 수학적 결과는 그의 나이 15세(1927)로 거슬러 갈 수 있다. 이때의 수학적 결과는 독창적이진 않지만, 그가 주목하게 된 수학적 형태를 설명하고 있다. 이 시기 여름에 학교 생활이 형편없었고 수강받고 있던 과목에 별다른 흥미를 갖고 있지 않았던 튜링(그는 이미 최소한의 기본 과정도 획득하지 못해서 그리스어를 면제받았었다)은, 수업을 제대로 따라가지 못했고, 심지어 사람들이 그를 퇴학시켰다고 말한 바대로 되어 있었다.[8] 누구의 도움도 없이 튜링은 역탄젠트 함수의 무한한 연속을 어림잡을 수 있는 계산 형

---

7) 우리가 말하게 될 표준수 이외에도 표준수 개념을 목표로 쓴 수사본(手寫本)(〈표준수에 대한 의견 A Note on normal Numbers〉, 튜링(1992, 117~119쪽)에서 재간행되었다)은, 튜링에서 채택된 것과 같은 계산의 관점을 잘 묘사하고 있다: "거의 모든 수가 표준이라는 것을 우리가 알고 있다 할지라도 어떤 표준수의 경우도 결코 주어지지 않았다. 나는 어떻게 해서 표준수를 구축할 수 있는가를 보여 줄 것을 제의하고, 거의 모든 수가 표준적 구성이라고 증명해 보일 것을 제의한다." 그러므로 문제는 새로운 결과를 산출하는 것에 항상 관계되지는 않지만, 계산의 유효성이라는 관점에 위치해 있으면서 이미 알려진 결과를 확증하는 것에 관계된다.

8) 튜링의 '퍼블릭 스쿨' 교장은 이 경우에 대해 다음과 같은 말을 하였다: "튜링이 '퍼블릭 스쿨'에 머물러 있어야 한다면, 그 이유는 교육된 미래로서 자신을 생각하려는 것이다. 그가 단지 과학 전문가로 있어야 했다면, '퍼블릭 스쿨'에서 자신의 시간을 뺏기고 있음에 불과하다." 호지스(1983: 26쪽)에서 인용됨.

식을 발견한다. 그것의 표현법은 다음과 같다.

x=1에 대해

$$\tan^{-1}(1) = \frac{\pi}{4}$$

튜링이 발견한 형식은 다음 형태로 나타난다:

$$\tan^{-1}(x) = x - \frac{x^3}{3} + \frac{x^5}{5} - \frac{x^7}{7} + \cdots\cdots;$$

이 형식은 π의 경우에 실수 계산을 효력 있게 한다. **계산할 수 있는 실수** 개념은 여기서 핵심에 있다. 그것은 튜링이 가장 많이 작업했던 학문 영역 중 하나일 것이다. 이 영역에서 튜링은 10년도 채 지나지 않아 자신의 '기계'를 발명할 때 천재적 독창성을 증명해 보인다.

나중에 이 첫번째 발견은, 튜링이 전체적 방향 결정을 증명해 주고 있기 때문에 결정적인 것으로 나타난다. 전기적 관점에서, 이야기는 끝을 잘 맺어 간다. 수학 교수의 관점에서 볼 때 튜링은 수업에서 뒤처지지도 않았고, 퇴학당하지도 않았다. 수학은 튜링으로 하여금 제도의 장벽을 **최후의 순간에**(in extremis) 뛰어넘을 수 있도록 해 줬던 유일한 경우가 아니다.

2. 케임브리지에서의 튜링: 1931-1936

튜링은 수학의 학업 과정을 따라가고자 1931년 케임브리지의 킹스 칼리지에 들어간다. 그는 이 학교에서 2년 예정으로 미국에 있는 프린스턴대학으로 떠나기 전인 1936년까지 머무르게 된다.

이 기간은 유럽의 지식인 역사에서 전환점을 나타 내주는 시점이다. 나치즘은 독일에서, 이후 '탈유대교 신봉화(déjudaïsation)'라는 이유로 중앙유럽에서 연구 자체를 파멸시킨다. 이 일은 결국 과학자들과 유대인들, 비유대인들이 망명하게 되는 빌미를 제공해 준다. 이들은 유럽이나 특별히 영국(슈뢰딩거)·미국(아인슈타인·폰 노이만·바일·뇌터·레프슈에츠·괴델·보른·쿠란트)과 같은 다른 곳에서 망명지를 찾게 되고, 프린스턴대학의 고등 연구 기관이 이들 유럽 학자 대부분을 받아들였다. 유럽은 학문적 세계에서 유럽만이 갖고 있던 위치를 상실하고, 독일어는 중요한 학문적 생산을 수용하지 못하게 된다. 그러므로 독일 수학의 운명은 튜링이 간접적으로 배움의 결과를 증명해 보였던 학습 기간 동안에는 비극적으로 밀폐됐었다. 독일어가 학문적으로 추방되다시피 한 상태는, 튜링으로 하여금 특히 보른의 양자역학 강의와 쿠란트의 미분 방정식 강의를 듣게 하였다.

튜링이 킹스 칼리지에 들어간 시기에, 그의 관심은 수치 해석과 다양한 연구 분야에 초점이 맞춰졌다. 이 다양한 분야에는 예를 들어 확률론·통계학·수 이론·군론 등이 있다. 그렇다면 이런 문제의 영역들을 살펴보도록 하자.

확률론

1933년 여름 튜링은 물리학자 에딩턴의 과학적 방법론을 수강한다. 이 강의에서 에딩턴은 통계학적 규칙성을 이해할 수 있도록 하기 위해 '정상 곡선(courbe normale)'[9]이라는 고전적 개념을 사용했다.

---

9) 마찬가지로 '정상 분포 곡선'이나 '가우스식(gaussienne)'이라고 말해지는 이 개념은 다음과 같은 함수의 변이를 나타내 준다: $y = e^{-x^2}$

소위 '정상적인' 통계학의 법칙을 나타내 주는 이 곡선은, 아주 특별히 견본 분포 연구에서 그리고 평가 · 테스트를 위해 쉽게 조작할 수 있는 특성들(밀도 · 연속성 · 대칭)을 갖고 있다.

자연 현상에 관계되는 규칙성 연구의 경우——물리학에 의해 연구된 경우——에서, 이 곡선을 사용하는 일은 그리 직접적이지 않다. 왜냐하면 연구된 현상에 확률 변수를 연결시킬 수 있다면, 이 확률 변수의 행위를 지배하는 규칙은 그리 정상적인 경우가 많지 않기 때문이다. 이런 사실로부터 '한계중심정리(定理)'의 중요성을 알게 된다. 한계중심정리는 확률 변수 n의 합을 따르는 규칙을 어림잡을 수 있게 해주는데, 이 확률 변수 n의 합은 자연과학의 경우 정상적 규칙에다 연결시키면서 독립적으로 존재한다.

튜링은 독일 수학자 린데베르크가 1922년 이미 증명했었던 내용을 알지 못한 상태에서 1934년 2월 '한계중심정리'를 증명해 보였으며, 연구 장학금을 요구하기 위한 '논고'[10]로서 새로운 증거를 제시하였다. 튜링은 이 장학금을 자신의 학업 과정 말기인 1935년에 얻어냈다. 그는 자신이 있는 대학의 '특별 연구원'이 되었는데, 이곳은 튜링에게 숙박할 수 있도록 모든 것을 제공해 주면서 3년이라는 자유 기간을 주었다. 튜링은 수치 해석의 관점으로부터 확률과 통계학의 영역에 대한 관심을 유지한 채 연구를 위해 이 자유 기간을 충분히 활용하였다.

---

10) 논고는 〈가우스식 오류 함수에 관해서 On the Gaussian error function〉라고 불렀다. 이 작업의 서문만이 튜링(1992, XIX-XX쪽)에서 재간행되었다.

수 이론

튜링이 수 이론에 속한 문제들을 해결하려 했던 방식은, 확률론과 관계가 있다. 수 이론이라는 순수수학의 이런 추상적 부분에서, 튜링은 실제로 소수——그 수 자체를 통해서나 하나 혹은 뜻밖의 특성들에 의해 분해할 수 있는 수——에 관심을 가졌다. 이 소수는 무한수이고, 작은 정수(整數) 중 아주 수가 많으며, 점점 더 큰 정수를 하나하나 검토함에 따라 '사라져 간다.' 소수의 빈도를 설명하는 수학적 근거는 수 이론에서 중요한 문제이다. 모든 소수를 열거하거나 그것들 모두를 어떤 한계까지 열거하도록 해주는 단순한 대수 공식(formule algébrique)을 찾아내려는 희망을 포기할 때마다, 우리는 그 소수의 중간 빈도, 다시 말해서 큰 정수 중 소수를 만나게 되는 확률의 정도에 관심을 갖게 되었다. ·

18세기말 가우스는 소수와 함수의 분포에 대한 불안정한 모습과 함수, 대수 함수를 관계시키면서 소수의 '감소'를 기술할 방법을 부여해 주었다.[11] 소수는 대수 함수의 증가와 같은 리듬에 맞춰 간격이 벌어진다. (정확하게 n이라는 수에 가까이 있는 2개의 소수 사이의 공간은 n의 자연 대수처럼 증가한다.) 개체화되고 분리 가능한——수학자들은 '이산적(離散的)'이라고 말한다——정수인 소수의 분포를 관계지으려는 어떤 모순 명제와 대수 함수처럼 연속적 규모의 기준을 허용해 주는 함수가 존재한다. 그러므로 하나는 **이산적**이고, 다른 하

---

11) 우리는 동일 요소의 거듭제곱에 대한 등비수열(예를 들어 수열: 1, 2, 4, 8, 16, 32, 64……)과 그 승수의 등차급수(선택된 예에서 $1=2^0$, $2=2^1$, $4=2^2$, $8=2^3$……) 간의 관계를 표현하는 것으로서 대수 함수를 기술할 수가 있다. 이런 관계는 가능한 만큼이나 비슷한 연속된 규모의 기준을 이룬다.

나는 **연속적**이다. 하지만 이런 문제가 튜링의 관심을 끌게 할 수 있었다는 사실을 이해해야만 한다. 왜냐하면 여전히 문제는 정수의 이산적 모습과 실수의 연속적 모습 간의 관계를 활용하는 수치의 근사치 문제에 관계하기 때문이다. 19세기 중반경에 리만은 소수의 분포는 실수의 정도가 극도로 미약하다고 생각한 상태에서 대수적 속성의 전체적 방향을 채택했다고 증명해 보였다. 그는 또한 다음과 같은 문제가 보여 주었던 가설을 세우면서 (이후 '리만의 가설'이라고 불렸다) 이런 실수 정도의 기준을 제의하였다. 어떤 함수, 소위 말하는 '제타(zêta)' 함수는 복잡한 면 위에서 직각을 형성하는 어떤 점들에 대해서만 제로 값을 취할 수 있었다. 그런 다음 소수가 대수 함수에 대해 지수화 방식으로 될 수 있는 기준에 따라 뜸해진다는 가설은, 상당수의 소수를 과대평가해 가고 있음을 알아차리게 되었다. 하지만 케임브리지에서 1910년과 1930년대 사이 J. E. 리틀우드는, 예견됐던 것과는 반대로 과대평가 가설에 잘못됐던 점들이 있었다는 사실을 주목했다. 계속 케임브리지에서 1933년에 스큐스는, 리만의 가설이 사실이었다면 극도로 큰 수 이전에 하나의 점이 존재해야만 한다는 사실을 보여 주었다. 이 점으로부터 문제시되는 과소평가가 행해졌다.[12]

1939년 리만의 가설과 소수의 수에 대한 과소평가 문제에 대질된 튜링은 자신만이 갖고 있는 사고 성향에 따라 수치상으로 제타 함수를 평가하기 시작하는데, 이는 새로운 방법을 빌려 행해졌다.[13] 같은 해 튜링은 스큐스의 수를 약화시키려고 한다. 분명 튜링 혼자서 쓰

---

12) 문제가 되는 수는 $10^{10^{10^{34}}}$ 이다. 호지스(1983, 135쪽)를 볼 것.

13) 튜링(1943, 180-197쪽)을 볼 것. 이것은 튜링(1992, 23-40쪽)의 재간행된 책에서 볼 수 있다. 수사본은 후에 코헨(Cohen)과 메이휴(Mayhew)에 의해 수정될 많은 오류를 내포하고 있다.

긴 했지만 스큐스[14]가 서약한 수사본은, 소수라는 수에 대해 과소평가하는 경우에 어떤 수치상의 구간에 수가 포함된다는 것을 추출해 낼 수 있다는 사실을 확립하였다.[15] 동일 수사본은 스큐스의 수를 약화시키려는 사실을 반영한다.[16]

튜링은 이어 1939년의 논문에서 고정된 목표로 돌아온다. '제타' 함수의 수치상 평가를 하려고 새로운 방법으로 무장한 튜링은 상당수의 값에 대해 실질적으로 함수 계산을 시도한다. 이것을 하기 위해, 튜링은 손으로 계산하는 것이 불가능하기 때문에 계산기를 사용해야만 했다. 이 당시 계산기는 '디지털식' 기계와 '아날로그식' 기계라는 두 가지 형태로 존재했었다. '디지털식' 기계는 수의 기호로서 인간에 의해 해석된 표시에 대해 실행하며, 4개의 실행에 한정되어 있다. '아날로그식' 기계는 계산하는 수학 함수의——연속되는 길이의 기준에 의존하는——물질적 유사물을 재창조한다. 그 당시 튜링이 주목한 것은, 리버풀에 로드 켈빈에 의해 발명된 디지털식 기계가 있었다는 사실이었다. 이 기계는 밀물을 예측할 수 있게 하며, '제타' 함수의 계산에 사용할 수가 있다. 마찬가지로 이 기계는 밀물을 구성하는 일·월·연중 기간의 파도 수를 더하며, 이런 추가는 어떤 기간을 갖고 있기 때문에 진동을 계산할 수 있게 해준다. 그것은 함수 값의 계산과도 흡사하다.[17] 그런 후 튜링은 '제타' 함수 계산이라는 특수 임무에 쓰이게 될 기계를 만들기 위해 장학금을 받아냈다. 이 기계를 만드는 일이 착수됐지만, 이 일은 전쟁 선포가 있고

---

14) 튜링과 스큐스(1939)를 볼 것. 튜링(1992, XIV쪽). 제4권 편집자의 역사적 주목 사항을 참고할 것.

15) 이는 정확하게 2와 $e^{e^{686}}$ 사이에서 이루어진다. 이 후자의 수는 1968년 코헨과 메이휴에 의해 $e^{e^{661}}$에서 마지막 수를 정정시킨 논문에서 변경될 것이다.

16) 문제는 스큐스의 수를 10^{10^5}까지 낮추는 데 관계한다.

17) 호지스(1983, 141쪽)를 참고할 것.

나서 포기되었다. 전쟁 후(1950년 6월) 맨체스터대학에서 만들어 내는 데 공헌했던 컴퓨터가 실행 가능하게 되었을 때, 튜링은 '제타' 함수를 계산하는 일에 다시 뛰어들었다. 하지만 컴퓨터 고장은 튜링으로 하여금 1540을 상회하는 함수 값에 대해 이 연구에서 완벽하게 추진해 가지 못하도록 했다. 그럼에도 불구하고 튜링은 1953년 '제타' 함수 계산에 관한 새로운 논문을 발표한다.[18] 튜링은 이 논문에서, 실질적으로 제타 함수 값을 계산했던 마지막 수학자인 영국의 E. C. 티치마시를 상기시키고 있다. 이 수학자는 1936년 생존해 있었고, 1963년 생을 마감한 인물이다. 그는 자신의 연구에 각인된 수학의 틀과 수치 문제 해결에 필요한 정보과학의 모델화, 이런 경험을 표출시켰던 실제적 좌절 과정──이것은 정보과학사에서 최초로 있던 일들 중 하나이다──을 묘사하고 있다.

군론(群論)

사람들은 튜링이 군론에 관심을 가졌다는 사실에 대해 놀라워할 수 있다. 군론이라 함은 직접 수치상의 문제도, 계산의 유효성이라는 문제로도 집약되는 것 같아 보이지 않는다. 실제로 군론에서, 함수 개념은 추상적 관점에서 해석되었는데, 이는 하나의 함수가 함축하고 있는 가능한 값의 모든 치환(permutation)을 검토하면서 행해졌다. 이런 치환의 일반적이고도 추상적인 연구는, 구조적 관점으로부터 함수 이론을 살펴볼 수 있게 해준다. 한편으로 군(群; groupe)에서 치환 연구는, 조사의 특혜를 누리는 대상처럼 수만을 더 이상 갖지 않는 대등한 연구 대상이 된다. 다른 한편으로 이론의 수치상 해석

---

18) 튜링(1953)을 볼 것.

이라는 관점으로부터 방정식 풀이 가능성은, 이 방정식이 기재된 수치상 영역의 선택에 따른다. 달리 말하자면 방정식에 대한 수치 풀이 가능성은 절대적이지 않지만, 그 방정식을 고려하는 영역과 관련되어 있다. 이렇게 함수와 함수 풀이 영역 간에 있는 구조적 상관성은 많은 교훈을 주며, 적어도 세 번을 반복해서 튜링의 여정에 영향을 미치게 될 것이다.

첫째 1936년 튜링이 계산할 수 있는 수와 계산할 수 없는 수 사이의 경계선을 추적해 가게 됐을 때, 그가 답한 것은 구조적 문제에 있던 것이다. 채택된 기준은 개별 영역에서 방정식의 해결 가능성에 대한 기준이 아니지만 계산의 유효성에 대한 기준이다. 둘째 군론에 대한 튜링의 관심은, 함수 이론에 도달하게 한 사람을 연장한 것으로 보인다. 또한 튜링은 적어도 자신이 이 군론에 할애하고 있는 세번째 논문에서 함수 근사식이 필요한 경우에 그 근사식을 통해 제기된 특수한 문제들을 다시 생각해 낸다. 셋째 군론을 간접적으로 수치 적용하는 일은, 적어도 튜링 자신이 생을 마감할 때까지 유지할 두 영역——양자역학과 해독학이 이에 해당된다——에 관계한다. 양자역학에서 군론의 특징을 이루게 해주는 것은 상태 개념이다. 반면 해독학에서 이론은 치환 개념과 치환 불변성의 개념을 엄격하게 정의할 수 있도록 한다.

튜링은 폰 노이만의 결과를 개량시킴으로써 군론에 관한 연구를 시작한다. 폰 노이만의 결과는 1935년 여름 동안 케임브리지대학에서 그 자신이 이 주제로 일련의 강의를 한 시기에, 집합[19] 안에서의 준(準)주기(quasi-périodique) 함수를 다룬 것이다. 문제는 발견이 아니라 그에 따르면 오히려 '소규모의'[20] 기술적 개량에 관계되긴 하지

---

19) 튜링(1935)을 볼 것.

만, 폰 노이만 자신은 알아내지 못했다. 군론에 관계된 두번째 논문 (1935년에 추진된 연구 결과이다)은 1938년이 되어서야 발간되었다. 이 논문은 집합 확대, 다시 말해서 방정식 풀이의 수치상 영역에 대한 독일인 대수학자 라인홀트 베어의 연구를 일반화하고 있다.[20] 마지막으로 1937년대에 군론은 튜링과 폰 노이만이 공통으로 관심을 갖는 주제가 되었다. 이 시기는 튜링과 폰 노이만이 프린스턴대학에서 만나게 됐고, 폰 노이만이 다른 망명한 수학자인 폴란드의 스타니수아프 울람을 따르고 있던 튜링에게 군론에 대한 연구 주제를 제의했을 때이다. 문제는 유한 집합인 이산적 구조로 인해 연속되는 속성상 근사될 수 있던 소위 '리이(Lie)'군을 어떤 척도에서 알 수 있는가에 관계된다. 튜링의 답변[22]은, 의문시되는 문제가 자신이 무척 좋아한 부류의 것들——예를 들어 계산의 관점으로부터 연속적이고 이산적인 관계의 유기적 결합——에 속한다는 것을 주목하는 사실보다 중요하지 않다.

3. 프린스턴대학에서의 튜링: 1936-1939

튜링은 우리가 다음 장에서 언급하겠지만, 1936년 결정 가능성의 논리 문제에 관한 중요한 발견 후에 프린스턴대학으로 떠날 것을 결심하였다. 튜링의 중요한 상대자는 이곳에서 주로 수리논리학의 처

---

20) 튜링(1992, X쪽)에 있는 브리튼(J. L. Britton)의 서문을 참고할 것.
21) 튜링은 '집합이 아벨(노르웨이의 수학자이다)적인 경우 베어의 방법이 어떻게 아무 집합에나 사용될 수 있는가를 보여 줄 것'을 제시하고 있다. 튜링(1938, 2쪽)을 볼 것.
22) 연결된 리이군이 근사식일 수 있다면, 그것은 치밀하고 아벨적이라는 것을 튜링은 보여 주고 있다.

치와 군론의 폰 노이만이었다. 이런 상황은 그가 새로운 해를 보낼 수 있는 가능성을 만들어 주었다. 그에게는 프록터 장학금이 제공되었지만, 이 장학금은 튜링이 여행을 떠나기 전에는 거부했던 것이다. 튜링은 근본적으로 폰 노이만이 옹호해 주어 프린스턴대학에 머물렀는데, 이는 처치의 지도하에 수리논리학의 박사학위를 지도받기 위한 것이다. 폰 노이만은 이후 튜링에게 자신의 조교가 되어 줄 것을 제안했지만, 튜링은 정중하게 거절하고 케임브리지대학으로 돌아왔다.

수리논리학

튜링이 처치와 일하기 시작할 때, 1931년으로 거슬러 가는 괴델의 중요한 결과는 수리논리학에서의 연구를 완전히 압도해 간다. 결정 가능성에 관계되는 그의 논문(1936)은 이미 괴델의 논문에 나타난 핵심 용어, **유효 계산(calcul effectif)**을 정의적으로 명확히 했다.

그가 프린스턴대학에서 추진한 연구(이 연구는 1938년 6월 수리논리학 박사학위 논문으로 법적 유효성을 갖게 된다)는, 산술을 표현해 내는 일이 가능한 형식 체계에 내재된 내적 한계가 어떤 척도에서, 적어도 국부적으로 초과될 수 있는지 확립할 것을 목표로 삼고 있다. 여기에서 산술은 괴델에서부터 시작하여 흔히 모든 형식 체계의 **불완전성(incomplétude)**이라 불린 것이다.

이것을 하기 위해, 튜링은 논리 결합자의 용도에 관한(다시 말해서 '존재한다(il exist)'와 '모든 것에 대해서(pour tout)'라는 결합자가 위치된 배열에 관해서) 등질 명제(proposition homogène)로 구성된 형식 체계 서열을 구축한다. 이 형식 체계의 서열 속에서 우리는 이전 단계의 형식 체계에 대해서는 접근이 불가능했던 명제를 매 단계에서 포함한다. 기술적일 만큼의 내용을 세부적으로 보지 않고, 확립된 서열 단계를 기술하면서 튜링이 리만의 '제타' 함수를 나타낸 명제를 포함하고 있다는 것만을 주목하자. 리만의 '제타' 함수는 해결 불가능성(insolubilité) 정도의 산술적 분류에서 고유의 위치를 갖고 있다. 그것은 이 당시에는 리만 자신에게도 주목할 만한 결과였다. 문제는 형식 체계를 통해 산출된 개별 단계의 부분적 완전성을 연구하는 것에 관계하며, 어떤 척도에서 주어진 형식 체계에 내재된 한계의 국부적 초과가 전체적으로 모든 서열에 확대될 수 있는가를 아는 문제와 관계된다. 위대한 미래를 열어 줄 튜링의 관심 사항은 주된 동기가 돼 줄 방법론적 변화에 있다. 해결 불가능성 정도의 산술적 서열을 구축하면서, 튜링은 우리가 해결 불가능성의 개념을 만들었을 때의 인식을 완전히 변화시킨다. 이런 인식 변화는 해결 불가능성의 **개념이 고려된 형식 체계에 관련**된다는 한에서 이루어진다. 군론에 있어서의 그의 연구 작업이 이런 인식 변화를 실현하는 데 도움을 주었다는 사실은 충분히 가능한 일이다. 왜냐하면 군론의 대상은 방정식이 해결될 수 있는 **특수한** 해결 영역을 잘 정의하고 있기 때문이다.

형식주의 내부에 있는 한계 추월 문제에 대한 튜링의 견해는 발전된 것으로 보인다.[23] 프린스턴대학에 머무는 동안 튜링은 자신의 박사학위 논문의 결론부에서 주장하고 있듯이, 직감 능력 가능성에 의한 이 내적 한계의 가능한 추월에 대해 항상 생각하고 있다. 여기에서 직감 능력은 유효 계산 개념에 의해 표상될 수 없는 추론 양식에 도움을 청할 수 있는 것이다. 전쟁 후——우리가 보게 될 터이지만——해독의 기계화와 첫번째 컴퓨터의 구성은, 이 해법을 버리거나 적어도 더 이상 이 해법에 매달리지 않아도 된다는 것을 확신시켜 줬던 것 같다.

---

23) 호지스(1977, 28-29쪽)를 볼 것.

4. 제2차 세계대전 동안의 튜링: 1940-1945

해독학과 통계학 분야에서 튜링이 전쟁 동안 진척시켰던 연구 작업은 전반적으로 알려지지 않았다. 그의 작업은 어느 정도도 대충 평가하기 어려울 정도로 은밀히 보호되었다.[24] 어쨌든 이 기간 동안 그의 가장 가까운 동료 중 한 명인 D. 미치를 생각한다면 상당히 중요하다. 미치는 "튜링이 없었다면, 영국은 전쟁에서 분명 패했을 것이다"[25]고 평가하고 있다. 우리는 이런 사실을 재현할 수 있다.

전쟁 기간은, 튜링이 1942년 11월부터 1943년 3월까지 미국에서 비밀 여행을 했던 것으로 교차되는 두 시기로 분리되어야 한다. 첫번째 시기는 독일 해군의 암호화된 메시지를 해독하는 데 우선적으로 할애되었다. 두번째 시기는 음성 해독 시스템에 초점이 맞춰졌던 시기를 일컫는다. 튜링이 미국에서 보낸 5개월 동안, 우리가 잘 알다시피 미국 내에서 해독학의 전문가와 전자 테크놀로지 분야에서 전문화된 벨 연구소의 엔지니어, 특히 **정보 이론**의 창시자인 클로드 샤논을 동시에 만나게 된다.[26] 튜링이 미국에 도착했을 때 벨 연구소 엔지니어들은 인간 음성을 코드화할 수 있는 기계를 만드는 일에 매

---

24) 해독학의 연구 작업에 관한 튜링의 텍스트는 1996년 미국 정부에 의해 폐기되고 말았다. 우리는 이 텍스트를 앤드루 호지스가 튜링에게 바치고 있는 인터넷 사이트(http://www.turing.org.uk/turin)에서 발췌해 볼 수 있을 것이다. 출처에 관한 접근의 어려움은 특별히 튜링의 가까운 동료들, 그 중에서도 구드(I. J. Good)의 논문에 호소하고 있는 튜링의 전 작품집 발행인들을 자극했다. 구드는 엄밀하게 말해서 튜링의 연구 작업에 첨가된 것이었다. 이는 그의 연구가 추구한 얼마 안 되는 방향을 명확히 하기 위한 것이다.

25) 1992년 사이크스(C. Sykes)가 만든 기록 영화에서 인터뷰된 〈이방인 튜링 박사의 생과 사 The Life and Death of the Strange Doctor Turing〉, BBC, 런던을 참고할 것. 그것은 또한 튜링이 1946년 6월에 '영연방 제국의 배치 장교 Officer of the Order of the British Empire' (O.B.E.)가 되어 전쟁 기간 동안 치러야 할 의무이기도 하다.

진하고 있었다. 튜링은 이 문제에 대해서는 열정적이었기에, 영국으로 돌아오자마자 어떤 다른 문제보다 이 문제에 헌신하였다. 독일 해군의 메시지 해독은 튜링 없이도 기능할 수 있었고, 그 순간부터 많은 사람들을 채용할 수 있었기 때문에, 튜링은 음성을 암호화할 수 있는 전자 기계에 초점을 맞춰 전적으로 몰입해 간다. 튜링은 블레칠리 파크를 떠났고, 그곳에서 멀지 않은 핸스로프 파크에서 자리를 잡는데, 이곳은 커뮤니케이션 테크놀로지에 대한 연구를 추진하는 여러 연구소를 수용하고 있었다. 기계는 1945년에 실행 가능해지긴 하지만, 큰 규모의 군대나 외교상의 커뮤니케이션에 사용되기에는 너무 늦은 감이 있었고, 결국 잊혀지게 되었다. 그렇기는 해도 기계를 구축한 일은, 튜링이 전자 테크놀로지와 상당히 친숙해지도록 해주었고, 이것은 결국 전쟁 이후 첫번째 컴퓨터를 조정할 때 상당히 중요하게 인식되었다.

그러므로 전쟁은 튜링에게 결정적인 영향을 미쳤다. 그 이유는 튜링이 수리논리학에서 정의된 바와 같은 **계산**, 그로부터 조작을 실행하는 데 영향을 준 **추상적 기계**, 전자 테크놀로지를 이용해서 이런 실행화를 가능하게 한 **물질적 기계**, 이 세 가지 사이에 있는 관계에 대해 많은 생각을 궁리해 냈기 때문이다. 결국 이 세 가지 요소의 결합이 정보과학이 탄생할 수 있도록 해주었다.[27]

---

26) 브리우앵(L. Brillouin)이 주목하고 있듯이, 정보 이론은 통계학적 속성을 갖고 있는 이론이다. 이와 같은 이론은 "주어진 조작에 의해 제공된 정보량을 측정하고 (…), [그리고] 열역학에서 고전적 엔트로피와 같은 물리학적 개념과 아주 유사하다." 브리우앵(1959, 1쪽)을 참고할 것.

암호학

튜링에 따르면 코드화 시스템 덕택에 메시지가 암호화되었으며, 이런 시스템은 우주의 법칙이나 일정 상태의 코드화 열쇠(암호)에 비교될 수 있다.[28] 암호학은 논리학·통계학과 같은 추상적 세계와 물질적 세계를 관련지을 수 있다. 그러므로 암호학은 튜링이 관심을 갖고 있는 수학·논리학·물리학에 연관된 분야라 할 수 있다.

튜링은 분명 킹스 칼리지 교수들 중 한 명의 의견을 생각해 보고자 아마 1938년 영국 정부에 의해 선발된 것 같다. 이 학교 교수도 제1차 세계대전 동안 암호학 분야에서 일하고 있었는데, 튜링은 킹스 칼리지에서 저녁 식사를 할 때면 이 분야에 대한 관심 사항을 교수와 토론하는 기회로 활용했다. 선발할 때마다 영국 정부는 정부의 암호 부서인 이른바 정부 암호학교가 제공하는 암호학 수업을 듣게 하고자 튜링을 파견했었다는 바를 우리는 알고 있다.

튜링은 전쟁 선포가 있을 때까지 케임브리지대학에서 수학 강의를 했으며, 이후 암호 부서로 복귀했다. 암호 부서는 예방을 목적으로 런던 밖에 있는 케임브리지대학에서 멀지 않은 블레칠리로 옮겨갔는

---

27) 전쟁 전에 튜링 자신이 구상했던 것에 대해 놀라울 정도의 일반성을 완전히 인식했었는지는 확실하지 않다. 왜냐하면 의문시되고 있는 여러 연구 영역간의 관계는 여전히 확립되지 않았는데, 이는 튜링 자신에 의해서나 누구에 의해서도 확립되지 못했다. 심지어 폰 노이만에 의해서도 확립되지 않았는데, 그럼에도 불구하고 이 학자는 전쟁 직후 미국에서 컴퓨터를 만드는 프로젝트 사업을 추진해 가고 있었다. 튜링이 프린스턴대학에 머물 수 있는 프록터 장학금을 받아낼 수 있도록 하기 위해, 1937년 폰 노이만이 썼던 추천서(호지스(1983, 131쪽)에서 재수록된)에서도, 계산 가능성 이론에 관계되는 논리학에서도 튜링의 연구 작업을 언급하지도 않았다. 폰 노이만은 단지 군론에서 더 기술적인 튜링의 연구 작업만을 언급하고 있을 뿐이었다.
28) 튜링(1948, 40쪽)을 볼 것.

데, 이는 경우에 따라 생길 수 있는 폭격을 피하기 위해서이다. 짧은 기간 동안의 전투는 지체 없이 영국 시골의 아름다운 분위기로 이사해 가는 것을 정당화시켰고, 튜링은 이곳에서 1942년 11월까지 머물게 되었다. 이 첫번째 기간 동안 애써 전쟁하는 데 있어 튜링의 역할은 결정적이었다. 겨우 열 명의 연구 팀 수장에 오르게 된 튜링은, 베를린에서 암호화된 메시지를 규칙적으로 코드화하고, 영국을 봉쇄한 독일 잠수정에 무선 전화로 보내온 메시지를 코드화하게 되었다. 이런 관점으로부터, 영국 전투는 공중과 수중에서 상대를 농락하고 있던 만큼이나 블레칠리 파크에서도 마찬가지로 진행되고 있었다.

암호 해독 작업은 전쟁 전에도 폴란드인들에 의해 시작됐었다. 심지어 히틀러가 권좌에 오르기 전에도 폴란드인들은 군론(群論)과 독일어에서 역량 있는 수학자들로 구성된 팀을 이루고 있었으며, 암호 해독 기계를 만들 수 있는 엔지니어들로 구성된 팀을 구성하고 있었다.[29] 폴란드인들에게 대개 제1차 세계대전으로 기원을 거슬러 올라가는 암호학의 방법을 완전하게 갱신할 수 있게 해준 것은, 정보의 기계화와 수학적·언어학적 능력의 참신한 결합이다. '시계 방법(méthode de l'horloge)'이라 불려진 그들의 방법은, 명백한 이유 없이 '암짝(femelle)'[30]이라 불려진 글자로부터 식별할 수 있도록 반복된 암호 메시지 속에서 발견된 것에 의존했었고, 연구는 '폭탄(Bombes)'이라 불려진 전자 기계 도움으로 기계화되었다. 애니그마(Enigma)라는 기계가 코드화를 실행했던 방식에 대해 정보를 준 것은 이런 글자

---

29) 리예프스키(Rijewski, 1981)를 참고할 것. 우리는 독일어로 된 암호 메시지 해독 문제에 대해서는 레흐 마지아코프스키(Lech Maziakowski)의 인터넷 사이트(http://www.gl.umbc.edu/~1mazial/)를 참조할 수가 있다.

30) 폴란드어 용어는 'samiczka'이며, 여성('kobieta')——이 단어의 쓰임새는 인류에 지칭되도록 하였다——에 대립되는 암컷 동물을 지칭한다. 나는 이런 언어학적 세부 내용을 암시해 준 레흐 마지아코프스키에게 감사의 마음을 전한다.

의 반복이다. 폴란드가 전쟁에서 패배한 후, 폴란드 수학자들은 프랑스에서 베르트랑 사령관 덕택에 자신들이 행한 작업을 계속해 나갔다. 베르트랑 사령관은 대 간첩 활동을 책임지고 있는 사람 중 한 명이었으며, 1940년 프랑스가 전쟁에 패하고 나서 그때까지 진행시킨 작업 결과를 영국에 넘길 수 있도록 했다. 이 시기 독일군은 '시계 방법'의 효율성을 효과 있게 사용하지 못하게 하면서 암호화 방식을 아주 복잡하게 만들었다. 튜링은 이런 효율성으로부터 확률론과 논리 계산을 상당히 사용할 수 있도록 하는 아주 좋은 물건을 발견했다. 이 물건은 '암짝'의 구성에서 주파수의 통계학적 비교에 의존했고, 암짝의 글자 인식의 기계화된 연구를 메시지에서 (어휘와 상대적으로 표준화된 형태에서) 가정된 단어 글자의 반복과 암호화된 메시지 글자의 반복 사이에 있는 모순 연구로 바꿈으로서 이루어졌다.[31] 달리 말해서 튜링(그리고 고던 웰치먼에 의해)에 의해 수정된 방법은 기계화된 반복의 인식을 더 이상 실행하는 것이 아니라, **기계화할 수 있는 논리적 방법을 통해** 명백하게 양립 불가능한 가능성을 제거하면서 조합에 의한 파열을 한정시키려고 하는 데 있다.

통계학

전쟁 동안 튜링과 가까운 공동 연구가 중 한 명인 통계학자 구드에 따르면, 통계학 분야에서 튜링이 추구한 연구 작업은 1940-1941년 대로 거슬러 올라간다. 이 기간 동안 튜링은 완전히 독창적인 방식으로 통계학의 분석 방법인 **연속체로 분할된**(séguentiel) 분석과, 샤논

---

31) 구드(Good, 1992)와 마찬가지로 니크 셰일러(Nik Shaylor)의 인터넷 사이트 (http://www.geocities.com/CapeCanaveral/hangar/4040/bombe.html)를 참고할 것.

이 사용한 어휘를 빌리자면 다가올 미래를 보장해 줄 '정보과학'의 미래를 예견할 결정적 개념을 완전히 새롭게 만들어 냈다.

연속체로 분할된 분석

연속체로 분할된 분석의 대부는 일반적으로 미국의 통계학자인 월드와 영국의 통계학자 바너드로 전가된다. 전자는 가공 상품의 질을 제어하기 위한 방법을 발전시켰고(이 통계학자의 연구 결과는 1947년에 공표됐다), 후자는 전쟁이 진행되는 동안 군수부를 위해 일했다. 한 뭉치의 부품이 좋은 질인지 혹은 모든 부품을 대충 살펴보지 않고 좋은 질이 아닌지——이 경우는 너무 비싼 경우이다——를 결정하기 위해서는 두 가지의 가설을 생각해야만 한다. 하나는 H(손상된 부품 뭉치)와 다른 하나는 H가 아니라는(손상되지 않은 부품 뭉치) 가설이다. 이런 가설을 한 후 두 가설 중에서 하나를 선택하게 된다. 우리는 부품을 하나하나 테스트하게 되고, 질의 테스트에 따른 견본 크기를 먼저 고정시키지 않고 매번 부품 뭉치의 질을 다시 계산한다. 예를 들어 각각의 부품을 관찰한 후, 결정하는 사람은 다음 세 가지 행위 사이에서 하나를 선택한다. 그것은 마치 H가 사실인 것과 같이 행동하고, H가 아닌 것이 사실인 것처럼 행동하는 것, 다른 테스트를 명령하는 것과 같은 세 가지 행위이다. 문제는 지나치게 많은 테스트를 되풀이하지 않고 한계치까지 테스트를 해 가는 것이다. 결과적으로 질의 테스트를 위해 멈춤 규칙을 정의하게 되는 일은 어렵다.

똑같은 질로부터 가공된 재화 전체를 선별하는 일은 메시지 속에 포함된 한 단어의 의미 작용에 관계된 가설을 수용하는 데 동일시될 수 있다. 그러므로 문제 해결은 **정보**란 개념을 사용하는 것으로 이루어진다.

정보 개념

원래 영어 표현인 '명백함의 중요도'를 번역한 용어인 정보 개념
은, '데이터의 표시'나 혹은 '경험의 표시,' 그리고 우리가 그것에
전가할 수 있는 신용 정도를 지칭한다. 그러므로 이 개념은 원래 통
계학적 속성이며, 확률 추론 과정에 있는 정보에 전가해야 하는 중요
성의 문제와 연결되었다. 해독 문제 맥락에서 구축하는 데 성공해야
만 하는 것이 바로 이런 형태의 추론이다. 튜링은 '정보 E에 의해 주
어진 H 가설을 고려하여 요소' 개념을 이용하고 있다. 이 요소에 따
르면 H 가설의 초기 확률은, 마지막 확률을 얻기 위해 되풀이되어야
한다. 그렇게 해서 정보('evidence')를 획득한 후 H 가설의 실현 확률
을 소위 말하는 '베이스' 규칙을 이용해서 수정할 수 있다. 이런 규칙
은 **선험적(a priori)** 가설로부터 **경험적(a posteriori)** 확률을 계산할 수
있는 방법을 제공해 준다. 정보의 '힘'과 '무게'(중요도) 개념은 가설
H에 관계되는 수정 규모를 알게 해주는데, 이 가설은 사실임직함의
관계에서 계산된 것이다. 튜링은 '정보 무게'의 측정 단위에, **인간의
직관으로 직접 알 수 있는 가장 작은 변화로서**[32] 정의된 '밴(ban)'과
'데시밴(déciban)'이라는 이름[33]을 부여해 주었다.

---

32) 구드(1979, 394쪽)를 볼 것. 이 2개의 측정 단위는 음향 이론에서 '차용된' 것
이었다. 음향론에서 우리는 2개의 소리 강도간의 관계의 기수 대수 10으로 정의된
'데시벨(décibel; 음의 강도 단위)'과 '벨(bel; 소리 단위)'의 기호 체계를 사용한다. 샤
논의 정보과학 이론에서 데시밴(déciban)은 '비트'의 이항 개념으로 대체되지만, 두
이론은 대략적으로 동등하다.
33) 그는 '밴(ban)'이라는 단어를 선택한다. 그 이유는 '밴버리즘(banburisme)'으로
불리는 실행에 필요한 계산이 밴버리(Banbury)라는 영국 남부 도시에서 유래된 종잇
장에서 실행되었기 때문이다.

5. 전쟁 후의 튜링: 1945-1954

튜링 생애의 마지막 해에 해당되는 이 시기는 근본적으로 두 가지 과학 프로젝트에 할애되고 있는데, 이는 컴퓨터 구축과 형태발생 이론 구성이다.

1945년 10월 1일 튜링은 테딩턴에 위치한 국립물리연구소(NPL)에 채용됐다. 이곳에서 분명 영국의 첫번째 컴퓨터라 할 수 있는 전자 계산기를 만들기 위해 수학 부서를 창설할 움직임이 있었다.[34]

튜링은 2년을 NPL에서 보낸 이후 직면하게 된 기술적·행정적 어려움 앞에서 1947-1948년 기간중에 케임브리지대학에 돌아와 안식년을 보낸다. 그가 구상했던 컴퓨터 구축 프로젝트가 NPL이 추구한 틀에 이르지 못했기 때문에, 사직서를 제출하고 1948년 맨체스터대학으로 떠날 것을 받아들인다. 맨체스터대학은 컴퓨터를 구축하는 것에 따라 채용된 새 연구진을 구성하고 있었는데, 이는 케임브리지대학에서 튜링의 옛 교수인 막스 뉴먼의 지도하에 구성된 것이다. 막스 뉴먼은 전쟁 기간 동안 독일군 부호 해독에 참여했었고, 전자 기계 사용에서 상당한 능력을 발휘하고 있었다. 튜링은 이 연구 팀에 자신을 위해 특별히 만들어 놓은 자리, 즉 '계산 이론에서의 강사' 자격으로 합류하였다. 이것이 튜링의 마지막 직함이고, 1954년까지 이 자리는 유지된다.

1951년 3월 15일 튜링은 왕립학회에 선출되었다. 막스 뉴먼과 철학자 버트런드 러셀이 서명한 튜링 선출을 위한 보고서는, 계산할 수

---

34) 이 부서 소장인 수학자 워머슬리(J. M. Womersley)는 폰 노이만의 후원하에 컴퓨터 구성에 관계해서 미국인들이 추진하는 연구 작업 정도를 알아보기 위해 미국에 갔었는데, 그는 '하드웨어로 된 튜링' 을 그곳에서 보았다고 말하고선 돌아왔다.

있는 수에 관해 1936년도 튜링이 행한 연구 작업을 언급하고 있다. 이것은 '24세의 나이에 어쨌든 왕립학회에 채택될 수 없었다는 사실'을 아이러니컬하게도 튜링에게[35] 말해 주고 있는 대목이다……. 명망 있는 기구 쪽에서 볼 때, 이런 상징적 인식이 이론적 정보과학에 관계되는 문제에 대한 튜링의 관심 사항 마지막과 일치한다. 1951년 마지막 강연 후, 튜링은 전적으로 형태발생에 몰두한다. 자연과학에 결부되어 있는 수학적 모델화의 문제는 물리학, 특히 양자역학의 형태에 대한 튜링의 관심을 쇄신케 해준다. 이 양자역학은 당시로서는 튜링을 만족시키지 못하고 있었다. 튜링은 정해진 기간 내에자신이 생각한 프로젝트를 완성시키지는 않을 것이다. 동성연애자라는 이유로 경찰과 군대의 감시를 받고 있던──이 시기는 냉전 시대이다──튜링은 1954년 42세의 나이로 자살한다.

---

35) 호지스(1983, 438쪽)에서 인용된 것이다.

3

튜링이 발전시킨 세계의 학문적 전망

튜링은 세 가지 변별된 실체 층위를 구분하는데, 이 모두가 여러 학문 분야에 연관되어 있다.

1. 물질 층위

가장 기본이 되는 층위는 자연과학(물리학 · 화학 · 생물학)이 연구해 왔던 물질 층위이다. 튜링은 자신이 추구한 형태발생 이론 덕택에 화학과 생물학에 공헌하였으며, 이는 물리학에 헌신할 시간적 여유가 확실히 없었음을 알려 준다. (청년기의 튜링은 상대성 이론에 대한 아인슈타인의 연구를 더 자세히 파고들고자 했다.) 튜링은 자신이 죽을 무렵에는 양자역학에 대해 연구했었다.[36]

튜링은 자연 속에서 '모든 인간은 끊임없이 죽어간다'고 생각한다.[37] 그러므로 근사식에 불과한 이산적 상태의 간접 수단으로 변화 과정을 설명해 가는 추상적 모델과는 반대로, 원초적인 것으로서 고려해야 할 필요가 있는 것이 바로 이와 같은 연속적인 변화이다.[38]

---

36) 1959년 아들의 전기집을 썼던 튜링의 모친은, 튜링이 이 분야에서 기본적 발견을 막바로 행했었다고 술회하고 있다.
37) 튜링(1950, 439쪽)을 볼 것.

2. 수학 층위

근본적으로 속성을 이해하려는 도구로 구상된 수학 층위는, 물질만큼 실체의 정도를 갖고 있지 못하다. 또한 순수수학과 응용수학 간의 차이는, 튜링에게는 적절치 못한 것으로 보인다. 왜냐하면 튜링에게 추상적 개념을 지향하는 연구는, 물리학·화학·생물학의 차원에 있는 속성을 이해시킬 수 있는 유일한 방법이기 때문이다. 수학이 속성——그 자체가 연속적인——을 연구하기 위해 이산적이며 연속적인 도구를 사용할 수 있다는 것을 주목해 보자. 그러므로 연속적이며 이산적인 것은 상황에 따라 사용할 줄 알아야 하는 도구처럼 보인다. 국부적으로 연속 상태를 기술하기 위해, 이산적 관점은 가장 적당한 것으로 보이곤 한다. 반면 미분되지 않은 상태나 요소들의 '연속적 다양성'[39]을 전체적으로 고려한다면, 연속주의적 관점이 우세하다.

3. 논리 층위

세번째 층위는 수리논리학에 의해 형식화된 언어 층위이다. 바로이 층위에서 모든 언표가 연관되고, 이들 언표들은 충분히 용인될 수

---

38) 이런 '연속적인 변화'의 원초적 용어로서 선택은, 상대성 물리학에서 연속주의자들의 가설이 에딩턴——튜링은 청년기 시절부터 알고 있었다——에 의해 튜링 시대에 드러날 수 있었던 바대로 그 가설에 분명 결부되어 있다. 앞의 확률론을 참고할 것.

39) 튜링(1948, 109쪽)을 볼 것.

있기 위해 자연과학이나 수학에서 생겨난다. 튜링이 그런 언표들을 단지 완벽하게 객관적일 수 있는 논리 명제에 함축하려는 것이 아니다. 그는 러셀이나 비트겐슈타인과는 반대로 과학의 근원과 관계해서 철학의 개별적 견해를 주장하지는 않는다.[40] 반면 튜링은 과학적 연구의 심리학적 근원에 대한 견해를 아주 강력하게 주장하고 있다. 그런 사실로부터 튜링에게 중요시되는 것은, 객관적이기보다 주관적인 양상에서 오는 논리적 층위이다. 실제로 모든 추론은 논리적 층위와 연관될 수 있어야만 한다. 왜냐하면 **튜링에게 있어서 인간의 정신은 논리적 기계이며**, 이 기계가 갖고 있는 사고의 연쇄는 규범, 즉 유효 계산대로 작동해야만 한다. 그런 이유로 해서 튜링이 취한 과학적 방식은 항상 계산의 유효성이라는 관점에서 스스로가 위치해 있으려 한다. 그 결과 **정신의 결정과 같이 속성의 결정은, 동일한 형식주의를 사용하여 검토되어질 수 있게 된다.** 이것은 '정신과학'을 구성하는 프로젝트에 중요한 결과를 가져다 줄 것이다.

이런 형식주의는 공식의 물질성(공식이 종이 위에서 행하는 여러 흔적들)과 그것의 연쇄 규칙들만을 고려하는 것으로 이뤄진다. 그렇게 해서 문자의 물질성에 만족하는 일은 **이산적** 관점을 함유한다. 기호는 기호 형태의 변이가 기호의 변이를 초래하지 않기 때문에 이산적이다. 또한 논리에 의해 형식화할 수 있는 바대로 과학적 언어의 추상적 공식은, 이런 배열에 속하지 않는 **이산 영역을 향해 일반적 '전파(exportation)'를 겨냥하고 있다.** 그러므로 튜링에게는 **연속적** 물리학과 **이산적** 문어(文語)라는 간접 수단으로 그것의 논리적 기술간에 **중요한 긴장**이 존재한다. 튜링에게 이런 대립을 해결하는 일은, 연속

---

40) 튜링은 수학의 근원에 무관심해지기 전에 케임브리지대학에서 이 문제에 대해 비트겐슈타인의 세미나를 간헐적으로 수강했었다. 멍크(Monk, 1990, 421쪽)를 참고할 것.

과 이산 간의 격차가 **형식적 문자의 언제나 가능한 증가에 의해 보완되었다**는 것을 보여 주는 데 있다. 그러므로 튜링이 정하고 있던 목표는, 정의상 접근할 수 없는 것을 특수한 상징으로 구성된 방식에서 받아들이는 것이 가능하기 때문에 단지 접근할 수 있을 뿐이다. 비언어학적 연속은 물리학·화학·생물학적 현실 속에서 안정된 형태를 출현시키는 기반이 된다.

그렇게 해서 연속적 물리학과 이산적 언어를 이용함으로써 연속적 물리학의 인간적 연구 사이에 있는 경로는, 튜링의 경우에는 형식적인 문자의 성찰을 거쳐 간다. 그 성찰은 우리가 볼 터이지만, 원초적 방식으로 추상적 상징과 기계 장치를 연결시켜 주는 행위와도 같은 것이다.

II

계산의 논리학

튜링의 중요한 첫 논문인 〈계산 가능한 수와 결정할 문제〉[1]는 엄격히 말해 수리논리학에 속한다. 이 논문은 계산할 수 있는 수 개념의 일반적인 특징에 영향을 주고, 훗날 개별적 경우를 적용── '결정(Entscheidung)'의 논리적 문제──하는 데 상당한 영향을 끼친다.[2]

'1930'년대의 수리논리학은 오늘날과 같이 수학적 지식 분야를 완전히 형성하지 못하고 있었다. 케임브리지대학에서 수리논리학의 선택 과목을 맡고 있는 교수, 막스 뉴먼은 위상(位相) 전문가였다.[3] 집합 이론[4]의 원리 연구는 이론의 특수성에서 토대로 사용되며, 이런 연결된 영역에 접근해 가도록 했다. 튜링이 수강했던 1935년 봄의 수업은 '수학의 기본 원리'라 이름 붙여진 것이었으며, 힐베르트식 관점에서 구상되었다. 실제로 뉴먼은 (1928년 볼로냐에서) 국제수학자 회의에 참석하였다. 이 회의 기간 동안 다비트 힐베르트는 수학의 기초에 대해 공개된 문제 중에서도, 우리가 나중에 살펴보게 될 네 가지 중요한 사항을 열거하면서 수학의 기본 원리에 관계되는 질문을 새롭게 하였다.[5] 뉴먼의 강의는 의문시되는 문제들과 이들간에 존재하는 상당수의 문제들을 선보였다. 'Entscheidungsproblem' 혹은 결정성의 문제와 같은 다른 것은 여전히 해결되지 않았다. 그는 처치와 거의 동시에 문제 해결을 찾아내긴 했지만, 아주 상이한 방법을 통해 해결하고 있었다.[6]

---

1) 제1장의 §1을 참고할 것.
2) 이 문맥에서 '결정'을 의미하는 독일어 단어는 더 일반적으로 '중재(arbitrage)'를 의미한다.
3) 이것은 기하학적 도형의 변형에 의한 불변성의 연구이다.
4) 대상의 유한하고 무한한 특성을 수집하는 연구이다.
5) 힐베르트(1928)를 볼 것.

6) 튜링은 1936년 4월 15일 미국에서 간행된 처치의 연구 작업 내용을 모르고 있었다. 이 시기에 튜링은 자신이 쓴 논문의 수사본을 뉴먼에게 주었다. 우선권의 논쟁은 없었다. 왜냐하면 처치와 튜링에 의해 배치된 개념들이 충분히 다르기 때문에, 둘이 접근해 가는 독창성에 대해서 어떤 의심도 가질 수가 없었다. 이 문제에 대해서는 처치(1936)를 볼 것.

1

1920-30년대 논리-수학의 상황

1. 집합 이론과 실제 추론

19세기 논리학의 개정은 새로운 수학적 상황이 출현하는 것과 연관되어 있다. 이런 상황은, 전체 속에서 수학을 쉽게 설명하려는 **집합 이론**과 같은 일반 이론을 확립함으로 하여 아주 큰 방향을 유지하면서 특징지어졌다. 이 이론이 내면에 깔고 있는 독창성은, **무한대**(infini)의 개념을 만들어 낸 해석에서 유래된다.

고전논리학은 유한 영역에서 대상의 직관을 전적으로 성찰하지 않은 관례에 상당 부분 의존해 왔다. 대상의 직관에서 생겨난 무한 개념은 무한한 연속성의 영역에 있는 유한 영역에서 유효한 추론을 일반화시키는 것에 의존했다. 이런 사실로부터 잠재적 무한대와 실재의 무한대 간에 필요하다 판단되는 구분이 도출되었으며, 이 구분은 '유한대'만이 추론에 접근할 수 있다는 전제로 인해 정당화되었다. 거기에는 논점 선취가 있었다. 집합 이론은 직관을 사용하지 않고, **초한**(超限; transfini)을 포함한 집합을 이롭게 조작할 수 있게 하는 규칙을 확립하면서 논점 선취를 출현시켰다. 단지 잠재적 무한대에 대립시키지 않고 실재(actuel)로서의 무한대를 인식하는 이런 새로운 방법은, 다음과 같은 사실을 인정했다. 19세기에 '비구성적'이라 불렸던 추론의 수학적 실행, 다시 말해서 통제가 일련의 유한 상태로 확

립되지 않았던 대상에 영향을 미친 추론의 수학적 실행은 일반화되지 않았다.[7]

새로 만들어졌던 논쟁은 수학에서 비구성적 추론을 사용하려는 정당성에 영향을 미쳤으며, 단번에 수학적 추론의 중심에 잠재적 유한, 무한, 그리고 실재의 무한 간에 존재하는 속성 관계를 논의하게 했다. 모든 수학자들은 연속의 유한과 무한에서 '안전지대'로서 추론을 해석하는 데 의견을 같이했다. 이 안전지대로부터 구성적이고 비구성적인 추론 원리 사용은, 각각의 재량에 맡겨진다. 그렇게 해서 여러 학파가 구성되었고, 정당한 것으로 허용된 것과는 다른 개념에 근거하여 수학을 실행한다. 사용이 과해질 수 있었던 다양한 영역에서 초한의 가능성을 사용하는 것을 용인한 어떤 사람들에게, 유한이라는 간접 수단으로 초한을 제어할 논리적 임무를 갖게 했다. 다른 사람들에게는 한편으로 어떤 척도에서 지난 세기에 수학의 비구성적 지식이 구성적 의미로 재해석될 수 있는가를 담당하도록 했고, 다른 한편으로 수학 연구에서 구성적 양상을 중시할 것을 담당하도록 했다. 모든 사람들에게——이들 모두가 다른 방식으로 향하지만

---

7) 다음과 같이 볼차노(Bolzano)에게서 나온 소위 '중간 값(valeurs intermédiaires)' 정리(定理)를 예로 들어 보자:

"실수 집합에 대해 정의된 함수를 위해, '어떤 x라는 값에 대해서는 양(陽)이고, $a \leq x \leq b$라는 닫힌 연속 구간에 있는 다른 값에 대해서는 음(陰)인 변항 x의 연속 함수는, x라는 중간 값에 대해서는 0값을 가져야 한다.'"

만약 함수가 연속적이고 기호를 변화시킨다면, 함수는 0을 거쳐 가야 한다. 하지만 $f(x)=0$점은 **실질적으로** 증명을 통해 구축되지 않았다. 이유는 문제가 되는 점이 있는 **유한수**의 단계에서, 이 증명이 n차의 소수점에 가까이 가게 해줄 어떤 방법도 부여하지 않기 때문이다. 함수가 무효가 되는 점은 고전논리학에서 물려받은 원리, 즉 '배중률(排中律)'을 이용하여 간접적으로만 추론될 뿐이다. 배중률(tiers-exclu)은 증명을 통해 보여진 양자택일과는 다른 양자택일을 가질 수가 없다. 그렇기는 하지만 고전논리학의 유산은 분명 문제시되었다. 그리고 추론이 초한 집합에 영향을 주었을 때, '배중률'이라는 원리 사용을 상태에서 보존할 수 있었다는 것은 더 이상 확실치가 않다.

──있어서 문제는, 수학적 추론과 그것의 적법한 연장의 **유한성의** (finitaire) 논리학을 구성하는 것이다. 구성적 추론을 통해 이해되어야 할 문제는 논쟁의 중심에 있었고, 튜링은 자신이 수리논리학의 영역에 접근해 갈 때 이 논쟁을 이용할 줄 알고 있었다. 튜링에게 **실재적 구성** 개념은 항상 계산과 동일시되었다.

2. 힐베르트의 메타수학적 책략

실재의 무한대 사용법에 의해 제공된 논증적 가능성을 계속해서 사용하고자 하는 수학자들은, 유한 규칙으로부터 초한을 통제할 방법을 찾는 데서 생겨나는 많은 난관과 부딪혔다. 이들 수학자들 중에서, 푸앵카레가 죽은 이후 수학의 세계을 연구하는 데 있어 수장이 된 힐베르트는 새로운 **공리 체계** 사용법과 **모델** 개념의 사용법에 토대를 둔 책략을 만들었다. 이 새로운 사용법은, 수학 명제에서 이상과 현실 간에 있는 발표되지 않은 분할 해석에 의존하고 있었다.

공리 체계의 고전 개념

유클리드 이후, 기하학에 대해 알려진 모든 명제를 하나의 **공리 체계**(axiomatique)로 성공적으로 제시하게 되었다. 여기에서 공리 체계는 문제가 되는 영역의 모든 다른 명제를 논리적 방식으로 산출하기 위한 충분한 명제군(群)이다. 훗날 공리(axiome)라고 불려진 이 명제군은, 2개의 하위군으로 구성되었다. 첫째는 모든 학문에 포함된 논리 개념들(예를 들어 전체는 부분보다 크다)을 포함하고 있으며, 둘째는 기하학 영역에 적절한 증명되지 않은 명제들과 공준(postulat)(예를 들어 우리가 주어진 오른쪽에서 단 하나의 평행선만을 그릴 수 있는 유명한 다섯번째 공리)을 포함하고 있다. 시간이 지나면서 공리 방식은 상당히 확장되었는데, 특히 그런 현상은 기하학에서 두드러지게 나타난다. 기하학에서 평행선 공준의 부정에 토대를 둔 다른 공리 체계가 구축되었으며, 그것은 유클리드의 믿음을 그다지 수긍할 만하지 못하게 했다. 유클리드가 믿는 바에 따르면, 공간에 대한 공리 체계는 물리적 공간을 설명하고 있었다.

이와 같은 공리 체계의 증가는 이 공리 체계들의 관계를 문제시하게 되었다. 힐베르트까지는 공리 체계가 단지 논리학의 내부 관계를 유지시켰던 이상적 명제군으로 간주되고 있었다. 공리군이 정당했는지, 다시 말해서——관심 없이 출발하고, **일관성 없게 할**——모순 명제를 산출하지 않았는지를 결정하기 위해서, 직관적으로 검토된 공리군의 수긍할 만한 표상이나 '모델'을 사용할 필요가 있었다. 예를 들어 공간 곡선을 설명하기 위해 B. 리만에 의해 확립된 비(非)유클리드식 공리에서, '평면'은 유클리드의 반구 '표면'으로서, '점'은 이 표면 위에 있는 점으로서, '직선'은 이 표면 위의 큰 원호(圓弧) 등으로서 **대강**(grosso modo) 해석될 수가 있었다. 예를 들어 비유클리드 기하학의 공리 체계 경우에서 유클리드식의 모델을 찾아내려는 일은, 적어도 간접적으로 어떻게 그것을 해석할 것인지를 알기 때문에 이상적 구성으로만 보였던 바를 믿는 일이 가능했음을 보여 주었다. 실제로 비유클리드 기하학에서 모순이 존재했다면, 마찬가지로 유클리드 기하학에서도 하나의 모순이 존재했다는 것을 보여 줄 수 있었다. 그러므로 추론은 **유클리드 기하학이 비모순**(non-contradictoire)이었다는 가정에 의존하고 있었다.

비유클리드 기하학의 경우에서처럼 직접적으로는 직관적이지 않았던 이론을 형성하는 공리군에서 공리 체계 과정의 일반화는, 그러므로 다음과 같은 신념을 강화시켰다. 이 신념에 따르면 공리 체계는 이상적 개체였으며, 이 이상적 개체의 비모순은 유클리드 기하학의 비모순에 의존하고 있었다. 그렇게 해서 논리학은 외부 검증 과정에 동일시되었고, 그것의 명제는 속성상으로는 이상적이었다. 그럼에도 불구하고 이 명제들이 수학적 방식과는 무관한 것으로 간주되었다는 것을 고려하고, 이런 방식의 근본적 명제가 공리화되지 않았다는 것을 고려한다면, 모델이라는 간접 수단을 통해 해석될 것을 요구하진 않았다. 이런 식으로 공리 체계를 검토해 보는 방식과 논리학의 역할은 두 분야의 수학적 위상에 직접적인 결과를 가져다 주었다.

첫째 유클리드 기하학의 속성 문제가 다시 제기되었다. 우리는 이 문제를 두 가지로 나누어 볼 수가 있다. 우선적으로 논리학적 관점으로부터 모든 기하학이 등가(équivalent)였다면, 우리만이 **지각하고 있던** 공간기하학은 무엇이며, 유클리드 기하학이 왜 공간기하학에서 눈에 띌 만한 역할을 했는가? 그 다음으로 유클리드 기하학이 모든 기하학에 계속하여 기념비적인 모양새를 제공했다면, 인지 속성의 우선권을 유클리드 기하학에 부여해야만 하는가? 혹은 그것의 역할이 단지 우발적인 역사의 산물이었단 말인가?

둘째 초한(transfini)은 직관에 접근할 수가 없으며, 만약 이 초한이 이상적으로 인식되었다면, 그것에 해석을 부여하는 일이 불가능하다. 여기에서 해석은 항상 모순이 될 수 있었던 사용법을 강요한다. 그러므로 수학은 고유의 배열, 즉 개념의 배열——**사고와 비경험적인 것에 접근할 수 있는 것**으로 정의된——에 한정되어야 했고, 이상적 공리 체계의 비모순적 양상을 강화시켜 줄 실재의 해석을 찾아야만 했다.

힐베르트는 초한을 사용할 가능성을 보존하고 동시에 개념적 관점, 다시 말해서 유한성의[8] 관점에서 초한의 사용법을 제어하려고 했다. 이것을 하기 위해, 힐베르트는 이상과 실재 간의 배분을 인식할 수 있는 새로운 방법을 제시하면서 공리 체계로부터 수용된 해석을 완전히 쇄신하였다.

힐베르트의 공리 체계 구상

힐베르트의 목표는 기하학이 당연히 수학, 다시 말해서 개념 배열에 속하는 것과 마찬가지로 초한 또한 이 개념 배열에 속한다는 사실을 보여 주고자 한다.

힐베르트는 우선적으로 기하학의 위상을 명시화했다. 실제로 대수학의 모델을 이용해서 여러 기하학의 공리 체계를 해석하는 일이 가능했다. 그러므로 기하학이 대수학보다 더 '이상적'이지 못했다고 생각할 어떤 이유도 없다. 평면기하학을 예로 들어 보면, 짝수를 의미하는 것으로 '점'을 해석할 수 있고, 두 가지 방정식 등에서 1차 방정식에 의해 표현된 선적인 관계를 '직선'으로 해석할 수가 있다. 기하학의 공리 체계가 모순적 명제를 산출하지 않는다는 것을 확신하기 위해, 유클리드 기하학과의 관계를 통해 외부로 드러난 우회 수단은, 그러므로 효과 없는 것으로 결정됐다. 그렇게 해서 힐베르트는 **수학 그 자체 내에 있는 '우회 수단'**을 생각할 필요가 있다는 바를 보여 주었다. 예를 들어 힐베르트는 데카르트 기하학의 비모순이 실제로 실수(nombre réel)의 모순에 토대를 두고 있다는 것을 보여 주었다. 그렇게 해서 공리 체계의 일치성 문제는, 다른 공리 체계로 옮겨 갔고, 동시에 실수와 정수의 산술(arithmétique)로 귀결된다. 계속되는 과정에서 힐베르트는 이렇게 옮겨진 현상이 유일한 정수의

---

8) 힐베르트(1922, 136쪽)를 참고할 것: "유한 영역에 머물면서 자유롭게 사용하고, 전적으로 초한을 지배하게 되는 문제와 관련된다."

산술을 결국 증명하게 된다는 사실을 보여 주었다.[9] 이런 이동 현상은 다른 것과 관계해서 공리 체계의 상대적 비모순성을 증명할 수 있도록 해준다. 만약 정수에 대한 산술——어떤 수정 덕택에 페아노가 공리화했던 바와 같이——의 비모순이 증명됐었더라면, 그로부터 모든 다른 공리 체계의 비모순을 추출해 낼 수 있다. 이런 비모순을 증명할 수 있어야만 했다. 그렇기는 해도 산술의 기본 개념인 **수**가 어떤 다른 것으로도 귀착될 수 없다는 면에서 문제가 해결될 수 있을 것 같지 않다. 그 이유는 힐베르트가 프레게 · 데데킨트 · 러셀과 결부시키고 있었던 집합 논리 개념에서 수의 수학적 개념을 환원하려는 시도가 효과 없는 것으로 보였기 때문이다. 그러므로——일치성의 직관적 증명을 연구하면서 했던 것과 같이——수학을 벗어나지 않고, 그리고——집합이라는 간접 수단을 사용함으로써 우리가 하려고 했던 바와 같이——산술을 벗어나지 않고서 산술의 비모순을 증명할 수 있어야만 했다. 이렇게 하려는 데 도달하기 위해, 힐베르트는 공리 체계의 해석 개념과 일반적으로 모든 공리 체계를 위해 이상과 실재를 통해 이해되었던 것을 완전히 변형시켰다.

힐베르트는 두 가지 종류의 공리 체계를 구분하기 시작했다. 그것은 **의미적인** 공리 체계——기하학에 대한 유클리드나 산술에 대한 페아노가 항상 실행했던 공리 체계이다——와 **형식적인** 공리 체계이다. 의미적인 공리 체계에서 우리는 두 가지 명제를 발견할 수 있다. 그것은 **유한한**, 다시 말해서 실질적 과정을 통해 확인할 수 있는 명제와 이 방법에 의해서는 확인할 수 없는 **이상적** 명제를 일컫는다. 이 마지막 카테고리에서 초한을 목표로 하는 명제가 포함됐다. 이 초한을 목표로 하는 명제 속에서 '존재한다'와 '모든 것에 대해'와 같

---

9) 힐베르트(1917)를 볼 것.

은 논리적 상징은(예를 들어 내용에 영향을 미치는 명제와 같이) 초한 영역에 있는 개인들에게 영향을 준다. 힐베르트는 두번째 공리 체계 덕택에 이런 명제들을 제거할 수 있다고 생각했다. 또한 그는 의미 적인 공리 체계에 있는 명제들의 사용으로부터, 모순이 생겨나지 않 았다는 것을 이 방법을 통해 보여 줄 수 있다고 생각했다. 두번째 공 리 체계는 내용이 없는, 다시 말해서 완전히 형식적인 경우이다. 우 리는 이 두번째 공리 체계에서 단 한 가지의 명제——실제 과정으로 서 인식된 유일한 논리 추론을 통해서 해결된 시스템을 형성하는 **어 떤 해석도 없는** 명제들——만을 발견할 수 있다.[10] 이와 같이 명제 들의 유일한 형태 속에서, 우리는 수학 기호와 동시에 논리 기호를 부호화할 수 있다. 예를 들어 모든 기호들은 동일 방식으로 취급되 었으며, 모든 명제들은 명제를 문자의 물질적 기호 배합이 될 수 있 는 것에만 환원시킨 공통의 모형에 따르게 되었다.

그러므로 유한 공식으로 구성된 형식적 공리 체계는, 유한적이고 초한적인 명제들로 구성된 의미 있는 공리 체계의 논리 타당한 해답 영역을 산출하는 데 그 목적이 있다. **해답이 충실했다면** 형식적 공 리 체계의 비모순이라는 문제에 직접 답해 주기를 바랄 수 있고, 의 미 있는 공리 체계의 비모순이라는 문제에 간접적으로 답해 주기를 기대할 수 있다. 그렇게 해서 형식적인 공리 체계에서, 공리는 새로 운 의미를 갖게 됐다. 이 공리는 속성들을 도입하고 있는 유일한 언 표 **형태**에 의해 특징지어졌다. 문제는 더 이상 수학을 논리학——그 것은 집합 개념에서 의미 내용을 변하지 않게 한다——에 귀결시키 는 데 있지 않지만, 수 개념의 해답과 논리 결합자——논리학이 새

---

10) 더 명확해지기 위해, 기의 작용은 물질적 상징을 인식하는 것(더 정확하게 말해, 각각의 물질적 상징의 동류(同類)와 그것들을 사용하는 규칙에 **한정**됐다는 것을 말할 필요가 있을 것이다.

로운 의미에서 동시에 '형식적'이기도 하는 이유 때문이다──의 해답을 동시에 사용 가능할 수 있도록 하기 위해 심지어 언표들의 기의 작용을 제거하는 데 관계된다. 그리하여 실재(réel)/이상(idéal)이라는 쌍은 새로운 분배에 따라 확립되었다. 이전에는 명제들이 직관화될 수 없음으로써 우리가 해석할 수 없던 이 명제들의 **오류**를 이상이 참조하고 있던 데 반해, 실재의 명제와는 반대로 이제 형식적 명제들은 해석되지 말아**야 하기** 때문에 이상적이며, 동시에 그 명제들이 씌어진 기호들(상징·도식·스케치·요약문, 수학이나 논리학 논문에서 일상적으로 만나는 모든 기호들)의 물질적 배합으로**만**이 지각되었다는 면에서 실재적이다. 그렇게 해서 형식적 공리 체계의 속성과 힘의 문제는 수학의 다른 영역 중에서 한 영역에 관계되지 않는다. 그 문제는 모든 수학의 속성과, 수학자들이 일반적으로 모든 수학적 문제 해결에 대해 바랄 권리가 있는 것에 관계한다.

그리하여 중요한 문제가 해결됐음이 분명하다. 어떻게 의미를 담고 있는 공리 체계에 대해 형식적 해답의 정확성이 보장되는가? 공식이라는 관점에서 볼 때, 가장 어려운 부분은 초한적 명제의 해답을 구성하는 데 있다.[11] 공식의 연역 규칙이라는 관점으로부터, 연역은 항상 실질적인 방식으로 행해졌다고 확인되어야 했다. 튜링이 행한 연구 작업의 독창성(이것은 다음에 나올 부분이다)을 정확하게 해줄 실제 과정의 표현에 부여할 수 있는 명시적 정의가 어떻든간에, 한 가지 점이 이제 힐베르트가 정리한 형식적 공리 체계라는 범주 안에서 강조되었다. "공리로부터 공식의 연역이 유한수의 단계에서 항상 실질적인 방식으로 실행된다는 것을 어떻게 확인할 것인가"라

---

11) 이것은 여러 다른 것 중에서도, 1878년부터 칸토르(Cantor)에 의해 제기된 연속 가설의 제어라는 까다로운 문제를 제기하고 있다. 힐베르트(1925, 237쪽)를 볼 것.

는 질문에 힐베르트는 다음과 같이 대답한다. 쓰여진 구성 규칙의 형식적 해답을 통해 얻어진 형식 체계 **속에서** 추론 과정의 유효성은, 수학자에 의해 실행된 형식 체계의 조작 속에서 그 자신이 **벗어나서** 나타날 필요가 있다. 하지만 이 후자(수학자에 의해 실행된 형식 체계의 조작)는 쓰여진 규칙에 의해서가 아니라 **사고를 다루는 학문**을 통해서만이 정당화될 수 있다. 바로 이런 이유로 힐베르트는 철학적 가설──이 가설에 따르면 **인간 정신은 실제적인, 즉 '유한적' 방식으로 작동한다**──을 진술할 필요성을 느낀 것이다.

   [...] 우리의 생각이 유한적이라는 사실은, 우리가 생각할 때 유한 과정이 전개되고 있다는 바를 의미한다.[12]

힐베르트의 형식주의적 사고의 근간을 이루는 것은, 메타수학적 의미에서 확장된 형식이라는 간접 수단으로 무한대를 제어할 수 있는 사고의 유한 입장──다시 말해서 과정의 유효성에 사고를 환원시키는 일──이다. 그러므로 **'유한적'** 실제 과정에서 **정신을 식별**하는 근원은, 힐베르트가 정의하고 있는 바와 같이 **메타수학적 책략에 필요한 결과**라는 것을 알 수 있다.

공식이 비모순 체계를 형성했는지를 알려고 했던 바는──형식 체계가 해석되지 않았다는 한에서──전적으로 이런 형식 체계에 있었다. 산술에 영향을 미칠 이런 비모순을 확립하기 위한 힐베르트의 책략은, 불가능성의 증거를 산출해 내려는 데 있다. 우리는 형식 체계의 공리간에 모순이 있다는 바를 가정했고, 이런 가정은 그 자체가 모순적이었다는 바를 보여 주었다. 바로 불가능성의 증거를 통

---

12) 힐베르트(1922, 140쪽)를 볼 것.

해, 겨우 25세라는 나이에 불과한 젊은 수학자인 괴델과 튜링은 힐베르트의 메타수학적 책략이 추구하는 궁극적 목표를 훼손시켰다. 힐베르트의 책략은 특별히 볼로냐 학술회의에서 발표됐었는데, 나중에는 '힐베르트 프로그램'으로 불려지게 된다.

형식적 공리 체계의 내적 한계: 1931-1936

볼로냐에서 힐베르트는, 다른 수학자들의 통찰력에 공개됐었던 세 가지 문제를 제기하였다.[13] 이 3개의 문제는 정수의 산술에 해답으로 사용하는 형식적 공리 체계의 위상과 관계하고 있었다. 첫째, 형식적 공리 체계는 모든 공식이 증명될 수 있거나 반박될 수 있다는 의미에서 **완전**한가? 둘째, 어떤 모순 공식도 공리로부터 산출될 수 없다는 의미에서 형식적 공리 체계가 **일관성**이 있었는가? 셋째, 어떤 공식이 참인지 혹은 거짓인지를 결정하기 위한 실제 방법이 존재한다는 의미에서 형식적 공리 체계는 **결정 가능**한가? 우리는 세번째 문제에서 튜링이 연구하려 한 대상 'Entcheidungsproblem' 혹은 결정성의 문제를 식별할 수 있을 것이다.

힐베르트가 희망하고 있는 바는 모든 경우에 긍정적인 답을 제공하는 것이었다. 형식적 공리 체계는 **완전**하고(그것은 모든 정리를 산출한다), **일관성**이 있으며(그것은 정리만을 산출한다), **결정 가능**하다. (모든 공식이 정리인지 아닌지를 결정하기 위한 실질적 과정이 존재한다.) 이 3개의 답변은 실제로는 부정적이다. 처음 두 문제에 대한 답변은 괴델이 제시했었으며, 세번째 답변은 처치와 튜링이 동시에 제

---

13) 힐베르트(1928)를 볼 것. 실제로 힐베르트는 4개의 문제를 구분하지만, 나는 두 문제만을 다시 결집해 놓았다.

시하고 있었다.

첫번째 문제에 대한 답은 두 시기에 걸쳐 제시됐었다. 1928년부터 힐베르트는, 아커만과 자신이——산술을 형식화하기에는 너무도 제한되어 있는—— '1차 술어 계산' [14]이라 불리는 형식적 공리 체계 일부에 대한 완전성의 문제에 긍정적 증거가 될 만한 답을 제시할 수 있을 것이라는 사실을 발표했다. 실제로 1929년에 괴델은 이런 형식적 공리 체계 일부의 완전성을 증명해 보였다.[15] 마찬가지로 그는 정수의 산술에서 해답으로 사용될 수 있는 형식적 공리 체계는 구조적으로 불완전하다는 것을 1931년에 증명해 보였다. 우리는 산술의 '나머지(reste)'가 있다는 것을 보여 줄 수 있을 것이다. 이 '나머지'는 후에 발생할 수 있는 형식 체계의 수정이 어떻든간에 형식적 공리 체계를 벗어나는 것이다.[16] 그로부터 한 언표의 증명 가능성은 엄격하게 그것의 참에 상응하지 않았다는 것을 결론지어야만 했다. 왜냐하면 하나의 정리(참의 언표)는 공리로부터 연역될 수 없이도 참일 수 있기 때문이다. 형식적 공리 체계 내에서 **통사적** 속성의 증명 가능성과 **의미론적** 속성의 참을 분리해 놓을 필요가 있게 되었다. 철학적 관점으로부터 가장 눈에 띄는 결과는, 메타수학적 유한 입장으로부터 사고의 유한 입장으로 이행하는 과정에 관계되었다. 이런 과정은 힐베르트가 가질 수 있던 필연적인 전제의 특성을 상실했다.[17]

두번째 문제에 대한 답은 두 가지 단계로 제시되었다. 볼로냐에서 계속 아커만과 폰 노이만이 형식적 공리 체계의 일치성을 증명하게 되었다는 사실을 괴델은 알려 주고 있다. 실제 적어도 엄격한 의미

---

14) '존재 한다(il existe)'와 '모든 것에 대해서(pour tout)'와 같은 논리 양화사들은 개체들의 변항을 대상으로 한다.

15) 괴델(1929)을 볼 것.

16) 괴델(1931)을 볼 것.

에서 굳어져 버린 메타수학적 방법이 요구했던 것처럼 실제 과정에
만족했다면, 괴델 자신이 불완전성을 증명했던 논문에서까지, 산술
의 일치성은 형식적인 공리 체계라는 범주 안에서는 더 이상 증명될
수 없다고 1931년에 보여 주었다.[18] 그러므로 엄격한 의미에서 굳어
져 버린 메타수학적 책략과 일반적으로 공리 체계의 방법을 위해 힐
베르트가 구상해 낸 희망을 낮은 곳에서 다시 봐야 할 필요가 있고,
괴델처럼 공리 체계에 관한 관점의 심오한 변화로부터 완전성과 일
치성에 관한 내부의 한계를 추월할 수 있다는 것을 기대할 필요가
있을 것이다.[19]

  하지만 우리가 지금 채택해야만 하는 이 질문에 대한 답은 괴델이
이어 왔던 방식보다 그다지 좋지는 않다. 게다가 튜링은 자신만이 설
명할 수 있는 방식을 사용하고 있다. 튜링의 방식은 실제로 매우 독
창적이며, 메타수학의 산술화를 실행시키는 데 있다. 힐베르트로부
터 괴델까지 볼 때, 우리는 형식적 공리 체계의 구성으로부터 형식
적 산술 체계 구성으로 이행하는 것을 알 수 있다. 하지만 **기의 작용**
으로의 복귀는 없단 말인가? 메타수학에서 공리 체계가 모든 해석으
로부터 밝혀지는 한에서만, 그리고 의미적인 공리 체계의 충실한 단

---

17) 괴델은 불완전성의 정리와 같이 메타수학의 유한 정리를 만들도록 조장했던
것은, 사고에서 유한적이지 않는 추론을 사용하는 것이었다고 생각하기까지 했다.
괴델에게 있어, 불완전성의 정리가 증명될 수 있기 위해서는 1931년도를 기다려야
했기 때문에 사고 속에서 유한적이지 않은 추론을 사용하는 일은 고의적인 침묵뿐
이다. 반면 괴델은 불완전성의 정리를 논리학자 스콜렘(T. Skolem) 논문의 '거의 자
명한 결과(conséquence presque triviale)'로 생각하는데, 그 결과는 1922년부터 증명되
었다. 하지만 스콜렘은 엄격하게 유한적 관점을 저버릴 수 없었기 때문에 알아차리
지 못했다. 참고로 왕(Wang, 1974, 8쪽)에 나타난 괴델을 볼 것.
  18) 실제 과정의 산술보다 그다지 제약적이지 않은 방식을 사용하는 산술에 대한
일치성의 증거는 1936년부터 보여졌었고, 괴델은 1958년도에 그 중 하나를 제시하
였다.
  19) 괴델(1972, 306쪽)을 볼 것.

순 해답으로 나타나는 한에서만 형식적이기 때문에 이런 산술로의 복귀가 어떻게 해서 정당화되었는가? 이런 충실성(정확성)의 도구는 정확하게 말해서 단지 수가 된다. 그렇게 해서 해답의 이동은 두 가지 의미 속에서 진행될 수 있다. 형식적 공리 체계가 구성될 때마다, 이 공리 체계가 더 이상의 의미를 갖고 있지 않기 때문에 수의 형태로 엄격하게 재코드화될 수 있다. 그러므로 정수의 산술은 이중적인 변화를 겪게 된다. 무엇보다 의미 없는 산술을 이용해서 형식적인 상을 정수로부터 떼어낼 수 있으며, 이런 해석되지 않은 기호, 즉 종이 위에 단순 기호를 수의 형태로 재코드화할 수 있다. 형식적 공리 체계의 해석되지 않은 모든 기호에 유일수를 부여할 수 있고, 모든 공식이나 형식적 공리 체계의 공식 수열은, 그들 각각에 고유한 것으로 속해 있는 특이한 수(이후 '괴델의 수'라 불려진)를 수용하게 된다. 이런 식으로 산술 규칙에 따르는 산술 관계 형태로 공리와 정리 간의 추론 관계를 코드화해 가는 일이 가능해진다. 그렇게 해서 수는 수에 영향을 미치는 명제에서 해답으로 사용된다. 그러므로 우리는 이 동일 수에 대해 두 가지 해석——메타수학적 해석과 산술적 해석——을 포개 놓을 수 있다. 이런 방식을 사용함으로써 형식적인 산술 체계는 **형식 계산**(calcul formel)이 될 수 있고, 가교점과도 같이 연결해 줄 수 있는 것이 증명론(démonstration)과 산술론(arithmétique) 사이에 구축될 수 있다.

이 중요한 점은 힐베르트의 세번째 질문에서 해답에 따라 튜링이 활용해 왔다. 하지만 모든 공식이 정리인지 아닌지를 결정할 수 있는지의 질문에 '아니오'라고 대답해야 할 증거를 튜링이 어떻게 제시했는지를 보여 주기 위해, '실제적 과정'을 통해 함축되어야 하는 내용의 명시적 사고가 형성되어야만 한다. 바로 이런 점에 대해서 튜링은 자신만의 완전한 독창성을 전개해 나갔다.

2

계산 개념

계산이란 무엇인가? 이 계산이란 개념이 오래전부터 수학자들이 사용해 왔다고 할지라도, '1920' 년대 이전에는 그 자체로 연구 대상이 되지는 못했었다. 수학적 방식의 도구인 계산은 수학의 대상이 되지 못했다. 힐베르트의 메타수학적 관점은 대상으로 도구를 인식할 것을 요구했다. 이런 배경에서 우리가 결정의 문제를 해결할 수 있기를 바란다면, 개념의 전통적 번역을 찾아내면서 계산 개념 그 자체를 특징지을 수 있어야 한다. 이 개념의 정의 문제는, 이 문제에 연관된 계산 **개념**과 **함수 · 알고리듬** 관계를 유지하고 있는 관계를 명시하면서 가장 중요한 곳으로부터 왔던 방식을 우선적으로 나타낼 수 있다.

1. 계산 개념의 비정형적 접근

계산과 함수

18세기에 함수 이론이 생겨나고부터 계산 개념은 함수 기능과 결부되었으며, 계산 과정의 등가물로 생각해 왔다. 함수 f, 값 f(x)에 의해 실행된 변형을 통해 x의 수치 값에 상응한다. 하지만 함수 개념의 의미는, 19세기 내내 계산의 실제 과정을 살펴보지 않고도 도착 집합을 지향하는 출발 집합 요소들간의 어떤 논리적 관계를 의미할 때까지 점차적으로 발전해 갔다. 그 이후로 정수의 특칭(particulier) 함수에 대해, 계산 **과정**이 존재하는지 존재하지 않는지를 연구하면서 함수와 계산 간의 관계를 명시해야만 했다. 이런 과정이 문제가 되는 함수에 존재한다는 한에서, 함수는 소위 말하는 **계산할 수 있는** 것이다.

그러므로 계산할 수 있는 함수 급수(classe)는 함수 급수의 하위 급수이다. 이 하위 급수에 관해 자연적으로 제기되는 문제 중 하나는, 그때까지 없었던 문제에 대한 계산 과정을 보여 줄 수 있었기 때문에, 어떻게 그 하위 급수를 한정시키는가를 아는 것이다. 따라서 이 하위 급수의 한계는 유동적이며, 실제로 부분적으로는 결정되지 않은 것으로 보인다. 어떻게 하위 급수를 바꿔 보게 될 수 있단 말인가? 우리는 '계산 과정'을 통해 의미하는 바를 정의할 수 있도록 해야만 한다. 바로 그것이 계산 개념을 형식적으로 정의하려 할 때 부딪히게 되는 근본적인 어려움이다.

계산과 알고리듬

계산 개념은 알고리듬의 개념에서 기술적 등가치——하지만 여전히 형식적이지는 않다——를 갖고 있다. 알고리듬이란 단어를 통해, 우리는 유한수 상태 이후의 결과에 성공적으로 도달하기 위해 수반되어야 할 명령 목록을 포함할 수 있다. 이런 관점으로부터 우리는 알고리듬이 목표를 실현시킬 수 있게 해주는 처방이 된다고 말할 수 있다. 그것은 단계를 조금씩 따라가게 될 때, 음식 형태를 만들어내는 요리 비법과 흡사한 방식으로 진행된다. 하지만 알고리듬은 단순 결과만을 얻어내게 하지는 않는다. 알고리듬이 일반적 과정이라는 한에서, 알고리듬은 문제의 급수, 예를 들어 소수가 되거나 혹은 되지 않는 사실에 관한 문제의 급수에 답할 수 있게 한다. 그리하여 문제의 **모든 수에 대해** 책임지는 것이 가능한 알고리듬이 있다. "n 은 소수인가 아닌가?" 이런 문제의 급수가 설사 무한하다 할지라도, 문제의 급수에 알고리듬이란 간접 수단을 사용해서 답하는 일이 가능이다. 왜냐하면 n의 값은 무한 정수 집합에서 선택될 수 있기 때문이다.[20]

수학과 메타수학적 범위 내에서의 계산과 결정

결정과 알고리듬

알고리듬 개념은 어떻게 결정 문제에 결부되었는가?

무한한 π수에 대해 소수의 증가를 계산 가능토록 해주는 알고리듬의 경우를 예로 들어 보자. π에 관해 알고리듬 덕택에 문제들의 유형에 대답할 수 있게 된다는 것을 이해할 수 있었다. π의 소수 전개 과정으로부터 124e 소수는 무엇인가? 혹은 π의 소수 전개로부터 1245e 소수는 숫자 2인가? 첫번째 질문에 대답하기 위해서는 124e 자리까지 추적하고, 1245^e까지 전개 과정을 추적해 보는 것으로 충분하며, 다음으로 이 자리를 차지하는 숫자가 두번째 질문에 대답하기 위한 2인지를 확인하는 것으로 충분하다. 그렇게 검토된 계산 공식은 수의 소수 전개에 상응하는 소수열만을 산출하지는 않는다. 하지만 이

---

20) 알고리듬은 소수를 발견하게 해준 '에라토스테네스의 체(cible d'Eratosthène)' 와 같이 고대로부터 알려진 것이다. '알고리듬' 이란 용어는 원래 중앙아시아의 아랍어 수학자 이름——Al Khowarismi——에서 파생됐다. 이 수학자는 9세기에 과학의 중심지인 바그다드에서 살았던 인물이다. 특히 이 수학자 덕택에 자리 기수법은 인도 수학자들에게 전달되었으며, '분해'를 의미하는 아랍식 대수-항의 첫번째 개요서 중 하나를 쓸 수 있었다. 유럽은 이 아랍인들의 방식을 있는 그대로 보존하였다.

공식은 **결정의 과정**, 다시 말해서 검토된 수의 소수 전개에 관계하여 제기할 수 있는 문제들에 **예** 혹은 **아니오**로 대답하는 수단이 될 수 있다. 결정 문제는 무한 경우의 집합에 관계될 때에만이 진정 문제가 된다는 바를 주목할 필요가 있다. 왜냐하면 이런 상황에서 **모든** 경우에 대답할 수 있는 방법——경우에 따라서는 알고리듬의 개념——을 찾아야 하기 때문이다. 유한 집합의 경우에는 모든 대답의 목록을 작성하는 일이 항상 가능하지만, 무한 집합의 경우 작성된 목록은 끝이 없을 수 있다.

형식적 공리 체계라는 범위에서, 그리고 이 공리 체계가 무한대의 정수를 나타내 줄 수 있다는 범위 내에서, 결정 과정은 어떤 공식이 제기된 공리를 연역해 낼 수 있는지 혹은 없는지를 결정하는 데 있다. 그러므로 힐베르트의 질문은, 어떤 공식이 형식적 공리 체계의 공리로부터 연역될 수 있는지 혹은 없는지를 결정할 수 있는 **알고리듬식 방법**의 존재 여부를 알고자 하는 것이다.[21]

결정 알고리듬의 존재

알고리듬이 가능한 공개된 문제를 위해 존재하고 있는지를 결정하려고 할 때, 세 가지 책략이 실현성 있다. 무엇보다 두 가지 책략이 직접적인 경우에 해당된다. 이 두 가지 책략은 문제가 되고 있는 알고리듬을 찾으려 한다든지, 혹은 수학의 발전이 실현될 훗날에 알고리듬을 찾아낼 수 있기를 바라면서 일시적으로 접근할 수 없는 것으로서 알고리듬을 생각한다. 이 두 가지 책략은 어렵지 않다. 우리가 알고리듬을 찾아낸다든지 혹은 이렇게 찾아내는 발견 과정의 실패가 단지 일시적으로 것으로 인식되었든간에, 우리는 자의적으로 긴 시간을 전념하면서 수학자들에게 제시된 문제를 점차적으로 해결하려는 수학적 관점 안에 놓이게 된다. 마지막으로 간접적인 책략을 검토할 수가 있다. 꾸밈이 많은 알고리듬은 제기된 문제의 유형을 위해 존재할 수 없다는 바를 증명해 보일 수 있다. 불가능성의 증명은 수학의 모든 분야에 존재한다. 우리는 그 중 하나를 검토할 터인데, 그것은 튜링이 마지막으로 발표한 논문 〈해결할 수 있는 문제와 해결할 수 없는 문제들 Solvable and Unsolvable Problems〉[22]에서 보여 주었던 결정 문제와 연관되어 있다.

결정 알고리듬의 부재: 게임의 경우

이 논문에서, 튜링은 게임에서 공리 체계 문제의 모델을 살펴볼

---

21) 결정의 문제에 대해 긍정적 답을 가질 수 있다는 희망은 힐베르트에 의해 강화되었다. 이런 희망은 극도로 중요하며, 메타수학적 책략보다 더 오래된 인식론적 전제에 의존하고 있다. **모든 수학적 문제의 해결 가능성**의 전제는 이미 1826년 수학자 아벨(Abel)에 의해 언급됐었다: 수학적 문제는 '문제를 항상 해결하는 일이 가능한 형태, 우리가 수학적 문제를 항상 만들 수 있는 것'을 수용할 수 있다. 이런 문제에서 긍정적인 해결책을 찾아내길 바란다는 일은, 충분히 긴 시간을 부여해 주면서 제기되어 개방된 모든 문제를 해결할 수 있다는 사실을 의미한다. 게다가 이 가설을 옹호해 주는 유명한 예들이 있는데, 이 가설은 합리주의에 대해서는 너무도 중요해서 우리가 낙관주의라고 이름 붙일 수 있을 것이다. 낙관주의의 연대는 최근에 **페르마의 선(先)가설**(conjecture de Fermat)에서 제시된 해결책이 있기 때문에 추정해 볼 수 있으며, 그 가설이 증명되기까지는 3세기를 기다려야 했고, 결국 영국의 수학자인 와일즈(Wiles)에 의해 빛을 보게 됐다. 수학자인 피에르 드 페르마(Pierre de Fermat, 1601-1665)는 다음과 같은 가설을 언급했다: $x^n + y^n = z^n$은 2보다 높은 n에 대해 완전한 해결책을 갖고 있지 않다. 그와 같은 합리주의 관점에서 메타수학적 책략은, 어떤 의미에서 일시적 생략법을 실행 가능하게 한다. 실제로 결정 문제에서의 대답이 긍정적이었다면, 그것은 산출 형태로 표현할 수 있는 모든 수학적 문제는 하나의 해결책을 갖고 있고, 그런 해결책을 찾아내는 일이 수학자에게는 충분히——왜냐하면 그런 해결책이 존재하기 때문이다——가능하다는 것을 말해 준다. 하지만 그렇게 찾아내는 일은 아주 오랜 시간을 필요로 했다. 이 경우 합리성에 대한 이런 낙관주의는 더 이상 단순 가설이 되지 않고, 확립된 원리가 될 터이며, 합리적 의지를 갖춘 낙관주의와 결합하게 될 것이다. 그런 이유로 해서 '수학에서 **무시될 수 있는 것**(igno-rabimus)이란 없다'고 힐베르트는 생각하게 된다. 이런 사실로부터, 힐베르트식 수학 철학에 대한 결정 문제의 해결책이 중요하게 여겨지게 된다.

22) 튜링(1954)을 참고할 것.

것을 제기하고, 제기된 질문에 답이 주어졌든간에 요구된 것으로 다시 나타날 수 있는 상당수의 '결정' 게임의 예를 제시하고 있다. 그것은 한편으로 정수열을 형성하기 위해 이동할 수 있는 숫자를 표시해 준 십오각형의 딱딱한 틀로 만들어진 타캥(짝 맞추는 놀이의 일종)이나 유모차의 경우이고, 다른 한편으로 정사각형의 이동을 가능케 하는 빈 공간이다. 정사각형으로 뒤섞인 상태에서 출발하면서 연속된 이동을 통해, 정사각형을 정수의 증가 배열 속에 재위치시키는 일이 가능한가? 예를 들어 정사각형의 이동에 관계되는 모든 부류의 문제를 물어볼 수가 있으며, 그 문제에 답해 줄 수 있는 체계적인 과정이 있는지에 대해 아주 자연스럽게 생각할 수 있게 됐다. 더 일반적인 방식으로, 어떤 형태의 게임을 위해 만들 수 있는 것을 분류하게 해줄 체계적인 과정이 있는지를 생각해 볼 수 있다. 이러이러한 질문에 '예' 혹은 '아니오'로 대답하는 것에 관계되지 않지만, 긍정적 대답의 부류와 부정적 대답의 부류를 구축하면서 **일반적인 방식으로** 대답하는 것에 문제가 있다. 이런 일반적 체계 과정의 존재 유무에 영향을 줄 이 후자의 문제(부정적 대답의 부류)는, 힐베르트가 말했듯이 문제 그 자체이거나 '메타 문제'라는 바를 지적할 필요가 있다. 주어진 게임에 대해 일반적 체계 과정의 존재에 관계하는 이 메타 문제에 대한 대답은 '아니오'이고, 튜링은 불가능성의 증거를 간접적으로 사용하여 그것을 증명해 보인다.

증거가 보여 주려는 바는, 결정 과정이 접근할 수 없다는 사실에 있다. 왜냐하면 이 결정 과정의 존재는 모순적이기 때문이다. 이것을 하기 위해 튜링은 모든 게임을 그것들의 특징적 형태, 즉 출발점, 치환 규칙(예를 들어 이동을 가능케 해준다), 도착점(A이거나 B인 경우)으로 한정시킨다. 양면성을 갖는 게임 위치들, 다시 말해서 개별 위치가 규칙에서 독특한 방식으로 산출된 이 게임 위치들은, 일련의 상징을 통해 표상된 표준적 형태를 수용할 수 있다. 그것의 논증을 구축하기 위해 튜링은 두 가지 사실에서 출발하고 있는데, 그것은 게임과 게임에 대해 말하고 있는 것간의 관계를 다루고 있는 것이다.

첫째, 게임의 해결성을 결정 가능하게 해줄 모든 체계적인 과정은 게임 형태로, 어떤 의미로는 출발점·치환 규칙·도착점(A이거나 B인 경우)과 같은 메타 게임 형태로 놓일 수가 있다.[23] 이런 게임은 표준 형태 J(R, D)──"게임(Jeu)의 규칙(Règle)은 어떤 상징 목록에 의해 기술되었고, 어떤 것은 도착(Départ)점이다"──에 따라 기술되어질 수 있다.

둘째, 치환 규칙과 메타 게임이라는 이 특별한 게임의 출발점은 동일한 상징 기호로 기술될 수 있다. 우리는 이 상징 기호가 구분 가능할 수 있도록 하기 위해 수를 변화시킬 뿐이다. 그렇게 해서 우리는 문자의 관점으로부터 게임과 게임이라 일컫게 되는 것을 동일시한다.[24] 이런 문자의 추가를 통해, J(R, R)라는 형태의 특별한 게임을 참조하는 일이 가능해진다. J(R, R)에서 치환 상징 기호에 상응하는 상징 기호는 출발점에 상응하는 상징 기호와 동일하다. 나는 이 특별한 게임을 '반사적(réflexif)' 게임이라고 부르겠다.

---

23) 튜링(1954, 17쪽)을 볼 것: "실제로 체계적인 과정은 하나의 게임일 뿐인데, 이 게임에는 어떤 위치를 향한 가능한 이동이 더 이상 존재하지 않으며, 의미를 최종 결과에 일치시킨다."

24) 힐베르트의 메타수학적 책략에서, 형식 체계 내에 있는 추론 과정의 유한적 모습은 형식 체계를 제외한 사고에 관한 학문을 통해서──명시적 규칙을 통해서가 아니다──만이 정당화될 수 있었다는 것을 상기할 수 있다.(1.2.2.를 참고할 것) 바로 그런 이유로 유한의 입장은 사고 자체가 작동하는 양식에 결부되었다.(튜링 전의 괴델처럼) 튜링의 논증은, 우리가 문자의 속성을 고려해 본다면 체계 속에 유한 명령을 재도입하는 방법이 있다는 사실을 보여 주고 있다. 실제로 문자의 관점으로부터 상징 기호의 소재는, 상징 기호가 게임의 출발점이나 치환 규칙에 연관되는 것과 어디에서든 동일하다. 그러므로 유한 명령은, 상징 기호 자체의 조작 과정──사고가 따라야만 하는 과정──의 속성보다 정신의 속성에 더 호소하고 있지는 않다.

튜링의 증거는 그렇게 해서 다음과 같은 형태를 취한다.

1. 도착점이 A이거나 B인 경우의 게임 형태 전체를 취한다.

2. 이런 게임 전체에서 반사적이거나 A 혹은 B로 끝나는 게임을 따로 떼어 놓는다.

3. 동일한 전체에서, x를 결정할 수 있고 다음과 같은 y라는 형태의 게임이 있다는 사실을 가정할 수 있다.

— y는 게임 x가 A로 끝난다면 B에서 끝을 맺는다.

— y는 게임 x가 B로 끝난다면 A에서 끝을 맺는다.

4. 반사적인 게임 y'를 떼어낼 수 있다.

— 반사적이라는 한에서, 그것은 A나 B에서 끝난다.

— 그것이 x를 결정한다는 사실에서, A로 끝난다면 B로 끝내고, B로 끝난다면 A로 끝난다.

5. 게임 y'는 모순적이므로, 존재하지 않는다.

6. 그것이 존재하지 않는다면, 게임 y 또한 존재하지 않는다.

7. 그렇다고는 해도 게임 y는 x의 해결을 결정해야만 했다.

8. 그러므로 게임 x의 결과를 결정할 수 있는 일반적 체계 과정은 존재하지 않는다.

튜링은 이런 사실로부터 메타수학적 경우로 되돌아온다.

메타수학으로의 복귀

튜링이 증명해 보인 이후로 지적되었던 바는, 형식적 공리 체계 내에서 정리를 획득하는 일이 게임에 대한 해결책을 얻어내는 바와 동일하다는 것이다.

우리는 게임이 단순한 재미보다 더 중요한 무언가라는 사실을 의식하게 될 것이다. 예를 들어 공리 체계의 틀 속에서 수학적 정리를 증명해 보이려는 임무는 게임에 대한 아주 좋은 예이다.[25]

그 이후로 형식적 공리 체계에서 결정의 문제는, 게임이 모든 부분에 대한 해결책을 갖고 있는지 혹은 그렇지 않은지를 알려는 문제로 축약될 수 있다. 그렇다고는 해도 이런 방식이 경우가 아니라는 사실을 튜링은 증명해 주었다. 그러므로 공리 체계——그것은 모든 수학적 문제를 결정해야 하기 때문에 게임의 경우보다 더 중요하다——가 **양면성을 갖지 않은 게임 개념에 상응한 것을 찾아낼 줄 안다면, 다시 말해서 실재의 과정이나 계산의 개념을 정의할 줄 안다면** 마찬가지로 해결책을 갖지 않는다.

우리는 튜링이 보여 줬던 바와 같이 불가능성의 증거에 의존하고 있는 '간접적' 책략이, 처음 2개의 직접적인 책략과 얼마나 다른지를 볼 수가 있다. 알고리듬의 방식을 통한 해결책이 불가능하다는 것을 증명해 보이고자 한 경우에, 진정으로 수학의 대상에서 알고리듬의 개념을 구성하는 메타수학적 관점에 위치할 수 있다. 그렇게 해서 다음과 같은 문제에 대답하는 것에 관련될 수가 있다. 어떤 문제 부류가 알고리듬식 해결책을 갖고 있지 않다는 것을 확인하기 위해서 어떻게 계산 개념을 정의할 것인가? 알고리듬의 부류를 정확하게 획정했던 것을 요구하는 경우가 있는데, 이는 알고리듬 부류의 어떤 요소, 다시 말해서 어떤 특칭적(particulier) 알고리듬도 검토된 문제 부류에 대한 해결책을 갖고 있지도 않고, 그렇게 되지도 않을 것이란 사실을 증명해 보이려는 것이다.

메타수학적 범위에서 형식적으로 정의된 계산 개념은, 대개 모든

---

25) 튜링(1954)을 참고할 것.

계산의 경우로 결정 문제를 접근시켜 갈 수 있게 해준다. 계산 개념은 계산에 의해 해결될 수 있는 문제 부류들과, 이 문제 부류들이 계산에 의해 해결될 수 없고, 또 그렇게 되지 않을 것이라는[26] 문제 부류들 간의 경계 확립, 결과적으로 **정확하게 계산할 수 있는 함수 부류를 한정**시킬 수 있는 문제 부류들간의 경계를 확립할 수 있게 해줄 것이다.

볼로냐 학술회의에서 힐베르트가 제기했던 문제를 떠올린다면, 형식적 공리 체계의 완전성 문제를 이해하기는 더 수월할 것이다. 괴델이 완전성을 증명해 보였던 형식적 공리 체계의 일부를 볼 때, 모든 계산 공식은 알고리듬 방식을 통해 접근할 수가 있다. 괴델이 불완전성을 증명해 보였던 형식적 공리 체계의 일부를 볼 때, 그것은 사실이 아니다. 그러므로 알고리듬 개념의 형식적 정의는 1931년 형식적 공리 체계에 내재된 한계를 발견할 때부터 **절대적으로 필수 불가결**해졌다. 마찬가지로 '계산할 수 있는 수'를 목표로 한 1936년의 튜링이 쓴 논문 제목을 더 잘 이해할 수 있다. '계산할 수 있는 수'라는 표현은 계산에서 나타나고, 따라서 **계산될 수 있는** 수의 본질이 아니기 때문에 첫눈에도 이상해 보이는가? 대답은 '아니오'이며, 메타수학적 책략은 부정적으로 답하면서 이런 명백한 오류를 더 분명하게 할 수 있게 해주었다. 실제로 형식적 공리 체계의 공식이 수(형식적 공리 체계의 산술화)를 통해 코드화될 수 있고, 공리를 통해 산출될 수 없는 형식적 공리 체계 공식이 있다면, **계산할 수 없는 수**를 구상하는 일이 가능해진다. 여기에서 계산할 수 없는 수는, 우리가 계산 개념의 형식적 정의에 일치하는 한에서 형식적 공리 체계의 실현 불가능한 공식을 나타내 주는 것이다.

---

26) 모스코니(Mosconi; 1989, 20-21쪽)를 참고할 것.

구성 과정, 유효 계산, 메타수학적 범위에서 기계를 이용한 명령

메타수학적 범위 내에서, 계산이란 속성의 문제는 유한수의 상태에서 추구된 실제 과정의 속성 문제가 되어 버렸다. 괴델이 추진했던 바대로 메타수학의 산술화는, 부분적으로 다음과 같은 문제에 답하고 있었다. 실제 과정을 말할 때 산술적 '계산'을 포함해야만 하며, 그것은 산술 계산을 통해 포함시켜야 할 바를 우리가 명시적으로 알고 있던 것의 근간이 되었다.

'1920'과 '1930'년대에, 사람들은 계산 개념을 시험삼아 특징짓고자 했다. 계산이란 것은 **구성** 과정의 직관이며[27] **실질적으로** 계산할 수 있거나[28] **기계를 이용하는** 명령과도 같은 것이다. 1927년의 폰 노이만 논문[29]에서 단순한 형용사에 개념을 접근시켜 가고 있는 이런 '기계론적' 방식은, 어떤 다른 나라보다 영국[30]에서 포괄적으로 확대된 것으로 보인다. 이런 사실로부터 튜링은 다음과 같은 사실을 생각하려고 한다. 괴델에 의해 실행된 바와 같은 메타수학의 산술화라는 관점에서 볼 때, 그것은 특수한 특성을 만들어 가는 실제 과정의 계산 모습, **다시 말해서** 기계를 사용하는 모습이다. 기계처럼 계산의 유비(類比)를 다시 작업해 가면서, 튜링은 계산의 유효성이라는 개념을 분명히 특징짓게 되었다. 바로 이것이 튜링으로 하여금 이후의 문

---

27) 바일(Weyl; 1921, 70쪽)을 참고할 것.

28) 헤르브란트(Herbrand; 1931, 210쪽)를 볼 것: "[…] 도입된 모든 함수는, 전적으로 먼저 기술된 연산에 의해 함수의 변수 값에 대해 실질적으로 계산할 수 있어야만 할 것이다."

29) 폰 노이만(1927, 265-266쪽)을 참고할 것. 힐베르트의 메타수학적 책략이 확증되었다면 수학이 위치되어 있을 상황을 말하면서, 폰 노이만은 수학에 대해 다음과 같이 쓰고 있다: "수학의 자리에는 절대적으로 기계를 이용한 지시 명령이 있을 터인데, 이 명령의 도움으로 어떤 주어진 공식으로부터 누군가가 지시 명령이 증명할 수 있는지, 혹은 그렇지 않은지를 결정할 수 있을 것이다."

제를 해결할 수 있게 해주었고, 그의 1936년 논문 제목이 말하고 있듯이 '적용'으로서 결정 문제에 대해 힐베르트가 제기했던 문제를 결국 튜링이 해결할 수 있게 해주었다.

---

30) 우리는 이것이 볼로냐 학술회의와 같은 해(1928)에 수 이론가인 하르디(Hardy) 와 이후 폰 노이만에 의해 케임브리지대학에서 사용되었다는 것을 발견할 수 있다. 폰 노이만은 1935년의 수리논리학 강의에서 이런 방식으로 실제 과정 개념을 제시했고, 튜링은 이 강좌를 수강했다. 하르디(1929, 16쪽)를 참고할 것. 그는 주어진 공식이 증명할 수 있는지를 결정 가능하게 해줄 기계론적 과정이 '분명 존재하지 않는다'라고 밝혔으며, 다음과 같은 사실을 덧붙이고 있다: "예를 들어 어떤 공식이 증명할 수 있는지 혹은 증명할 수 없는지를 말할 수 있게 해줄 유한 규칙 체계를 찾아낼 수 있다는 것을 가정해 보자. 이런 체계는 메타수학의 정리를 내포할 것이다. 이런 체계는 분명 존재하지 않는다. 만약 존재한다면 모든 수학적 문제의 해결을 발견할 수 있게 해주는 기계적 규칙의 총체가 있을 터이고, 수학자로서 우리의 활동은 더 이상 존재하지 못할 것이기 때문에 오히려 다행스러운 일이다." 이와 같은 '명백성'은, 튜링이 그것을 증명해 보이기 전에 수학 공동체가 거의 10년에 걸쳐 일할 것을 요구하게 되었다.

3

계산 개념에 관한 튜링의 가설

계산 개념을 형식적으로 정의하는 일은 '계산할 수 있는 함수' 개념의 형식적 내용을 명확히 할 것을 요구하며, 이 개념의 작동은 알고리듬식 과정에 속한다. 모든 직관 개념의 장(場)——이런 장 이외의 어떤 것도 아닌——을 포함할 수 있기에 충분히 일반적인 계산의 직관 개념의 형식적 등가물을 찾아내는 데 어려움이 있다.

1. 계산 행위에 대한 분석의 일반성

튜링은 계산의 직관적 개념으로부터 출발하며, 가장 좋은 방식으로 이 직관적 개념에 형식적 특성을 부여해 줄 것을 검토하고 있다. 그러므로 형식적 관점은 논문의 시작 부분에서 얻어지지 않았으며, 어떻게 그런 관점에 접근할 수 있는지가 문제시된다. 메타수학적 관점은 후에 논문이 전개되어 가는 중에 검토될 것이다.

튜링의 기계론적 가설

'알고리듬을 통해 계산할 수 있는' 이라는 직관적 개념에다 튜링이 부여하고 있는 형식적 등가치는, 다음과 같은 형태로 표현될 수가 있다. 우리가 알고리듬을 찾아내는 데 성공하는 모든 함수는, 소위 말하는 '튜링의' 어떤 형태의 '기계'를 통해 계산 가능해질 수 있어야 한다.[31] 우리는 이런 형태의 기계를 아래에서 기술해 갈 것이다. 현재로서는 이런 정의가 한편으로 알고리듬과, 다른 한편으로 '튜링' 기계 사이에 있는 논리적 관계를 확립시켜 준다는 사실을 주목할 필요가 있다. 우리가 알고리듬을 갖고 있다면 마찬가지로 상응하는 튜링 기계를 갖고 있어야만 한다. 그렇게 해서 계산되어질 수 있기 위한 함수는 '계산할 수 있는 튜링,' 다시 말해서 '튜링 기계'에 의해 계산되어질 수 있어야만 한다. 요약해 말해서 튜링에 따르면 계산할 수 있는 함수 부류의 **범위가 어떻든간에**, 이 함수 부류 전체는 문제가 되는 부류의 일부가 되기 위해서 '계산할 수 있는 튜링(Turing-calculable)'이어야만 한다. 계산의 형식적 특성은 그러므로 다음 사실을 의미하게 된다. **알고리듬을 따르면서 인간에 의해 계산할 수 있는 모든 함수는, 튜링 기계를 통해 계산되어질 수 있다.**

그와 같은 계산의 형식적 특성은 정의라기보다는 **가설**(thèse)에 속한다. 그것이 가정하는 바는, 계산을 통해 직관적으로 의미하게 되는 것——그리고 우리가 특히 의미하게 될 것——은 문제가 되는 형식적 특성의 영향권 속에 항상 떨어질 것이다. 그렇기는 해도 그 특성에 대해 안심하기 위해서, 함수는 어떤 튜링 기계가 일치시키고 있는 어떤 알고리듬을 사용하여 계산할 수 있다는 것을 항상 확립하려고 할 필요가 있을 것이다. 계산할 수 있는 함수 부류에 속하는 자동적인 기준을 드러내는 일이 없다. 결과적으로 가설은 역동적인 특징을 가지며, 모든 것에 대해 매번 제기된 정의로서보다는 적절한 튜링 기계의 연구를 **부추기는 것**으로서 더 나타나고 있다.

---

31) 제1장, §1을 참고할 것.

계산할 수 있는 실수 개념

계산 개념을 특징짓기 위해 튜링은 다음과 같은 질문에 답하려고 할 것이다. "계산할 수 있는 함수는 무엇인가"가 아니라 "계산할 수 있는 실수란 무엇인가?" 메타수학적 관점이 형식주의에 내재된 한계로 인해 대부분 실수의 접근 불가능한 모습의 끝에 올 수 없다는 것을 인정하면서, 튜링은 단번에 후기 괴델식의 관점을 채택할 것이다. 계산에 접근할 수 있는 범위에 대한 실수 연구는, 그러므로 필요 불가결하다. 왜냐하면 어떤 실수가 그곳에서 항상 벗어날 것이라는 사실을 **선험적으로** 확신했기 때문이다. 그러므로 이런 수 전체에서 계산 가능성에 있는 한계를 추적하는 일이 더 수월할 것이다.

어떤 실수에 대한 이와 같은 접근 불가능성은 명확히 될 것을 요구한다. 정수 계산의 경우에 1, 3, 7이나 34와 같은 수들의 특별한 표본의 표상과 동시에 조작, 어떤 자연 정수를 형성할 수 있게 해주는 연속적인 조작을 소유할 수가 있다. 같은 방식으로 유리(有理)수들, 다시 말해서 분수를 특징짓는 일이 가능하다. 이들 분수의 십진법적 증가는 주기적이다. 유리수가 아닌 경우에, $\sqrt{2}$나 π와 같이 이런 수들 중 어떤 것에 대해 주기적이지 않은 소수의 증가를 계산할 수 있는 방법을 가질 수 있다. 하지만 모든 실수에 대해 그렇게 하도록 할 수 있는지에 대해서는 모르는 일이다. 실수의 고전적 특징은 여러 가지 동일한 방식으로[32] 도입될 수 있다. 우리는 소수의 증가를 사용함으로써 실수의 도입에 접근해 가는 방식을 선택할 터인데, 이유는 튜링이 이 방식을 중시하고 있기 때문이다.

우리는 실수의 어떤 소수 증가를 통해 이 실수를 가까이할 수 있는데, 이는 어떤 형태의 방정식(대수 방정식이나 초월적 방정식)을 사용함으로써 이런 소수 증가를 정의하는 일이 가능할 때 이루어진다. 일반적으로 실수의 소수 증가는 유리수와는 반대로 유한하지도 주기적이지도 않다. 하지만 문제가 되는 실수로 수렴하는 **효과적 방식으로** 정의된 수열을 결정할 수 있다는 면에서, 계산의 알고리듬을 갖고 있기 때문에 이런 실수가 계산 가능할 수 있다는 사실을 당연히 생각할 수 있다. 예를 들어 π는 다음 형식에 의해 정의될 수 있다.

$$\pi = 4(1 - \frac{1}{3} + \frac{1}{5} - \frac{1}{7} + \frac{1}{9} - \cdots).$$

무한 시간대를 부여하면서, π의 증가에 따라 소수를 하나씩 계산해 가는 일이 당연히 가능해진다. 소수 증가의 무한한 특성은, 알고리듬의 도움으로 너무 큰 소수의 수열을 계산하는 일이 배제됐다는 사실을 만들지만, 이 소수는 당연히 계산 가능할 수가 있다. 이 마지막 지적은 계산 개념을 잘 포착하기 위해서 중요하다. 실제로 정확한 값에 이르기에 앞서서처럼 직관적으로 계산을 생각할 수 있다. 반면 대개의 경우 그것은 계산이 도달했다는 것을 말할 수 있게 해줄 정확한 값이 아니라, **먼저 정의된** 근사치가 도달되었다는 사실이다. 요약해 말해서 계산이 목표로 하는 수치 자료는 정확하거나 비슷한 값이라는 계산의 실행성에서, 계산은 항상 유한하다. 튜링 기계의 개념이 확실히 밝혀내려는 것은, 이와 같이 계산 실행성에 대한 유한적 입장이다.

---

32) 이 방식에는 적어도 다섯 가지가 있다: (1) 유리수 극단의 구간 끼워맞춤을 통해서; (2) 코시(Cauchy)의 수열에 동등한 부류처럼; (3) 유리수에서 단절을 통해서; (4) 십진 분수의 무한한 증가를 통해서; (5) 다른 방식, 직관론적 방식은 유리수를 수렴하는 수열의 **종에 관한 연구서**(species)처럼 단번에 정의된 계산 가능한 실제만을 도입한다. 라르고(Largeault; 1993, 149-151쪽)를 참고할 것.

2. 튜링 기계가 갖고 있는 개념 묘사

튜링 기계는 전혀 물질로 된 기계가 아니며, 튜링 자신도 그런 기계를 만들려고 특별히 기계를 설계하리라고는 전혀 생각하지 않았다. 그것은 무한 기억 용량을 갖춘 '추상적 자동 장치' 라고 부른 이후 일종의 '종이로 된' [33] 기계와도 같은 것이다. 이 추상적 자동 장치는, 사전에 완전히 규칙화된 배열에 따라 씌어진 일련의 상징 기호로부터 다른 열로 어떻게 거쳐 가는지를 엄격한 방식으로 묘사하고 있다. **무한한** 모습을 갖고 있는 **수학적** 기계는, 우리가 둘러싸여진 습관을 갖고 있는 기계처럼 **유한한** 물질로 된 기계와 관계하여 영원한 단절을 도입하고 있다.

튜링이 만든 간략한 묘사 양상

튜링이 이제부터 자신의 이름을 기재하여 기계 개념을 소개한 논문 〈계산할 수 있는 수에 관해서 On Computable Numbers〉의 §1이 여기에 있다.

우리는 흔히 '구성-m' 이라고 부르게 될 q_1, q_2……, q_R이라는 유한 상태의 수에서만 발견될 수 있는 기계와 실수를 계산하고 있는 한 남자를 비교할 수 있다. 기계 자체에서 열을 지어 가며 부분으로('칸' 이라 불려진다) 분할된 (종이와 유사한) 리본을 기계에 제공해 주는데, 이때 각각의 리본은 상징 기호를 받아들일 수가 있다. 어떤 시점에서 '기

---

33) 이 표현은 튜링으로부터 온 것이다. 튜링(1948, 9쪽)을 볼 것.

계 안에' 있는 상징 기호 S(r)을 기재하는──흔히 r번째라고 말한다
──하나의 칸만이 있게 된다. 우리는 그것을 '검열된' 칸이라 부를
수 있다. 검열된 칸에서 각인된 상징 기호는 '검열된 상징 기호'이다.
'검열된 상징 기호'는, 말하자면 기계가 '직접적으로 자각할 수 있는'
유일한 것이다. 그렇기는 해도 '구성-m'을 변경시키면서, 기계는 자
신이 전에 보았던 (검열된) 몇몇 상징 기호들을 실제로 기억할 수 있
다. 어떤 시점에서 기계의 가능한 작동은, 구성-mq_n과 검열된 상징 기
호 S(r)에 의해 결정되었다. 이 q_n, S(r)이라는 짝이 '구성(configuration)'
이라는 말로 불려질 것이다. 그렇게 해서 구성은 가능한 기계의 작동
을 결정하게 된다. 검열된 칸이 비어 있는(다시 말해서 칸은 상징 기호
를 내포하고 있지 않다) 어떤 구성에서, 기계는 검열된 칸 속에서 새로
운 상징 기호를 쓴다. 다른 구성에서 기계는 검열된 상징 기호를 삭제
한다. 기계는 또한 검열되는 상태에 있는 칸을 변화시킬 수도 있지만,
즉각적으로 왼쪽과 오른쪽 위에 있는 칸을 단지 검열하면서 변화시킬
수 있다. 이 모든 실행 과정에다 덧붙일 수 있는 것은, 구성 m을 변화
시킬 수 있다는 사실이다. 몇몇 씌어진 상징 기호들은 계산된 실수의
소수 부분인 일련의 수를 형성할 것이다. 다른 상징 기호들은 '기억을
도와 주는 데' 사용하는 메모장의 초안과도 같다. 이 메모장의 초안만
이 삭제될 수가 있다. 주장하건대, 이런 실행 과정은 수 계산을 하는
데 우리가 사용하고 있는 모든 실행 과정을 내포하고 있다.[34]

이와 같은 묘사는 문제가 되고 있는 개념의 효력에 대한 생각을
하게 하기에는 매우 불충분하다. 1936년 튜링의 수사본을 받은 막
스 뉴먼은 아주 단순한 외양의 기능에서 구조는 **하나**의 계산뿐만 아

────────────

34) 튜링(1936, 117-118쪽)에 있는 〈계산할 수 있는 수에 관해서〉 §1을 볼 것.

니라 **모든** 계산, 이 방식으로 형식 체계에 있는 모든 추론을 실행할 수 있게 되었다는 사실을 먼저 의심하기 시작했다.

이런 '최소주의적인' 묘사는 중요한 결과를 초래하는데, 그것은 다름 아닌 용례에 관해 '기계'를 작동시키지 않고 '튜링 기계'의 개념적 의미를 자각하기란 불가능하다는 사실이다. 그렇기는 해도 해독기는 계산하는 기계의 위치에 놓인 경우에만 가능할 수 있다. 계산의 비정형적 개념으로부터 '기계를 사용한' 형식적 개념으로의 이행 과정은 '좋은' 관점, 즉 메커니즘의 관점을 채택해야만 하는 해독기 자체에 대한 작업을 통해서 실행된다. 이런 관점을 채택하는 일은, 제시된 개념의 영향력을 잘 평가하기 위한 것이다. 튜링 논문의 '외적' 해석은 없다. 이 논문이 보여 주는 간결한 측면은, 정확하게 튜링이 자신의 해독기로 하여금 이와 같은 내적 변형을 달성할 수 있도록 하기 위해 선택했던 방법이다. 이 내적 변형은 개념 배열에서 의미 내포의 속성과 관계됨으로써 모든 수학 논문에서 분명히 요구되었다. 하지만 튜링이 쓴 논문의 경우는 일상적으로 전제된 것이 여기에서 **명시적으로 요구되었고**, 하나의 이름, 즉 기계라는 이름을 갖는다는 면에서 완벽하다. 결과적으로 계산 과정의 유한적 모습은 기계적인 사고 행위자와 결부되었으며, 이런 사고를 실행하는 것과는 다른 수단, 즉 문제시되는 모습에 대해 검증할 수 있는 수단이 존재하지 않는다. 유한의 직관, 다시 말해 튜링의 관점에서 사고의 **기계론적** 구상은 결국에는 이런 **기계론적 구상 자체와는 다른 어떤 것에 의해서도 검증될 수 없다.**

튜링 기계에 관한 간략한 설명

튜링 기계는 입구 경로와 출구 경로를 갖고 있는 '검은 상자'[35] 처럼 보인다. 우리는 어떻게 기계가 물리적으로 변하는지, 어떻게 기계의 여러 부분이 물질적으로 배열되는지는 밝히지 않을 것이다. 우리는 기계에 제공된 상징 기호에 대해 입구 경로와 출구 경로 사이에서 실행되는 변화의 속성만을 고려하겠다.

이런 기계를 고유한 것으로 특징짓게 해주는 것은, 입구의 상징 기호/출구의 상징 기호 변화의 어떤 특별한 관계이다. 실제로 튜링 기계는 입구의 상징 기호를 출구의 상징 기호로 변화시키는 기계인데, 이는 미리 모든 것을 정의할 수 있는 연속되는 이산적 상태를 가로지르면서 이루어진다. 마찬가지로 기계는 근본적으로 두 집합체를 관계 설정함으로써 이루어지는데, 그 하나는 입구에 있는 상징 기호의 집합체이고, 다른 하나는 기계의 행동을 정의하는 출구 상태의 집합체이다.

더 정확하게 말해서 튜링 기계는 무한한 길이의 리본 모양을 띠고 있는 외적 저장 능력을 갖춘 기계이다. 이 무한 길이의 리본은 상징 기호를 담고 있는 칸으로 구분되었다. 기계는 리본 칸의 내용물을 관찰할 수 있고, 리본을 따라가며 한 방향과 다른 한 방향에서 이동할 수 있고, 칸 위에서 정지할 수 있는 해석-문자의 두뇌를 갖추고 있다. 모든 행위는 기획하고 있는 어떤 행위——문자 혹은 이동——를 지칭하는 명령판이 관리하게 된다. 칸의 관찰(그 칸의 해석)은 삭제나 쓰기로 분할될 수 있다. 시간이 각각 산재되어 있는 순간에, 즉 자연 정수열에 따라 연동시킬 수 있는 순간에 해석-문자 두뇌는 하나의 칸, 단지 그 칸만을 관찰한다. t라는 순간에 기계의 내부 상태와 관찰된 칸의 내부 상태를 형성하고 있는 쌍은 기계의 구성을 정의한다. 명령판은 기계가 발견될 수 있는 개별 구성의 작동을 규정하

---

35) 이 검은 상자라는 표현은 민스키(Minsky; 1967, 13쪽)의 책에서 나타난다.

게 된다. 그렇게 해서 기계는 판을 통해 규정된 것을 실행하고, 결과를 산출해 낸다. 이런 메커니즘은 출구 상징 기호를 만들기 위해 입구 상징 기호에 영향을 주고 있는 변화를 기술하기에 충분하다.

그런 식으로 우리는 튜링 기계를 다음과 같은 방식으로 나타내 보일 수가 있는데, 이는 기계의 구성 요소들이 구축됐었던 것을 실행하는 방식의 물질적인 상을 별도로 제쳐둔 채 제시된 것이다.

튜링 기계

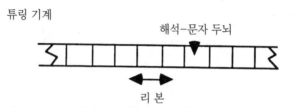

리 본

기계를 통해 채워진 임무가 어떻든간에, 정수 값에서 정수의 **함수 계산**을 나타내 주는 것으로서 기계의 명령판을 항상 해석할 수 있다. 함수 $\Phi(a)$는, 그 값이 튜링 기계에 의해 계산될 수 있을 때 소위 말하는 계산할 수 있는 튜링이 된다. 튜링 기계가 갖고 있는 형식성 덕택에 우리가 확신할 수 있는 바는, 주어진 문제 부류를 해결하기 위한 알고리듬의 발견이, 문제의 사항들에 한정된 시간 속에서 해결이나 해결책들을 제공할 수 있는 특수한 튜링 기계 발견과 동등하다는 사실이다. 여전히 어려움이 남게 되는데, 그것은 매 경우에 튜링 기계의 명령판과 알고리듬 간의 논리적 관계를 확립하는 일이다.

계산의 사례

〈계산할 수 있는 수에 관해서〉의 §3에서 튜링이 제시하고 있는 '최소' 계산을 예로 들 수가 있다. 이 글에서 배치된 기계는 무한열 0101010101……을 계산한다.

텅 빈 리본에서 출발하여 문제의 수열을 계산하는 기계의 명령판
은, 단지 빈칸에 쓰이는 4개의 정의된 상태로 구성된 명령판을 구축
하는 데 충분하기 때문에 더 단순하다. 우리가 '/'을 통해 0, '*'를
통해 1을 표시한다면, 우리는 다음과 같은 목록을 얻어낼 수 있다.

	빈 칸
1	/D2
2	D3
3	*D4
4	D1

각각의 상징 기호를 빈칸을 통해 분리시키면서, 기계는 수열
010101……에 상응하는 수열 /*/*/*……를 찍어낸다.

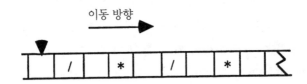

수열 계산은 리본이 비어 있기 때문에 정지되지 않는다.

그럼에도 불구하고 항상 유한대인 튜링 기계의 명령판이 미리 정
의된 어떤 길이의 계산(실수의 소수 확장의 계산에 대한 한계 상황과
같이 한계 상황이 무한대로 긴 계산의 한계 상황이기 때문이다)도 실행
할 수 있도록 해주는 아주 단순한 이 표본 이후에, 우리는 좀더 잘 이
해할 수도 있을 것이다. 이와 같은 '응축된 표현'이 직관적으로 볼 때
아주 인상적인데, 이유는 이 표현이 튜링 기계를 통해 계산 개념의 중
요한 두 자질을 나타내 주기 때문이다. 첫째, 계산의 결정된 모습은
절대 길이에 예속되지 않는다는 것이 매우 분명해——알고리듬에서

보다 더 직관적인 방식으로——보인다. 둘째, 단지 명령의 반복적인 부분의 실행화를 확신시키는 구성-m이 발견될 때마다, 이 명령의 반복 부분은 다른 맥락에서 다시 사용될 수 있는 것보다 훨씬 더 직관적이게 된다. 그러므로 반복되는 부분을 실행화하는 데로 되돌아갈 필요가 없다. 이 반복되는 부분이 명시적으로 명령 형태로 작성된 명령판의 부분을 다시 취하는 것으로 충분하다. 튜링은 그것을 다음과 같이 강조하고 있다.

거의 모든 기계를 통해, 그리고 다양한 목적으로 사용될 이 기계들에서 사용됐던 몇몇 과정들이 있다. 그런 과정들은 상징 기호의 수열을 복사하고, 수열을 비교하며, 주어진 형태의 상징 기호 등을 삭제하는 행위를 내포한다. 이런 형태의 과정들을 만나는 곳에서, 우리는 '판의 골격'을 이용하면서 구성-m판을 상당히 줄일 수 있다. [⋯] 우리는 그런 판들을 단지 생략으로만 간주해야 한다. 그것들은 중요하지 않다. 해독기가 판-골격으로부터 어떻게 완전한 판을 얻을 수 있는지를 이해하는 한 더 정확한 정의를 부여해 줄 필요가 없다.[36]

그렇기는 해도 추가적인 '응축된 표현'이 있는데, 이는 계산 이론, 즉 보편 기계의 계산에서 매우 중요하다.

튜링의 보편 기계

지금까지 각각의 계산은 계산을 실행해 갈 수 있는 튜링의 '계산' 기계를 요구했다. 그러므로 매번 새로운 계산을 할 때마다 새로운 명

---

36) 튜링(1936, 122쪽)에 있는 〈계산할 수 있는 수에 관해서〉 §4를 볼 것.

령판을 찾아내야만 했다. 튜링이 실천에 옮기려고 한 알고리듬에 따르면, 인간 계산기는 이런 튜링 기계를 실제로 구축하고 있다. 심리학적 측면에서 계산기는 이런 논리적 관계를 실행하기 위해 항상 동일한 방법을 사용하고 있다. 즉 어떤 알고리듬에 쓰이고자 할 때는 어떤 명령판을 사용한다. 알고리듬과 명령판 간의 일치는, 그러므로 일반적 과정의 대상이 된다. 이와 같은 일치 시행의 일반적 과정은 그 자체로 하나의 기계를 통해 조작될 수는 없는가? 실제로 명령판이 정확하게 작성됐다면, 어떤 알고리듬의 실행 배치도 조작할 만한 특성을 갖춘 소위 '보편적' 이라 불리는 튜링 기계를 구상할 수가 있다.

아무 계산 가능한 수열을 계산하기 위해 사용될 수 있는 독특한 기계를 만드는 일이 가능하다. 이 기계 U가, 계산할 수 있는 기계 M의 표준적인 기술을 기재한 초기의 리본을 갖추고 있다면, U는 M과 같은 수열을 계산할 것이다.[37]

그렇게 해서 어떤 계산이든 실행해 내기 위해 갖고 있어야 할 특성을 갖춘 튜링 기계를 충분히 정의할 수 있다. 그것은 마치 탁월한 인간 계산자가 각각의 특별한 문제에 적응할 수 있고, 동시에 계산자가 자기에게 제기하고 있는 문제에 상응하는 알고리듬, 알고리듬에 상응하는 튜링 기계의 명령판, 그리고 그것들의 관계 설정을 찾아내는 일이 가능한 것과도 같다. 동일한 인간 계산자가 만나게 되는 여러 문제들을 해결하기 위해 여러 알고리듬을 찾아낼 수 있는 것과 마찬가지로, 보편 기계에 위임된 명령 체계에 따르면 보편 기계는 여러 개의 튜링 기계가 계산할 수 있는 것을 계산할 수가 있다. 그러므

---

37) *ibid*. 6.

로 이 튜링 기계가 갖고 있는 보편성은, 튜링 기계가 모방하는 기계의 명령에 충실해 있는 튜링 기계의 보편적 능력에서 유래한다.

보편적 기계가 실행을 허용하고 있는 응축된 표현 방식은, 튜링 기계가 모든 계산을 **단 하나**의 기계 명령판을 구축하는 것으로 함축해 간다는 면에서, **계산할 수 있는 장(場)**을 결정하려는 사람들에게 상당한 흥미를 불러일으킨다. 보편 기계 덕택에 **다른 기계들의 명령판 전체**를 다시 사용하는 일이 가능해진다.

실제로 자연 정수를 통해 표현된 코드 번호를 각각의 무한 목록에 할당하면서, 모든 튜링 기계의 무한 목록을 작성하는 일이 가능하다. 튜링 기계의 리본에 자연 정수를 코드화하는 일이 가능하듯이, 셀 수 있는 무한 목록으로 된 이 튜링 기계의 코드화를 실행하는 일이 가능하다. 그렇게 해서 두 기계의 명령판 사이에 함수적 관계를 구상할 수 있게 된다. 왜냐하면 모방된 기계의 묘사가 모방 기계에 대해 함수의 논거 역할을 하기 때문이다. 바로 이런 함수적 관계가 모방하는 기계에다 아무 기계나 모방하려는 특별성을 할당하고 있다. 그러므로 아무런 튜링 기계를 흉내낼 수 있는, 다시 말해서 아무 것이나 계산할 수 있는 함수를 계산할 수 있는 튜링 기계가 적어도 하나는 존재한다는 사실을 증명해 보일 수가 있다.

보편 기계를 사용함으로 인해 실행된 응축된 표현 방식은, 실행할 계산 길이가 어떻든간에 유한한 명령판을 갖고 있는 기계나, 혹은 명령판의 반복적인 명령을 다시 사용 가능하도록 판-골격을 통해 실행된 응축된 표현 방식과는 다른 단계에 위치한다. 보편 기계의 개념에는 기계가 어떻든간에 **모든** 명령을 다시 이용하는 일반적인 방법상의 용도가 있다. 그러므로 보편 기계라는 간접 수단을 사용해서 모든 계산을 더 엄청난 계산의 일부가 되는 것에 한정시키면서, 더 단순한 계산을 실행하는 명령판을 점점 더 복잡한 명령판으로 결합시키는 일이 가능해진다. 그렇게 해서 자의적 길이를 갖고 있는 개별적 계산은 유한의 관점으로 환원될 뿐만 아니라, **계산의 무한성 자체** 또한 유한의 관점으로 환원된다. 거기에는 튜링 기계의 개념 덕택에 내포와, 보편 기계의 개념 덕택에 외연으로 계산을 통해 포함해야 하는 아주 훌륭한 응축된 표현이 있다.

이렇게 강력한 개념을 갖추게 된 튜링은, 힐베르트가 제기했던 결정의 문제는 해결할 수 없다는 사실을 적용함으로써 보여 주고 있다.

정지의 문제

보편 기계의 개념(컨셉트)을 갖게 될 때마다 어떤 특별한 튜링 기계의 작동을 예견하는 일이 가능하다고 생각할 수 있는데, 그 이유는 보편 기계가 아무 기계가 되든 상관없이 그 기계의 명령도 수용할 수 있기 때문이다. 그렇기는 해도 튜링 기계가 갖고 있는 개념은, 계산을 실행해 가는 무한성의 관점과 명령판의 유한성의 관점간에 존재하는 모든 관계를 매번 결정할 수 있도록 하지 않는다. 실제로 모든 튜링 기계가 작동하는 데 관계되는 일반적인 지적 수준의 문제를 제시할 수가 있다. 이 문제는 흔히 '정지의 문제'라 부르는 것이며, 어떤 기계도 해결할 수 없는 문제이다. 문제는 다음과 같은 방식으로 표현될 수 있다. 모든 계산이 끝이 있거나 없게 된다면, 우리가 미리 알 수는 없는 것인가?[38]

---

38) 튜링은 〈계산할 수 있는 수에 관해서〉에서 문제를 제기하고 있는데, 이는 들어가고 있는 다른 기계를 갖고서, 이 기계가 출구에서 무한열의 실수를 산출하는지를 결정하는 기계를 발견할 수 있는지를 알고 있는가의 문제를 제기하면서 이루어진다. 그러므로 튜링은 정지되지 말아야 하는 계산의 틀에 위치해 있다. 이것을 위해 유한 상징 기호의 수만을 산출하는 순환 기계와 상징 기호로부터 무한성만을 산출하는 비순환 기계간에 큰 차이를 두고 있다.

달리 말해서 완벽하게 일반적 관점으로부터 실행하지 않고서 계산 **결과**를 특징짓는 데 성공할 수 있는가? 사실상 이 질문은 주어진 입력을 토대로 모든 튜링 기계에 정지 문제를 해결할 수 있을──보편 기계가 **아닌**──튜링 기계가 존재하는지를 스스로 묻는 것과도 같다. 그런 기계가 존재했다면, 하나의 '결정' 기계가 존재할 수도 있을 것이다. 이 기계는 **국부적인** 모습으로부터(다시 말해서 명령판의 내용에 대한 간략한 조사로부터) 각각의 튜링 기계가 작동하는 것(다시 말해서 기계 계산의 실행화 결과, 그것의 정지나 정지 부재)을 **전체적으로** 알 수가 있다. 정지 문제에서 반응은 부정적이라는 바를 증명해 보일 수 있다. 어떤 기계(어떤 알고리듬)도 계산의 결과, 다시 말해서 그것의 정지나 정지의 부재를 평가하게 할 수 없기 때문에 그런 결정 기계는 존재하지 않는다.

튜링이 계산 개념에 대해 완전히 일반적인 관점을 채택한다는 점을 제외하면, 게임의 경우에서 증명은 튜링이 사용했던 증명과 대략 같은 단계를 추구해 간다.[39] 따라서 튜링에게 필요한 일은 실수의 소수 증가에 상응하는 무한수열을 계산하는 튜링 기계를, 보편적 기계를 사용해서 어떻게 무한 목록의 형태로 놓을 것인가를 설명하는 것이다.[40] 뒤이어 튜링의 방식은 뚜렷하게 동일한 것이었지만, 나는 그것을 다시 제시하지 않겠다. 문제는 '결정' 기계가 있다는 가정은 모순적이라는 데 있다. 왜냐하면 이 기계 자체가 정지되고 정지되지 말아야 하기 때문이다. **결정의 문제**에서 부정적 해결은, 이런 부정적 해결에서부터 정지 문제까지를 증명하는 일에서 생겨난다. 왜냐

---

39) *Ibid.* § 6, 133쪽과 이 책 § 2.1.3.3을 참고할 것.
40) 개별 튜링 기계는, 이 기계의 명령판만을 기술하는 '서술적 수'를 수용하고 있다. 튜링(1936, 128쪽의 § 5)을 볼 것.

하면 정지 문제가 전형적으로 알고리듬을 통해 해결될 수 없는——
튜링이 〈계산할 수 있는 수에 관해서〉의 §11에서 보여 주고 있듯이
——정지 문제의 경우에 의거해서 Entscheidungsproblem의 경우를 완
화시키는 일이 가능하기 때문이다.

그러므로 튜링은 메타수학적 책략에서 접근할 수 없는 문제를 제
시하기에 이르렀다. 실제로 힐베르트가 1928년의 볼로냐 학술회의
에서 이루고자 제의했던 세 가지 목표——완전성·일치성·형식적
공리 체계의 결정 가능성——는, 괴델에 의해 확립된 1차 술어 계산
의 완전성을 제외하고는 접근할 수 없는 것으로 밝혀졌다. 하지만
이런 부정적 답변이 힐베르트를 실망시켰을 수 있었다 할지라도, 이
답변은 힐베르트가 구상한 프로그램이 상당히 풍부하다는 사실을 보
여 주고 있다. 아주 중요한 수학과 논리학의 난관은 그의 프로그램
에서 문제의 핵심으로 떠올랐으며, 이는 정확한 답을 공들여 만들어
가는 데 기여한다.

4

인식론적 · 철학적 결과

여러 가지의 중요한 인식론적 · 철학적 결과는 볼로냐 학술회의에서 힐베르트가 제기한 결정 문제에 관한 답변에서 생겨난다.

1. 인식론적 결과

인식론적 결과는 세 가지 배열 상태로 되어 있다.

다른 불가능성의 증거에 비한 튜링 방식의 일반화

결정의 문제(Entscheidungsproblem)를 제거하기 위해 튜링이 사용한 방식은, 이 문제를 튜링 기계의 개념이라는 방식을 사용해서 정보 처리를 수용할 수 있는 정지 문제와 결부시킬 수 있게 했다. 이후에 튜링은 자신의 방법으로 가능하게 된 불가능성의 결과 개관을 설정했다.[41] 훗날 이런 책략은 튜링 자신과 다른 사람들[42]이 수도 없이 재연

---

41) 튜링은 자신의 책 마지막에서 그에 대한 목록을 제시한다. 튜링(1954, 22쪽)과 그리고리에프(Grigorieff, 1991)를 참고할 것.

42) 튜링 자신은 반군(半群; semi-groupe)에서 단어 문제의 해결 불가능성을 보여 주었다. 튜링(1950)과 왕(1985)을 참고할 것.

하게 될 사항이다. 이는 우리가 쉽게 풀린다고 생각하는 어떤 문제가 그렇지 않다는 것을 증명해 보이려는 데 있다. 계산할 수 있음을 통해 의미하는 것에 한계를 설정해 가며, 튜링은 불가능성의 증거 방식에 이르기 위한 규범적 과정을 밝히는 데 공헌하였다.

형식적인 공리 체계 개념에 제시된 명확성

형식적인 공리 체계 공식이 참인지 거짓인지를 결정하기 위한 실제 과정이 존재하지 않는다면, 형식적 공리 체계가 불완전하다는 것이 사실이라고 이해할 수 있게 된다. 왜냐하면 참의 값을 알 수 없는 공식 속에 정리가 아닌, 다시 말해서 공리로부터 산출될 수 없는 참의 공식이 있을지도 모르기 때문이다. 그렇게 해서 괴델과 튜링의 정리가 어떤 점에서 견고한지를 측정할 수 있게 된다. 이런 이유로 튜링의 연구 작업이 형식적 공리 체계(여기에서는 형식 체계라 불려진 것)를 통해 내포해야만 하는 것의 진정한 **정의**를 제시했다고 괴델은 쓸 수 있었다.

[형식적 공리 체계의 불완전성에 대해] 이 논문을 따랐던 몇몇 연구 작업, 특별히 튜링의 연구 작업 덕택에 이제부터 우리는 형식 체계가 갖고 있는 개념의 확실하면서도 명시적이며 적절한 개념을 사용할 수 있다. [⋯] 형식 체계의 특성은 그것의 내부에서나 원리상, 추론이 전적으로 기계를 사용하는 규칙에 의해 대체될 수 있다는 데 있다.[43]

---

43) 괴델의 책(1931, 142-143쪽)에서 저자가 첨가시킨 1963년 8월 28일자 단평(短評)이다.

그렇게 해서 튜링의 연구 작업은 어떤 의미에서 **증명한다**는 것이 정리의 **참을 확립하는** 것이 아닌, **계산하는** 것을 의미하게 되는지를 명확히 할 수 있도록 해주었다. 왜냐하면 증명 가능성과 참은 반대로 분리되어 있기 때문이다.

모든 수학 문제를 해결하려는 가능성의 인식론적 원리에 관한 변화

모든 일반성에서 결정의 문제를 제기하기 위해 힐베르트는 인식론적 원리와 모든 수학적 문제의 해결 가능성의 원리를 사용했다.[44] 튜링이 진척시켰던 결정 문제에서 부정적 대답은, 위에서 '합리성의 낙관주의'라고 불렸던 것을 근본적으로 문제시하지 않았다는 사실에 주목할 필요가 있다. 왜냐하면 문제의 해결 불가능한 특성의 증명은 분명 엄청난 유리수를 정복하는 일이기 때문이다. 어떤 문제의 **해결**할 수 없는 모습은, 항상 긍정적이지 않은 문제의 해결과 항상 존재하는 긍정적이거나 부정적인 **해결 가능성** 간을 구분할 것을 강요하면서 이런 낙관주의만을 진정시키고 있다.[45]

이와 같은 구분은 수학적 연구를 견고히 하면서 이 수학적 연구 자체를 이끌어 가게 한다. 왜냐하면 문제가 해결 가능성이 없다는 사실이 증명됐을 때마다 더 이상 긍정적으로 문제를 해결할 필요가 없고, 다른 임무에서 문제의 수학적 지능을 할애하는 일이 가능하기 때문이다. 요약해 말해서 해결 가능성의 개념은 수학적 사고의 **방향**을 허

---

44) 위에 §2.1.3.1.을 참고할 것.

45) 해결 가능성이 있다거나 해결 가능성이 없다는 것을 우리가 결코 증명할 수 없는 문제가 있다는 것을 분명 증명해야 할 경우가 있다. 하지만 이 경우는 여전히 해결 가능성을 밝혀 주고 있다.

용해 주고, 그것은 결국 수학자들이 논리학에 항상 부여하고 있는 역할이 되었다. 그러므로 형식주의에서 내적 한계의 발견은 해결 가능성의 개념에 관한 합리적 낙관주의도, 달성하고자 하는 데 관계되는 합리적 의지의 낙관주의도 재차 문제삼지 않는다. 이 두 가지 형태의 낙관주의는 도덕적 가설로서 유효하지만, 결정의 문제에서 긍정적 해결책이 가져다 줄 안전성이 결여되어 있다. 왜냐하면 긍정적 해결책은 이런 가설들에 확립된 원리의 위상을 결정적으로 부여하게 될 것이기 때문이다.

2. 철학적 결과들

모든 것은 힐베르트의 철학 원리에 대략적으로 일치하는 값에서 바뀐다. 힐베르트의 철학 원리는 전체 속에서 메타수학적 책략의 토대에 필요한 사고의 **유한 입장**(finitisme)에 관련된다.[46] 이미 위에서 지적했듯이 괴델에 의해 연산된 형식적 공리 체계의 산술화에 자극을 받은 이와 같은 사고의 유한 입장은, 적어도 유추로서 사고 **메커니즘**의 관념을 산출했다. 바로 이런 문제를 결론짓기 위해 나는 여러 가지 사항들을 명시적으로 밝혀내려 한다.

인간 직관의 표현으로서의 기계

인간이란 종과 관계해서 자율적 실체로서 튜링 기계를 자발적으로 구상하려는 경향이 있기는 하지만, 이 기계는 튜링이 갖고 있는

---

46) 위에서 제시한 부분 §1.2.2.를 참고할 것.

직관의 한정된 표현에 불과하다. 그와 같은 혼동은 튜링 기계의 구상, 우리 주변을 둘러싸고, 우리의 직접적인 관여 없이도 가끔 우리 자신들보다 더 임무를 잘 수행하는──왜냐하면 이런 기계는 목적에 따라 인간에 의해 명확히 만들어졌기 때문이다──컴퓨터나 기계들 간의 유추를 해낸 사실에서 비롯된다. 하지만 문제시되는 기계의 지적·물리적 수행 능력의 원인이 되는 사람이 항상 인간 자신이기 때문에 유추는 아무런 **근거가 없다**.[47] 기계의 자율성과, 결과적으로 기계의 우월성을 믿는다는 사실은 유감스러운 일이지만 기계 **개념**을 신인 동형화하게 한다.[48]

우리가 다루고 있는 경우, 엄격히 말해 튜링 기계의 경우에서, 신인 동형이란 어휘 사용은 결정 문제의 위치 자체에서 기인됨이 분명

---

47) 비행기를 날도록 한 것과 같은 물리적 임무의 경우나 동일한 비행기를 자동 조종하는 일과 같이 더 지적이랄 수 있는 임무의 경우가 어떻든간에 항상 인간 자신이 과업, 예를 들어 그것이 기계의 물리적 모습이거나 지적인 모습이 되는 과업을 수행해 가도록 되어 있다. 그것을 하는 데 성공하기 위해 **인간적** 프로그래밍이 수백 시간 필요하고, 그 결과 비행기에 올라탄 컴퓨터는 자동 조종을 제어해갈 것이며, 비행기가 '완전히 홀로' 날 수 있게 한다는 것을 누가 부정하겠는가? 다른 컴퓨터의 프로그램 도움 덕택에 이 프로그래밍하는 시간은, 원래 프로그램이 갖고 있는 인간적 모습을 후퇴시키지만 완전히 사라지게 하지는 않는다.

48) 인간과 기계가 근본적으로 한정된 것처럼 동일 방식으로 고려된 형체의 경우에, 다시 말해서 기계가 정지의 문제와 관련해서 차지하고 있는 위치와 아주 흡사한 위치를 인간이란 존재가 차지하고 있는 형체의 경우에 있기 위해서는 다음과 같은 가정을 해야 한다: 어떤 문제들의 해결 가능성은 우리에게는 언제까지나 접근 가능하지 않다는 것이 가능하다. 다시 말해서 긍정적이거나 부정적인 해결책이 연구될 수 있기 위해서는, 그런 문제들이 충분히 일관된 방식으로 제기될 수 없는 바와 같은 어려움을 나타내 보인다는 사실이 가능하다. 이런 가정을 믿는다면, 우리는 어떤 면에서 볼 때 불완전성에 대해 인간과 기계를 동등하게 위치시킬 수 있다. 이 불완전성은 불완전성의 증거가 명백하게 우리라는 인간에 의해 내비쳐질 수 없다 할지라도, 인간과 기계가 전개하는 것으로 여겨진 것이다. 그렇기는 해도 이런 형이상학적 가정은 어떻게 그런 사고가 우리의 정신에 올 수 있는지, 다시 말해서 어떻게 인간이란 존재가 어떤 의미에서는──그만의 한계를 외부에서 살펴보기 위해서──자신으로부터 빠져나갈 수 있는지를 알려는 문제를 공개하고 있다. 이 문제에 대해서는 제4장에서 다룰 것이다.

하다. 이번 장을 시작하면서 우리가 주시했던 바는 독일어에서 'Ent-scheidung'가 '결정'을 의미하기는 하지만, 더 광의적인 맥락에서 볼 때는 '중재'라는 의미를 내포하기도 한다는 것이었다. 그러므로 논쟁이 슬그머니 결정에서 중재로 옮겨간다는 사실, 그런 사실로부터 자유 의지(libre-arbitre), 다시 말해서 결정의 자율성으로 옮겨간다는 사실이 아주 자연스러워 보인다. 하지만 이런 결정은, 결정을 산출하게 했던 인간 사고와는 독립적으로 존재하지 않는다. '기계'를 말하는 대신 알고리듬이라는 중성적 용어를 사용한다면, 신인 동형이라는 어휘 사용이 대상들, 즉 다음 문장을 이해할 수 없게 하는 경향이 있다는 바를 즉시 알게 될 것이다. 인간의 직관과 기계를 유지시키는 관계 속에서 우등과 열등의 문제에 관해서 중립적인 '결정 문제를 해결할 수 있는 임무를 알고리듬은 지닐 수 없다.' 그 이유는 알고리듬 개념이 어떤 다른 이론적 도구와 같은 이유로, 인간 직관의 표현으로 나타나기 때문이다.

힐베르트의 메타수학적 맥락에 따르면, 튜링의 가설을 통한 기계론적 의미에서 힐베르트의 메타수학적 의미를 재해석한 상황에는 인간 정신의 개념을 갖추고 있는 튜링의 보편 기계 개념에 따른 관계 설정이 존재한다. 이런 관계 설정이 우리가 지금 연구해야 할 내용이다.

알고리듬식 사고의 불확실한 위상

먼저 기계 개념은 물리적으로 우리 외부에 있는 것으로 해석되지 말아야 하지만, 어떤 사고 형태의 과정, 즉 유한 입장만을 단지 기술하게 해준다는 사실을 주목하자. 유한 입장은 일반적으로 사고와 어떤 관계를 유지하는가?

1928년의 힐베르트에 따르면, 우리가 형식적 공리 체계 내에서 해석하는 일을 가급적 피하려는 상징 조작에서 사고는 전부 객관화될 수 있어야만 한다. 하지만 형식적 공리 체계의 내적 한계를 주시한 괴델과 튜링은, 이와 같은 객관화가 아주 완벽했다고 증명하기란 사실상 불가능함을 보여 주었다. 그 이후로 기계는 단지 알고리듬식 사고의 끊임없는 전환을 **표현**하는 수단 중 하나에 불과하게 된다. 어떻게 알고리듬식 사고로서 사고를 특징지을 것인가?

인간 표현의 근원을 생각해 볼 때, 우리는 단지 가능한 알고리듬식 구조,[49] 무한량으로 되어 있는 사용 가능한 구조[50]를 찾아낼 수 있다. 그렇기는 해도 이 구조의 직관과의 등가치는 경험적으로 부분적 흔적[51]이라는 형태로 재발견될 수 있지만, 그것이 전적으로 신뢰할 만한지는 결코 장담할 수가 없다.[52] 이와 같은 알고리듬식 표현, 자연 발생적이면서도 무한하며, 동시에 직관과 관계해서 필연적으로 변화된 단지 가능한 이 '기계'는, **기계를 사용한 무의식**처럼 구상된 무의식의 개념을 검토할 만한 새로운 방식으로 내게 비춰진다. 알고리듬식으로 놓여진 각각의 정신 과정은, 사고의 투영처럼 직관의 생성을 따라가는 사고의 알고리듬이 생성되어 나타나는 것을 보여 준다. 그렇게 해서 직관적 표현과 그것의 무의식적 근원간의 차이가 있게 된다.[53] 뿐만 아니라 알고리듬식 표현과, 이것이 산출하는 알고리듬

---

49) 인간의 직관으로 그것의 등가치를 증거에 의해 현실화할 수 없는 이상, 새로운 대상을 직관에 제공하면서 이런 증거는 문제시되는 등가치를 파괴할 것이다.

50) 이런 알고리듬식 구조인 '정교함'을 명명한 튜링에게서 표현은 유래한 것이고, 그는 자신의 책(1930, §11쪽)에서 서술하고 있다.

51) 매번 직관에서 제기됐었던 수학적 문제를 특별한 알고리듬이란 수단을 사용해서 설명하려 한 때이다.

52) 신빙성이 있다는 것을 보여 주기 위해서는 탁월한 직관이란 형태 속에 위치될 필요가 있기 때문이다. 이런 직관이 우리에게는 결여되어 있는데, 그 이유는 앞서 기술한 알고리듬식 구조가 모든 인간의 직관을 포함하고 있다는 것을 가정했기 때문이다.

53) 튜링(1939, §4쪽)을 참고할 것.

식 발현과 관계해서 구성적으로 '변화된' 알고리듬식 표현의 기원 사이에도 차이가 있다.

컴퓨터 프로그램이 지금까지 인간만이 실행할 수 있었던 임무를 수행하게[54] 될 때마다 중요한 위치로 귀결된 기계의 우등성과 열등성에 대해 별로 솔직하지 못했던 논쟁은, 실제로 인간 사고에서 의식과 무의식의 관계 범위 이상의 문제로 변형될 수 있을 것으로 보인다.

튜링 기계를 구상하는 데 있어서의 생물학적 근거

우리가 앞서 본 바와 같이, 튜링 기계의 개념은 계산할 수 있는 영역을 탐구해 갈 수 있게 하는 계산과 도구 개념을 특징짓는 일과도 같은 장치를 하고 있다. 튜링 기계만이 갖고 있는 적용 영역에 대한 개념을 성찰해 보는 일은 다음과 같은 사실을 말해 준다. 튜링 기계가 갖고 있는 개념은 **환경에 대해 계산 가능한 기능을 가질 수 있는 유기체로서 작동한다.** 이 해석에 따르면, 특별히 보편 기계의 개념은 자동 유지될 수 있는 도식처럼 나타난다. 보편적 기계 개념 덕택에 모든 명령판은 새로운 기계를 형성하기 위해 무한대로 다른 명령판에 연결될 수 있다.[55] 거기에는 아주 역설적이지만, 기계를 구상하는 일을 유기체를 구상하는 일과 연관맺게 하여 계산을 가능케 하는 기능과 관계된 기계의 자동 구성이 존재한다. 중요한 인식론적 혁신은 이런 기계공학의 특징에 대한 생물학적 모습인 것 같다. 이후로 **유기체가 기계를 닮기보다는 기계가 유기체를 닮는 꼴이 된다.**

---

54) 세계 최고의 장기 선수가 갖고 있는 수행 능력에 필적할 만한 IBM의 'Big Blue' 프로그램 개발 성공은 가장 최근의 예에 해당된다.

55) 우리는 이런 식의 생각을 폰 노이만(1966)에서 보게 될 것이다.

다음장에서 튜링이 계산 가능성에 대한 자신의 이론을 적용했던 두 영역의 관계——사고의 작동과 형태발생론——를 관찰할 때, 우리는 위 문제를 다시 한 번 떠올리게 될 것이다.

III

정신과 육체의 정보 처리 모델

보편 기계 개념과 관계해서 전쟁 전 튜링이 실행해 낸 엄청난 양의 논리적 연구 작업과 전쟁을 치르면서 얻어낸 결과물을 종합해 가면서, 튜링은 1944년부터 자신의 생애 마지막 10년 동안 전념하게 될 '두뇌를 구성할'[1] 프로젝트를 구상했다.[2] 여기에서 전쟁 동안 얻어진 결과물들은 무엇보다 정보의 기계화이며, 다른 한편으로는 전자 테크놀로지의 숙달을 기계화시킨 데서 나온 것이다.

두뇌는 **구성** 결과가 아닌 **성장**에 따른 결과이다. '두뇌를 구성한다는 일'은 그러므로 다음과 같은 사실을 의미한다. 구성과 성장을 유기적으로 구성한다는 것인데, 이는 그리 상반되는 것이 아니다. 여기에서 구성은 **기계적** 장치에 속하고, 성장은 **생물학적** 사항에 속한다. 튜링은 정보 처리라는 간접 수단을 사용해서 그것을 만들려고 하는데, 이런 상반된 모습이 두 가지 변별된 부분으로 구성된 튜링 프로젝트의 독창성을 완전히 이루어 가게 한다. 이 두 가지 부분 중 하나는 사고의 작동과 컴퓨터 작동을 **동일시하는** 것이 가능함을 보여 주는 것이며, 다른 하나는 이런 동일화가 **생물학적 의미**를 갖고 있다는 사실을 확립하는 것이다.

그런 계획을 실현시키는 데 있어서 선행해야 할 것이 있는데, 이는 컴퓨터(튜링이 1936년부터 논리적 도면을 구상했던 보편 기계)의 실제

---

1) 호지스(1983, 290쪽)를 참고할 것.
2) 이 기간 동안 튜링은 3개의 자리를 차지하고 있었다. 1945년부터 튜링은 국립 물리연구소의 구성원이었다. 이곳에서 컴퓨터를 만드는 일에 뛰어든 튜링은 1947-1948년 대학에서의 학기 동안 케임브리지대학으로 왔으며, 그곳에서 1954년 자신의 생을 마감할 때까지 맨체스터대학의 정보 처리 연구 팀과 합류하기 전에 신경과학과 생리학 강좌를 수강했다. 게다가 튜링은 1952년까지 영국 정부의 해독학 고문이었다. 이 연도로 거슬러 올라가 보면 소송을 한 이후 튜링은 동성에자로 인정되어 유죄를 선고받게 된다. 이것은 당시 시행중인 영국법에 따른 것인데, 국가 기밀로 인해 보호된 튜링이 결정적으로 정부에 봉사하지 못하게 하였다.

적 구성이다. 그것은 수학·논리학·공학이 교차하는 지점에서 이론적 정보 처리 기술을 자율적 학문으로 구성해 갈 것을 전제로 한다. 튜링은 이 방향에 투신한 여러 연구 팀을 만들거나 그들과 합류하면서 이 새로운 과학을 구성하는 일에 참여했다. 하지만 그는 이 새로운 과학 자체에 대해서는 별로 흥미가 없었다. 이론적 정보 처리에서 튜링이 마지막으로 공헌한 것은 1951년대로 거슬러 올라간다. 그 이후 튜링은 완전히 이론적 정보 처리를 탐구하는 방향에서 멀어졌는데, 이는 튜링이 '두뇌 구성'을 이제부터 온전히 주목하고 있었기 때문이다.

정보 처리 기술이 독립된 학문으로 구성될 때마다 프로젝트의 첫번째 과정——사고 활동의 정보 처리 모델화——을 거쳐 가는 일이 가능하게 되었다. 튜링은 이런 모델화를 상상할 수 있었는데, 그것은 한편으로 사고 과정은 보편적 기계 개념에 의해 **적절하게** 모델화되었다는 생각을 담고 있고, 다른 한편으로 기계의 논리적 개념은 특별한 물질적 기반——그것은 동시에 가장 다양한 물질 속에서 기계의 구현을 가능하게 했다——에 절대 예속되지 않았다는 사실을 담고 있다.

두번째 측면은 **형태발생론**을 구성하는 것과 연관된다. 형태발생론의 목표는 자연 속에서 형태 구성을 설명하는 것이다. 더 정확하게 말해 튜링의 연구 작업은 특수한 형태에 따라 살아 있는 조직체의 성장을 설명하는 화학적 현상들을 수학적으로 모델화할 것을 목표로 삼았다. 또한 그의 연구 작업은 장기적인 관점에서 이런 현상에 대해 정보 처리 시뮬레이션화할 것을 목표로 한다. 그러므로 이 연구는 생물학적 기반, 다시 말해서 **자동 조직화**를 부여받았다는 면에서 완전히 특별한 물질적 기반에 예속되는 현상을 모델화하는 것을 목표로 삼는다.

처음부터 프로젝트가 담고 있는 두 측면간의 연결이 잘 유지된 것 같고, 내가 알기에 튜링 자신의 어떤 생각도 그것의 유기적 연관성을 주제화하지 못한다. 그렇다면 왜 추상적인 사고와 살아 있는 물질을 서로 관계 설정하려 하는가? 추상적 사고의 규칙성과 조직된 물체의 규칙성 간에 어떤 연관성이 있을 수 있는가?

튜링의 답변이 명시적으로 언급되지 않았다고는 해도, 나는 다음과 같이 그가 제시하는 답을 그려낼 수 있다. 어떤 것을 기술하는 충위에서 볼 때, 두뇌와 사고는 **동일한 조직 도면에 따라** 구상될 수 있다. 이런 공통의 조직 도면을 나타낼 수 있도록 하는 것은 바로 정보 처리 시뮬레이션이다. 앤드루 호지스[3]가 훌륭하게 요약하고 있듯이, 정보 처리 시뮬레이션은 다음과 같은 사실을 생각할 수 있게 해준다. "[…] 디지털식의 기계 모델은 물질 세계의 모습 중 하나, 즉 두뇌의 활동을 적절하게 묘사한다."

두 가지의 중요한 이론적 어려움은 이런 점에서 밝혀진다. 첫째, 1936년 튜링이 기술하고 있는 기계 모델을 이용해서 **기계로 만들 수 없는 것**이 존재한다는 사실을 설명해야 한다. 둘째, 모든 기반이 되는 것(사고와 결부된 특성을 컴퓨터로 옮길 수 있게 하기 위해 필요한 것이다)에 독립적인 관점과 특별한 기반, 즉 생물학적 기반(자동 조직된 현상을 설명하기 위해 필요한 것이다)에 예속된 관점간의 긴장을 줄이는 데 성공해야만 한다. 튜링에게 이 두 가지 난관을 해결하는 일은 다음과 같은 사실에 결부될 수가 있다.[4] 생물학에서 추진된 연구는 논리학과는 다른 위상을 **계산할 수 없는** 것에 부여할 수 있을 것이다. 이런 연구는 정보 처리 시뮬레이션을 도구로서 갖게 될 터

---

3) 호지스(Andrew Hodges; 1988, 9쪽)를 참고할 것.
4) 어쨌든 펜로즈(R. Penrose)가 자신의 책(1994)에서 암시하고 있는 바이다.

인데, 그 이유는 물질과 동시에 정신의 관점에서 실체는 **조직된 방식**을 이 실체로부터 **받아들이게** 하는 적절한 도구와 관계되기 때문이다.

1

정보 처리 기술의 탄생에 대한 고찰

1930년대부터 상당히 산업화된 나라들, 예를 들어 미국 · 영국 · 독일 · 프랑스와 같은 나라들은 계산을 기계화시키고 엄청난 양의 민간인들과——항상 더 중요하게 인식된——군인들의 데이터를 자동으로 정보 처리할 필요성을 절감하고 있었다.[5] 두 가지 형태의 기계가 19세기 후반기부터 구상되었다.[6] 첫째는 물리적 현상을 **측정**했던 **아날로그식** 기계인데, 이 기계의 결과는 수치상으로 해석될 수가 있었다. 둘째는 **디지털식** 기계인데, 이는 관례적 기호에 의거해서 숫자 계산을 직접적으로 실행해 갔다. 이 두 가지 연구 노선은 20세기를 거쳐 오면서 계속 추구되었고, 제2차 세계대전 이후에서야 **디지털식** 계산에 따라 실행된 계산은 결국 아날로그식 기계가 실행하는 계산을 대신하게 되었다. 이와 같은 우위성은 전쟁중에 발생했고, 우선적으로 **디지털식** 기계, 즉 컴퓨터를 만드는 일을 가능케 했던 변화

---

5) 일본이 훗날 정보 처리 기술의 역사에서 중요한 국가로 인식된다는 점을 감안한다면, 이런 배경의 변화로부터 소외되지 말아야 하지만, 내 자신이 일본에 영향을 미친 연구에 대해서는 별로 알고 아는 바가 없다.

6) 이 두 가지 형태의 기계는 아날로그식 기계로 쓰이는 '차이 분석기(Analyseur Différentiel)'——이것은 튜링이 제타 함수를 계산하기 위해 사용했다——를 만들었던 로드 켈빈(Lord Kelvin)과, 디지털식 기계로 쓰이는 '분석기(Machine Analytique)'를 만든 찰스 배비지(Charles Babbage)가 재현했던 영국식 전통의 산물이었다. 그렇다고는 해도, 이 당시에 결코 만들어지지 않았던 '분석기'는 영국에서 디지털식의 계산 전통을 발전시키는 데 있어서 상당히 중요한 역할을 했다.

를 통해 설명될 수가 있다.

보편 기계의 유한적 구현체인 컴퓨터는 **데이터 정보 처리**를 목적으로 하는, 이항적이며 연속해서 일어나는 **디지털식** 기계이다. 우리가 사전에 정해진 언어 속에 부호화된 상당수의 입력 데이터를 컴퓨터에 제공해 준다면, 이 컴퓨터는 입력 데이터를 프로그램에 내포된 명령을 사용하여 출력 데이터로 변형시킨다. 이 출력 데이터는 일반적으로 사용자에게 직접 다가갈 수 있는 언어 속에 부호화되어 있다. 이와 같은 변화를 실행하기 위해서, 상당수의 내부 조작은 미리 설정된 시퀀스에 따라 달성되어야 할 필요가 있다. 이는 여러 정보 처리를 실행함에 있어 템포를 동시화하도록 하며, 내부 **시계** 메커니즘에 예속되어 있는 임무이다. 그러므로 입력 데이터는 기계를 통해 읽혀져야 하고, 다음으로 데이터의 정보 처리를 실행시킬 수 있는 프로그램의 명령을 똑같이 포함하고 있는 기억 속에 저장되어 있어야만 한다. 엄격한 의미로 정보 처리는 정보 처리 **연산**과, 데이터와 프로그램 간의 관계를 **통제**하는 것으로 더 세분된다. 마지막으로 출력 데이터는 개인에게 접근 가능하며, 개인을 통해 해석할 수 있어야만 한다. 이는 출력 데이터가 외부의 물질 **매체**에 각인되어야 한다는 바를 의미하기도 한다. 그러므로 컴퓨터를 구성하는 주된 요소들은 다섯 가지——입력 데이터, 시계 메커니즘, 기억, 통제 단위, 출력 단위——정도가 된다. 이 요소들의 물질적 매체들은 별로 중요치 않다.

프로그램화할 수 있는 전자 컴퓨터의 관심은 컴퓨터가 갖고 있는 **일반성 · 정확성 · 실행 속도**에 있다.[7]

컴퓨터가 실행되는 속도는, 직관적인 산술 연산보다 더 복잡한 계산에 관계할 때부터 인간이 실행하는 속도를 추월한다. 이 직관적 산

---

7) 튜링(1947, 87쪽)을 볼 것.

술 연산은 구구표에 포함된 형태를 보인다. 우리가 컴퓨터로부터 예상할 수 있는 정확성은, 인간에게서 예상할 수 있는 정확성보다 더 높다. 이런 정확성은 절대적이진 않은데, 그 이유는 컴퓨터 사용은 아주 인간적 형태의 오류가 되는 것, 예를 들어 부주의로 인한 오류[8]와 같은 것을 삭제하기 때문이다. 컴퓨터의 일반성은, 이 일반성이 프로그래밍할 수 있는 모습의 직접적인 결과이기 때문에 프로그래머의 창의성에 종속된다. 아날로그 기계와는 반대로, 새로운 임무를 실행시킬 수 있기 위해 컴퓨터 배선에서 어떤 일이 벌어지든간에 변화될 필요가 없다. 프로그래머는 기계 속에 있는 다른 프로그램을 만들 때마다 이 기계 내부에 다른 프로그램을 기억시키는 것으로 충분하다.

어떻게 이런 형태의 기계를 구상하는 데 이르게 됐는가?

1. 제2차 세계대전의 유산

제2차 세계대전은 첫번째 컴퓨터를 구성하는 데 있어서 결정적인

---

8) 세 가지 경우가 여기에서 조심스럽게 구분되어야 한다: 1. 구성 요소들의 신뢰도에 속하는 **물질적** 정확성: 이것은 **결코 절대적이지 않다**; 2. 프로그램의 알고리듬식 구조에 따르는 **이론적** 정확성: 그것은 **전체적이긴 하지만**, 내적 한계의 대가에 따른 것이다. 그 이유는 알고리듬식으로 대답을 수용할 수 없고, 후에 기계의 정보처리에 실제로 저항하는 문제가 있기 때문이다. 어쨌든 이런 이론적 정확성은, 프로그램의 문자에는 프로그래밍의 오류가 들어 있다는 것이 항상 가능하므로 실제 오류를 막아내지는 못한다; 3. 컴퓨터에 의해 물리적으로 실행된 계산 속에 있는 **실제적** 정확성: 이것은 알고리듬식으로 해결 가능성이 없는 문제들의 존재가 알고리듬이 생성하는 데서 어떤 역할도 하지 않기 때문에 **충분하다**. 전기적 관점에서, 튜링은 무엇보다 이론적 관점에 관심을 가졌으며, 이후로 실제적 정확성을 고려하게 된다. 앤드루 호지스는 이런 관점 변화를 1941년으로 거슬러 올라가는데, 이때는 튜링이 암호 문제의 해결 가능성에서 기계화의 놀라운 힘을 자각하고 있던 시기이다. 호지스(1997, 28쪽)를 볼 것.

역할을 했다. 이런 관점으로부터 우리가 말할 수 있는 바는, 컴퓨터의 탄생이 전쟁 후 영국——튜링 프로젝트에 따라서——과 미국——폰 노이만이 구상했던 바를 따라서——에서 바로 두 번 일어났다는 사실이다. 게다가 독일인 엔지니어 콘라트 추제가 비밀리에 연구를 진행해 가지 않았다면[9] 상대 진영인 독일에서도 세번째로 일어날 뻔한 경우——혹은 이보다 더 일찍——가 있었다. 이미 위에서 언급한 바와 같이 정보 처리 기술을 구성하는 데 있어 두 가지 요소가 결정적인 역할을 했다. 그것은 정보의 기계화와 전자 테크놀로지이다. 이 점에 대해 1946년에 구상된 튜링 프로젝트를 두 가지 점에서 강조할 수 있다.

첫째, 튜링이 1939년 암호 부서에 징집됐을 때, 정보의 기계화는 폴란드인들에 의해서 '폭탄'이라 불려진 전자기 기계에 의존하고 있었다. 튜링은 단순히 독일 해군이 암호화하고 있던 정보 전달에 몰두하고 있었으며, 1942년 11월까지는 미국으로 떠난 것으로 추정된다. 그는 결코 해독학의 전자기에 초점을 두지 않았었다. 튜링은 해독학에 대해 말하는 바를 이해하긴 했지만, 블레칠리 파크에 퍼져 있었던 아주 엄한 구분 때문에 돌아올 때는 자유롭게 다루지 못했다. 전자 테크놀로지를 사용하면서 대규모로 정보의 기계화를 구상하는 임무를 위임했던 사람은 다름 아닌 케임브리지대학에서 튜링의 논리학 동료 교수인 막스 뉴먼이다. 문제의 기계는 '거인'이라 불려

---

9) 1936년부터 이 독일인 엔지니어는 전자기(電磁氣) 기계에 초점을 맞추었으며, 그런 다음 1941년에 진정한 통합 프로그램의 보편 계산기를 구상했다. 그것은 컴퓨터를 정의하려는 행위 자체였다. 1942년부터 그는 전자 테크놀로지를 개량하는 데 심혈을 기울였지만, 전쟁으로 인한 물품 공급이 어려웠기 때문에 포기할 수밖에 없었다. 전쟁 후 그는 혼자서 기록된 프로그램 개념을 착상하게 되었지만, 독일에서 작성된 그의 연구는 회고집으로서만이 중요성을 갖게 되었다. 라무니(Ramuni, 1989, 36-37쪽)를 참고할 것.

졌는데, 독일군이 극비리로 보내는 메시지, 이름하여 'Fish' 라는 부호를 해독하는 데 영향을 미쳤다. 이 기계는 두 가지 점에서 가히 혁명적인데, 그것은 상당 부분 엄청난 속도의 정보 처리를 보장해 주었던 전자식 구성 요소들에 의존하고 있다는 점과 완전히 새로운 두 가지의 사고를 개량해 갔다는 점에서 가히 혁명적이었다. 이 두 가지 사고는 전자식 형태로서 내적 방식으로 저장된 **해독 명령 목록**의 사고와, 논리적 과정의 연속적인 단계를 인간이 개입하지 않고서도 따라갈 수 있는 기계 명령으로 **결정에 대해 자동적으로 포착하는** 사고이다.

둘째, 전자 테크놀로지가 1930년대부터 접근 가능할 수 있었다 할지라도, 구성 요소들에 대한 신뢰성 부족은 그것이 적용될 가능성이 있던 신용도마저 떨어뜨렸다.[10] 전자기의 테크놀로지가 오랫동안 계속되었듯이, 아날로그식 기계 사용도 그리되었다. 첫번째 단계에서 전자공학은 (탄도학을 위해) 전방과 동시에 (새로운 무기, 즉 원자무기의 수정이나 생산 혹은 보유고 관리를 위해) 후방에서 전쟁을 준비한 노력으로 발전된 계산에서의 필요성을 충족시키기 위해 사용된 아날로그식 기계에 적용되었다.[11] 구성 요소가 더 신뢰할 만하고, 컴퓨터가 실용 가능하게 되었을 때, 전자 테크놀로지는 마침내 두번째 단계에 과해진다. 그러므로 계산의 속도와 결부된 실용적 이유로 해서 전자 테크놀로지는 발전하게 되었다. 문제는 **엄격하게 말해 그것의 실행 속도에 대한 계산을 풀어 놓는 것과 관계됐다.**[12] 이런 지적은 영국인들의 프로젝트보다 많은 점에 있어서 앞서 나간 미국식 프로젝트

---

10) 라무니(1989, 40쪽)를 참고할 것.

11) 차이 분석기는 전쟁이 지속되는 동안 사용됐다. 골드스틴(Goldstine; 1972, 165-166쪽)을 볼 것.

12) 카펜터(Carpenter)와 도런(Doran; 1986, 7쪽)을 참고할 것.

가 왜 튜링이 전쟁 후 단독으로 추구했던 사변적 형태의 프로젝트가 아닌 계산을 숙달시켜 가는 쪽으로 방향을 잡아갔는지를 이해할 수 있게 해준다.

전자 테크놀로지와 튜링이 처음으로 직접 접촉한 시점은 1942년 11월부터 1943년 3월까지 미국을 비밀리에 여행했을 때이다. 이 기간 동안 튜링은 벨 연구소에서 정보 처리 이론의 창시자인 샤논을 만났다.[13] 하지만 펜실베이니아대학의 전기공학의 무어 대학원에서 만들어진 에니악(**ENIAC**)이라는[14] 전자 계산기를 구상한 사람들이 자문위원으로 이미 불렀다 할지라도, 폰 노이만은 분명 아니었다. 영국으로 돌아온 튜링은, 1943년 3월부터 1945년 5월까지 인간 음성을 해독하는 데 사용하도록 자신이 만든 기계가 수정될 때에 직접 전자공학을 제어하는 일을 배웠다. 전쟁 후 전자 테크놀로지 문제에 대해 미국과의 교류는 증대했으며, 튜링 자신이 구성원이었던 국립물리연구소는 전자공학과 관계된 문제를 알고 있는 상당수의 미국인 기술자들과 연구원들의 방문을 받아들였다.

2. 영국에서 처음으로 구상한 컴퓨터 프로젝트

연구원들간의 커뮤니케이션 부재와 군사적 비밀로 인한 문제가 생기긴 했지만, 이 세 팀은 영국에서 거의 동시 다발적으로 전자 계산기를 만드는 일에 뛰어들었다. 영국 내의 이 세 곳은 국립물리연구

---

13) 제1장의 주석 25를 참고할 것.
14) '전자 수치 계산기와 적분기(Electronic Numerical Integrator and Calculator)' ('Calculateur et Intégrateur Numérique Électronique'). ENIAC은 1943년에 제작에 착수한다.

소(ACE)를 축으로 해서[15] 케임브리지대학(EDSAC을 축으로[16])과 맨체스터대학(Mark I을 축으로)을 일컫는다.

첫번째 팀은 수학 부장이었던 워머스리의 주도로 국립물리연구소에서 구성되었다. 1945년 1월에 연구소를 위해 미국으로 가게 된 그는 전자 계산기 ENIAC이 작동하는 것을 볼 수 있었던 첫번째 외국인이었다. 또한 그는 외국인으로는 처음 진정한 전자 계산기 EDVAC 프로젝트[17]를 기술했던 폰 노이만의 보고서를 읽었던 사람으로도 유명하다. 이 EDVAC 프로젝트는 튜링의 보편 기계와 전자식으로 명령을 부호화한 통합 프로그램의 개념에 토대를 둔 것이다.[18] 그가 복귀하고, 영국이 컴퓨터 제작에 뛰어들려는 결심을 하게 됐을 때, 튜링이 이 분야에 중대한 공헌을 했다는 것이 아주 자연스럽게 고려되었다. 이후 튜링은 국립물리연구소에서 완곡한 부탁을 받고 채용됐는데, 이곳은 결과에 아주 특별히 예정된 수학 부서, 즉 튜링 자신이 유일한 구성원이었던 'ACE' 부서였다.[19] 당시 튜링은 〈자동 계산 엔진의 수학적 분해에서 발전에 대한 제안 Proposal for Development

---

15) '자동 계산기(Automatic Computing Engine)' (Machine à Calculer Automatique). '엔진(Engine)' 이란 용어는, 기계가 '분석기(Analytical Engine)' (Machine Analytique)라 불렸던 배비지(Babbage)의 유산이다.

16) '전자 기억 자동 계산기(Electronic Delay Storage Automatic Calculator)' (Calculateur Automatique à Mémoire Electronique).

17) '이산적 변항의 전자 컴퓨터(Electronic Discrete Variable Computer)' (Ordinateur Électronique à Variable Discrète). 보고서는 〈전자 컴퓨터 도구에 대한 문제의 플래닝과 코딩 Planning and Coding of Problems for an Electronic Computing Instrument〉라고 불렸다. 폰 노이만(1946)을 참고할 것.

18) 카펜터와 도런(1986, 5-6쪽)을 참고할 것. 폰 노이만은 맥컬러치(W. McCulloch)가 연구한 것으로부터 이 두 가지 생각을 끌어 올 수 있게 되었다, 뒤피(Dupuy, 1994, 62쪽)를 참고할 것.

19) 캠벨-켈리(Campbell-Kelly, 1981, 134쪽)를 참고할 것. 그는 1946년 5월에 윌킨슨(Wilkinson)과 1946년 7월 우저(Woodger)에 의해 서로 합쳐졌다. 네 명의 새 구성원들은 1947년과 1948년에 팀에 합류했다.

in the Mathematics Division of an Automatic Computing Engine (ACE)〉[20]('자동 계산기(ACE)의 수학 부서에서 발전을 위한 제의')이라는 보고서를 작성했다. 이 보고서는 튜링이 해석한 이후, 1만 파운드[21]에 견줄 만한 재정 프로젝트의 원칙을 받아들인 영국 권력 기관을 위해 쓰인 것이었다. 그러므로 대서양의 두 나라 사이에 시작된 경쟁에서 민간인들과 동시에 군인들의 엄청난 쟁점 사항들이 있었다.

실제로 미국인들——선두에는 폰 노이만이 있었다——은 튜링 이전에 첫번째 보고서[22]를 작성했는데, 이는 1945년 6월 30일로 추정되고, EDVAC을 제작할 것을 검토했다. 튜링은 국립물리연구소의 수학 부장 덕택에 미국인들이 만든 보고서를 알고 있었으며, 1946년 3월 19일로 거슬러 가는 자신의 보고서는 미국인들이 기여한 바로부터 혜택받은 것이다. 여하튼 컴퓨터를 기술하는 튜링만의 방식이 폰 노이만이 서명한 프로젝트와는 구별된다 할지라도, 미국인들은 1936년 튜링의 연구 작업을 교대로 인용하고 있었다. 폰 노이만과 국립물리연구소의 프로젝트에 동시에 참여했던 관계자들 중 한 명만을 생각해 본다면, 미국인 해리 허스키를 생각할 수 있다. 그는 처음부터 컴퓨터에 대해 2개의 상이한 구상을 하였다.[23] 폰 노이만이 구상한 컴퓨터에는 상당수의 연산이 물질적으로 배선되었는데, 아주 특별히 산술적 기능을 배선하고 있었다. 반면 튜링이 구상한 컴퓨터에서 배

---

20) 튜링(1945)을 볼 것.

21) 튜링은 보고서 말미에서 1만 1천5백 파운드를 요구했다. 워머스리는 그보다 더 많은 비용(7만 파운드)을 예상하여 설계했다. 그 돈의 규모를 생각하자면, 당시 튜링의 연봉이 6백 파운드였다는 것으로도 얼마나 엄청난 액수인지 짐작할 수 있다. 튜링(1992, X쪽)의 책에서 대럴 C. 인스(Darrel C. Ince)가 쓴 서문을 볼 것.

22) 그것은 'EDVAC 보고서의 첫번째 초안(First Draft of a Report on the EDVAC)' (Première Ébauche d'un Rapport sur l'EDVAC)에 관계된 것이다.

23) 카펜터와 도런(1986, 16쪽)을 참고할 것.

선은 '종이 위에서의 작업,' 다시 말해서 프로그램화에 완전한 자유를 주기 위해 최대한으로 축소되었다. 이 두 형태의 기계가 접근할 수 있던 문제 유형들은, 그러므로 상이한 것이었다. **반복하는,** 다시 말해서 종종 반복되는 얼마 안 되는 명령만을 필요로 하는 수치상의 문제들은, 미국인 프로젝트에 의해 더 사용이 잘되었다. 왜냐하면 미국인 프로젝트가 산술적 계산 속도에서 더 우위에 있었던 반면, 긴 프로그래밍을 요구하는 복잡한 명령의 문제들은 튜링식의 프로젝트에서 더 쉬운 해결책과 형식화를 수용했기 때문이다. 그러므로 우리가 컴퓨터로부터 기대할 수 있던 두 가지 대립되는 업무 구상이 생기게 되었다.

2개의 프로젝트로부터 첫번째를 달성한 것은 영국식 프로젝트이다. 일괄 명령 프로그램을 갖춘 첫번째 전자 **디지털** 컴퓨터는, 실제로 맨체스터대학에서 1948년 6월 21일 처음으로 작동했다. 그것은 튜링이 맨체스터대학의 연구 팀에 1948년 9월이 되어서야 합류했기 때문에——설사 상당 부분이 보편 기계 개념과 그 기계를 가능하게 해주었던 허용 가능성에 대한 첫번째 보고서로 인해 허용된 제안이었다 할지라도——직접적으로는 공헌하지 못했던 팀의 연구 작업 결과였다. 그렇기는 해도 이런 대부와도 같은 그의 위치는 바로 그를 유명인사로 만들어 주었다. 튜링은 컴퓨터 제작에 대해 1947년 1월 7일에서 10일까지 하버드대학에서 열린 회의에 초대된 유일한 영국인이었다.

정보과학을 구성하는 데 튜링이 개인적으로 공헌한 일은 무엇인가?

3. 정보과학 분야에서 튜링의 공헌

1936년에 튜링이 이론적으로 공헌한 것 이외에도 엄밀히 말해 정보과학을 이루는 데 있어서 튜링의 공헌은 상당히 중요하며, 그 공헌도는 구성 성분의 물리적 조정 층위를 제외한 모든 분야 영역을 총망라하고 있다. 당시는 궁핍했던 시기였기에, 이 분야에서 튜링은 상황에 맞게 적당한 방법을 사용하여 난관을 헤쳐 가고 있었다. 마찬가지로 주목해야 할 사항은, 튜링이 자신의 컴퓨터 프로젝트를 순수하게 추상적 관점에서 구상해 갔고, 매번 컴퓨터가 작동할 때마다 튜링이 했던 방식의 독창성을 측정할 수 있게 된 것은 나중의 일이었다. 결국 역사적으로, 정보과학 이론을 발전시킨 튜링의 개인적 관점에서 볼 때, 이 시기는 아주 결실 있는 사항을 그리 많이 알지 못한 시기이다. 정보 이론의 개별적 발전은 우리가 최종 단계만을 알고 있는 국립물리연구소를 위한 1946년 보고서의 결정적인 작성에 선행한 것이며, 반면에 계속되는 5개의 번안은 그 보고서를 앞서갔다.[24]

튜링이 기여한 바를 설명하기 위해 정보과학에서의 고전적 구분을 따를 수 있다. 이 구분은 기계의 물질적 구성 요소들에 속하고, 그 요소들의 조직과 신뢰성(하드웨어)에 속하는 것과, 프로그램의 문자와 검증화(소프트웨어)에 속하는 것 간에 존재한다.

기계를 구성하는 물질적 요소들의 조직

연속체(시퀀스)로 분할된 컴퓨터의 다섯 가지 기본 구성 요소들(입

---

24) 캠벨-켈리(1981, 137쪽)를 볼 것.

력 단위, 시계 메커니즘, 기억, 통제 단위, 출력 단위) 중에서, **시계 메커니즘**에 특별한 위치를 예정해 두어야 한다.

실제로 연속체로 분할된 컴퓨터의 구성 요소들과 그것의 상호 작용을 구성하는 요소들의 물질적 조직 문제는, 시간적 배열의 문제를 통해 전체적으로 파악되었다. 우리가 도달하고자 하는 정확성의 정도를 고려하여, 우리가 바라는 규모의 많은 정보를 조작 가능하게 해주는 정보의 **디지털**식 상은 기계 내부에 있는 시간이 **이산적**일 것을 요구하며, 그렇지 않으면 정보과학은 연속되는 흐름 ——이것은 모든 정보 처리를 금지시킬 것이다——으로 혼합되는 경향을 갖게 될 것이다.[25] 이것이 시계 메커니즘의 역할이다. 게다가 내부 정보 처리 속도에 필요한 전기 사용은, 연속체로 분할된 모습을 완전히 유지하면서 실행 속도를 가능한 한 덜 억제시키는 물리적 층위에서 최종적인 코드화를 요구한다. 따라서 **이진** 코드화는, 전기의 충격(임펄스)으로 직접 순서를 바꿀 수 있기 때문에 (코드 '1'에 상응하는 흐름의 이행과 '0'에 상응하는 흐름의 부재) 가장 정확해 보인다. 그러므로 기계 내부에서 십진을 이진으로, 이진을 십진으로 변화시키는 기계를 예견하는 일이 필요하게 되는데, 이는 프로그래머들의 작업을 수월하게 해나갈 수 있도록 하려는 것이다. 이런 변환기는 실제로 프로그램이지, 물질적인 구성 요소들이 아니다.

튜링이 '입력 기관'이라고 부른 **입력 단위**는[26] 외부와의 커뮤니케이션을 보장해 준다. 입력 단위는 명령이 각인된 펀치 카드의 전지(장비는 이미 연구소에 있었다)와 전자 구성 요소들로 이루어졌다. **출력 단위**도 동일한 형태이다.

---

25) 튜링(1947, 92쪽)을 볼 것.
26) 튜링(1945, 3쪽)을 볼 것. 이것은 폰 노이만이 사용하기도 했던 용어이다.(폰 노이만 1946, 35쪽 이하)

기억 형태의 문제는 무한한 기억을 갖춘 보편 기계를 위해 존재하는 형태와 반드시 다르다는 면에서 마찬가지로 특별한 중요성을 띠고 있다. 여기에서 물질적으로 구현된 기억은, 분명 유한하기 때문에 두 가지 문제를 해결해야 한다. 이 두 문제는 첫째 저장된 정보가 더 이상의 유용성이 없을 때마다 기억 내용을 **삭제**할 수 있어야 하며, 둘째 저장된 정보에 접근할 수 있는 시간을 최대한 **축소**할 수 있는 방법을 찾아내야 한다.

정보를 저장하기 위해 실행된 방법은 무엇이었는가? 재정적 어려움이 지속적으로 연구소를 압박하였기 때문에 튜링은 실행 가능한 장점이 있고, 다른 것보다 가격이 저렴한[27] 구성 요소들, 또한 튜링이 '대기행렬로 된 용량'[28]이라고 불렀던 바를 허용했던 구성 요소들에 만족해야만 했다. 여기에 그에 대한 원리가 있다. 모든 이진 데이터('디지트')는 연속체로 분할된 방식으로, 그리고 전자 배선상의 통제 단위에 이른다. 시계 메커니즘에 따라 각각의 이진 데이터의 도착 속도는 1백만분의 1초마다 이진 데이터에서 고정되었다. 그러므로 1백만분의 1초를 상회하는 모든 정보 처리(해독, 정보 처리, 문자)는, 세부적 구성 요소에 있는 물리적 용량을 요구한다. 이 세부적 구성 요소는 정보 처리가 진행되는 여러 국면에 대해 동시화를 요구하는 지속 기간 동안 보존을 가능케 한다. 결과적으로 이진 데이터가 보존되고 있는 주기를 산출하는 문제와 관계되는데, 그것은 각각의 극단에 4개의 결정체를 갖고 있는 수은으로 채워진 관을 사용하여 만들어질 것이다. 전자 임펄스는 증폭되거나, 그것이 보존될 필요가 있는 한 출발점에서 연장되기 전에 음파식으로 이 관을 통해 간다.

---

27) 가격 평가에 대해서는 튜링(1947, 89쪽)을 참고할 것.
28) 튜링(1945, 22쪽)을 볼 것.

연속적으로 분할된 전체 정보 처리는, 순환 길이에 상응하는 **지속 기간**의 척도로부터 상당한 **정보**의 척도까지 구별하지 않고 거쳐 갈 수 있게 한다. 관의 길이와 관의 직경에 비추어, 산출된 기대치는 각각의 순환에서 10억 2천4백만분의 1초였으며, 동시에 관은 1천24개의 이진 데이터를 내포할 수 있었다. 길이가 상이한 2개의 관이 있다. 짧은 관은 튜링이 **단어**라고[29] 부르기도 했던 **짧은 순환**을 가능케 하는데, 그것은 3천2백만분의 1초마다 정보가 재순환함을 의미하기도 한다. 32개의 짧은 순환은 긴 관에서의 재순환, 다시 말해서 10억 2천4백만분의 1초(**긴 순환**의 지속 시간)에 상응한다. 튜링은 이런 구성 요소들의 수가 50에서 5백까지 진행돼야 한다고 평가했다.

마지막으로 **중앙 단위**, 즉 '기계의 중심'[30]은 컴퓨터에 있는 여러 부분들의 논리적 통제를 통해 정보 처리와 해석을 보장해 주어야 한다. 이 중앙 단위는 튜링 기계가 구상하는 해독/쓰기 두뇌에 상응한다.[31] 문제는 두 가지 연산——정보 **선별**과 그것을 적절하게 **처리**하는 일——을 책임 맡고 있는 전자 구성 요소들이다. 그러므로 정보는 두 가지 형태, 즉 **A**와 **B**로 이루어졌다. **A**형태의 명령은 정보 처리를 실행하는 것으로 이뤄졌는데, 튜링은 다음과 같은 예를 인용하고 있다.[32]

명령 491: 기억 23의 내용에 기억 24의 내용을 곱할 것과, 기억 25 속에 결과를 위치시킨 다음, 492번 명령으로 거쳐 갈 것.

---

29) 튜링(1945, 6쪽)을 볼 것.
30) 튜링(1945, 3쪽)을 볼 것.
31) 튜링(1936, §1)을 볼 것.
32) 튜링(1945, 16쪽)을 볼 것. 나는 명확해지지 않을까 걱정이 되어 사용된 용어를 약간 단순화시켰다.

B형태의 명령은 다른 정보 쪽으로 방향을 잡는다. 예를 들어

명령 492: 명령 301로 갈 것.

'정보 처리' 부분은 아주 이상하게도 산술 센터로 불리는 것에 속한다. 산술 센터는 논리 연산과 정보 전달, 4개의 기본적인 산술 연산(혹은 그 4개 모두를 재생산할 수 있게 해주는 상당수의 내부 회로)을 담당한다. '선별' 부분은 기억에 함유된 나뭇가지 형태의 구조와 관계하면서 원하는 순간에 관여적 정보를 선택할 수 있게 해준다.

컴퓨터의 물질적인 제작에 튜링이 중요하게 공헌한 바는, 결국 컴퓨터 배선을 상당히 단순화시켰다는 데 있다. 이는 논리나 산술 연산이 물질적 구성 요소들을 덧붙여서보다는 문자의 보완을 통해 실행됐기 때문이다. 튜링 컴퓨터는 놀라울 정도의 다기능을 만들게 해주었던 **방법의 단순성**을, 1936년 논문에서 기술한 사실에서 볼 수 있듯이 보편 기계를 보존하고 있다.

프로그램의 문자와 검증화

프로그래밍에 관한 튜링의 기여도는, 우리가 앞서 본 바와 같이 수학자들이 연구한 것보다 엔지니어들이 연구한 것을 더 많이 처리하는 컴퓨터의 물질적 제작 과정과는 반대로 튜링이 1936년에 쓴 논문에서 바로 나온 것이다. 나는 근본적으로 이와 같은 기여도를 세 가지 측면에서 강조해 보고자 한다. 그것은 **모듈식 프로그램**의 개념, 프로그램에 대한 논리적 **타당성의 테스트** 개념, **자동 조직된 기계**이다.

모듈식 프로그램의 개념

프로그램은 컴퓨터에 의해 실행될 수 있는 전체 명령으로 구성되었다. 1945-1946년 동안, 튜링은 이런 명령 전체를 프로그램이라 부르지 않고 '명령판(table d'instruction)'이라 불렀다.[33] 컴퓨터가 문제가 되는 판에 내포되어 있는 명령을 따라 실행할 때, 명령판은 컴퓨터를 통해 실행된 과정의 완벽한 기술을 부여해 주어야 한다. 기계에서 일어나는 모든 연산 과정은 이런 일반적인 기술로부터 다음 사항을 명확히 해야만 한다. 어떤 장소에서 정보는 저장되어야 하며, 어떤 장소에서 정보를 끌어내고, 후에 얻어지는 일시적이면서 정의적인 용량을 위해 비어 있어야 하는 기억은 무엇인가 등과 같은 문제들이 이에 해당한다.[34]

프로그램은 **모듈식** 시스템으로 구성된 내적 구성을 그 자체로 갖추고 있으며, 이는 프로그램의 '가변성'을 증대시켜 준다. 실제로 프로그램의 전체를 이루고 있는 일반적 연산은, 프로그램이 실행되는 중에 만들어 가게 하는 부분적 선택에 따라 '부차적 연산'으로 분할되어질 수 있다. 이 분야에서 튜링은 혁신을 일으킬 것이다.[35]

첫째, 배비지의 독본[36]을 일반화시키면서 튜링이 보여 주고자 한 바는, 이렇게 더 간단한 단위로 프로그램을 분할하는 일은 다른 상황에서 배비지 독본 사용을 가능할 수 있게 한다는 것이다. 더 간단한 단위는 '루틴(routine)' 혹은 '서브루틴'이라 불렀다.[37] 이때부터 오늘

---

33) 튜링(1945, 16쪽과 51쪽)을 볼 것, 명령판이라는 표현은 1936년 논문에서 사용된 '구성-m판'이라는 표현을 상기시켜 준다. 튜링(1936, §4)을 볼 것. 튜링은 1948년부터 프로그램에 대해 말하고 있다. 튜링(1948, 112쪽)을 볼 것.

34) 튜링(1945, 55쪽)을 참고할 것.

35) 튜링의 책(1945) 제6장을 참고할 것.

36) 배비지(1826)를 볼 것.

날 '루틴 도서관' 이라 부르는 일이 바람직하다는 것을 구성할 수 있게 되는데, 이 루틴 도서관은 프로그래밍 임무를 수월하게 할 수 있다.[38]

둘째, 튜링이 보여 주려 한 바는 부차적 연산이 실행될 때마다 어떻게 주요 프로그램으로 복귀할 수 있는가이다. 주된 프로그램의 어떤 장소에서 부차적 연산이 시작되었으며, 연산이 실행될 때마다 어떻게 그 프로그램으로부터 흐름을 결합하는지를 지칭해 줄 수 있는 표준적 서브루틴을 예견하는 일이 충분히 가능하다. 튜링은 이런 '감추고' '찾아내는' 과정을 부차적 연산이라 부르고 있다.[39]

셋째, 튜링은 어떻게 해서 프로그램이 전개되어 가는 중에 프로그램 자체가 바뀌게 될 수 있는지, 다시 말해서 프로그램의 작동을 바꾸어 나갈 수 있는지를 보여 주려고 한다.[40] 튜링이 구상했던 컴퓨터는 여러 가능성들 중에서 선택을 가능하게 하는 물질적 구성 요소들을 내포하지 않기 때문에, 그는 프로그램이라는 간접 수단을 사용하여 이런 결정을 실행할 수 있는 방식을 찾아냈다. 문제는 프로그램 그 자체에서 생긴 명령과 정보를 기억 형태로 저장할 수 있는 동일한 연산 속에 끌어들이는 일에 관계된다. 선택이 실행되어야 하는 경우에, 선택을 허용해 주는 변수가 공식 속에 삽입될 때마다 나중에 만들어지게 될 선택을 나타내 주는 연산을 입력하는 일은 충분하다. 다른 부차적 연산에 의해 발견된 이 변수는 공식 속에 삽입될 수가

---

37) 튜링(1957, 171쪽)을 볼 것.
38) 같은 생각은 케임브리지대학 연구 팀을 이끌고 있었던 윌크즈(Wilkes)에 의해 개발되기도 하였다.
39) 이것은 튜링이 1936년 논문에서 항상 명령이라고 불렀던 방식을 상기시키는데, 이 명령은 '판-골격' 이라 명명된 반복되는 연산 실행을 안내한다. 튜링(1936)을 참고할 것.
40) 튜링(1945, 16쪽)을 참고할 것.

있고, 동시에 결과, 다시 말해 선택을 산출할 수가 있다. 그렇게 해서 그만의 결과 프로그램을 만들어 내는 일이 가능하게 되었다.

엄밀히 말해 프로그램을 실행시키는 일은 사용된 **언어의 모듈성**, 다시 말해서 오늘날 우리가 컴파일링이라고 부르는 것의 가능성을 요구했다. 실제로 프로그램이 이진 코드로 해석된 전기 임펄스의 중재를 통해서만 작동하는 기계에 의해 취급될 수 있었다는 것에 도달해야만 했다. 그러므로 이진 언어로 명령판을 번역할 필요가 있었다. 튜링은 자신이 세 가지 형태라 부른 세 가지 언어 층위를 구별했다. 이 세 가지 **형태**는 기계의 효율적 작동 층위에 근접해 위치한 바에 따라, 혹은 반대로 그런 층위로부터 멀어진 바에 따라서 구분지은 것이다. 하나의 명령이 외부 사용자에 의해 읽혀져야 하는 경우, 이 명령은 다소 형식화된 자연 언어 속에서 내용을 전달하는 소위 **일반적** 형태로 씌어져야 한다. 다른 두 가지 형태는 기계 용량의 특별한 조건에 결부되었다. 모든 명령은 **기계**라는 형태를 보유했으며, 이진 정보는 짧은 주기 속에 저장될 수 있다. 튜링이 구상한 컴퓨터에 채택된 용량 시스템은 일반적 유형을 대신하여 **항속적**이라 일컫는 동일 형태로 돌려보낼 것을 여러 형태의 **기계**에 허용해 주었다.[41]

이런 사실로부터 프로그램에 사용될 논리적 타당성의 테스트 개념을 살펴보자.

논리적 타당성의 테스트 개념

1936년(〈계산 가능한 수와 결정할 문제〉에서[42])부터 튜링은 어떤 프로그램의 논리적 타당성을 검증할 수 있는 일반적 알고리듬이 존재

---

41) 튜링(1945, 55쪽)을 볼 것.
42) 위에 제시한 제I장을 참고할 것.

할 수 없다는 사실을 확립하였다. 이것은 어떤 기계든간에 그 기계의 정지를 결정할 수 있는 기계를 보여 주려는 것과도 같다.[43] 그럼에도 불구하고 프로그램의 논리적 타당성에 관계하는 결정의 국부적 과정, 다시 말해서 프로그램이 쓰여진 목적에 도달한 바를 증명해 주는 방법을 창안하는 일이 가능하다. 이것은 튜링 텍스트에서 처음으로 접근해 간 문제이다.[44]

자동 조직된 기계의 개념

우리가 이미 위에서 본 바와 같이, 자동 조직된 기계 개념은 프로그램이 그 자체로 변화되어질 수 있다는 사실에 직접적으로 결부된다. 두 가지 연구 방향은 다가올 미래에 이 분야에 결정적인 역할을 하는데, 연구 방향은 튜링에 의해 이런 자동 변화 가능성과 연결되었다.

첫째, 튜링은 이 연구 방향으로부터 바로 인간을 통해 실행된 학습에 비유할 만한 프로그램의 학습 **가능성**을 끌어낸다. 프로그램 속에 있는 특수한 학습을 조장하면서 튜링은 다음과 같은 희망을 갖는다. "어떤 명령에 의해 결정된 반응을 산출하는 것에 관해 우리가 기계를 신뢰할 수 있을 정도로 기계를 변화시킬 수 있다. 그것이 [학습] 과정의 시작이 될 것이다."[45]

둘째, 튜링은 생물학적 의미 과정을 이와 같은 학습에 제공한다. 이런 생물학적 의미 과정에서 튜링은 기계 프로그램이 점진적으로 자동 조직될 수 있는 가능성을 신경계의 성장과 비교한다. 튜링에게

---

43) 제2장 §3.2.5.에 있는 '정지의 문제'를 참고할 것.
44) 케임브리지대학에서 **EDSAC** 설치를 위한 개회식을 계기로 1949년 6월 24일 튜링이 발언한 것을 요약한 것이다.
45) 튜링(1948, 118쪽)을 볼 것.

있어서 이와 같은 점진적 자동 조직은, '불확실한 뉴런 배합을 갖고 있는 신경계의 가장 단순한 모델'을 이루게 한다.[46] 거기에 '뉴런망'과 그것의 적응적 특성 영역이 될 밑그림이 존재한다.[47]

우리가 주목할 수 있는 것은, 프로그램화에 대한 튜링식의 독창성이 기술——기술은 결실을 맺거나 심지어 예언적이다——의 단순 수정 그 이상을 보여 준다는 것이다. 그럼에도 불구하고 튜링의 연구소 내부 출판을 위해 마련된 아주 기술적인 특성을 갖춘 텍스트에서, 튜링이 1945-1949년부터 이미 얻어낸 것으로 생각한 결과들은 엄밀히 말해 정보과학, 오늘날 우리가 '인공지능'이라 부르려는 것과는 다른 분야의 많은 문제를 공공연하게 이용하도록 부추긴다. 인공지능은 튜링이 처음 개인적으로 프로젝트를 이론화한 양상을 보인 것인데, 이는 우리가 이제 볼 바와 같이 **사고 표현의 정보 처리 모델화**이다.

---

46) 튜링(1948, 114쪽)을 참고할 것.

47) 맥컬러치(W. McCulloch)와 피츠(W. Pitts)로부터 나온 '신경망' 이론은 1943년으로 거슬러 올라간다. 문제는 상호 연결되어 이상화된 뉴런의 도움으로 두뇌의 표상에 관계되고 있다. 상호 연결된 이상화된 뉴런 각각은, 임펄스가 어떤 한계를 추월한다면, 뉴런의 반응을 촉발하는 임펄스를 인접한 뉴런으로부터 받는다. 이런 메커니즘은 계산을 나타내는 일을 가능케 하는데, 그것은 정수로 된 두뇌가 그 자체로 계산기망이 되기 때문이다.(맥컬러치와 피츠, 1943) 이 이론은 다시 수정되어, 1980년대부터는 상당한 발전을 보게 될 것이다. 뒤피(1994, 59-60쪽)를 참고할 것.

2

사고 표현의 정보 처리 모델화

정보과학이 출현할 때까지, 인간의 기억 부담을 덜어 주기 위해 정보 **기입**의 외적 매체에 위임하는 일만이 가능했다고 생각하는 경향이 있었다. 예를 들어 종이 위에 적힌 문자의 경우가 이에 해당된다. 이와 같이 부동의 매체에 기재된 정보들은 개인들에 의해——예를 들어 해석의 경우에——다시 재연되고 취급되어야만 했는데, 이는 새롭게 정신에 접근할 수 있도록 하기 위한 것이다. 정보과학과 더불어 외부 매체에 **정보 처리 시간**을 위임하는 일——근본적인 혁신이다——이 가능해진다. 따라서 이 외부 매체는 우리가 결과를 해석할 줄 아는 한 부동적인 것으로 더 이상 고려되지 말아야 한다.

예를 들어 우리가 컴퓨터에 미리 예정해 놓은 임무를 고려하여 **정확히** 프로그램화시켜 놓은 컴퓨터는, 상당히 엄청난 데이터를 개인의 속도보다 훨씬 더 빠른 속도로 취급할 수 있다. 설사 개인이 이론적으로 동일한 정보 처리 방식을 재생산할 수 있는 것으로 간주된다 할지라도 그것은 문제시되지 않는다. 그런 사실로부터 기계가 **정확히** 프로그램화된다면, 정보 처리 시간 문제에 관해 기계들이 갖고 있는 **자율성**의 인상을 갖는다.

그렇기는 해도 주어진 활동을 위해 정보 처리 시간에 있는 자율성의 개념은 부동의 외부 매체에 기재된 개념보다 지능 개념에 더 근접한 것으로 보인다. 자율성의 개념은 한편으로 주체 내의 과정을 참조케 하고, 다른 한편으로 우리가 우리만의 정보 처리 과정을 가질 수 있는 직관의 근본적 부재를 일시적으로 완화시킨다. 실제로 우리가 문장을 발화하고, 연산을 하거나 정보를 기억할 때, 우리는 머릿속에서 산출되는 것에 대해 직관적으로 무엇을 알고 있는가? 그 어떤 것도 확실한 것이 없다. 정확히 **사고 활동의 정보 처리 모델화**가 현재까지 인간 기억의 부담을 덜어 주기 위해, 다른 모든 기술적 방법들이 구상한 지능의 톱니바퀴 장치의 장점과 비슷한 것으로 보이는 반응 요소들을 자율성의 개념이 가져다 준다는 것을 고려한다면 알 수 있다.

우리는 지금 엄밀히 말해 튜링의 연구를 보려는데, 그의 연구는 '두뇌 구성' 을 겨냥하는 첫번째 프로젝트의 방향을 제시해 준다.

1. 사고 활동의 정보 처리 모델화에 있어서 중요한 방향들

사고 과정의 정보 처리 모델화는 튜링이 걸어온 자취를 볼 때 세 가지 흐름을 종합해 놓은 결과물이다. 첫째는 수리논리학에 연관되어 있고, 둘째는 컴퓨터의 실제적 구성, 마지막으로는 게임에 대해 튜링이 갖고 있는 관심 사항과 결부되는데, 이는 일반적으로 그리 언급되지 않은 것이다. 두 가지 개념은 특별히 튜링이 연구했던 것이며, 튜링은 이들 개념에 기술적 의미——**지능** 개념과 **모방** 개념——를 부여해 주었다.

지능의 기술적 개념

지능 개념을 특징짓기 위해, 튜링은 게임하는 사람이 내기에서 이

기기 위해 발전시켜야 할 게임과 전략 모델을 이용했다. 튜링은 항상 게임의 수학적 측면으로 인해 관심을 갖게 된 것 같으며[48] 연구가 지속되는 동안 확률 계산을 탐구해 갔고, 전쟁이 지속되는 동안 이런 관심을 검증해 간다. 두 가지 중요한 사항을 강조할 필요가 있다. 첫째 인류학적 관점으로부터 인간 사고의 일반적인 모델로서 게임을 고려하려는 사실과, 둘째 기술적인 관점으로부터 알고리듬 형태로 배치될 수 있는 상당수의 확률적 책략에 초점을 맞추었다는 사실이다. 이 두 가지 요소가 이제부터 내가 살펴보려는 내용이다.

불확실한 일에서 추론의 일반적 모델로서의 게임

게임 개념은 튜링에게 있어서뿐만 아니라 사이버네틱스에 대한 미국식 성향에서 볼 때 사고 과정의 모델화에 관계되는 첫번째 연구 중심에 있었다.[49] 그렇다면 왜 게임에 대해 그런 관심을 갖는 것일까? 이것은 **모든 조직 체계가 변형 원리를 따라 입력 메시지를 출력 메시지로 변형시키는 것으로 고려될 수 있다**는 사실에서 유래한다. 만약 변형 원리가 시스템의 수행 값을 측정할 수 있도록 하는 기준에 따르고, 문제가 되는 조직 체계가 이 기준과 관계해서 조직 체계의 수행 능력을 향상시킬 목적으로 맞춰졌다면, 시스템은 **학습한다**고 말할 수 있다. 그렇기는 해도 이와 같이 조직된 시스템의 형태와 게임 방식을 통해 시스템의 발전 과정——시스템의 자동 조절 메커니즘——을 표시할 수가 있다.[50] 게임은 이런 형태의 모델과 체스 · 장

---

48) 폰 노이만은 게임으로부터 이론을 만들었으며, 경제학자인 모르겐슈테른(O. Morgenstern)과 함께 공동으로 쓴 책에서 이 이론을 선보이고 있다.(폰 노이만과 모르겐슈테른, 1944) 보렐(E. Borel)은 부분적으로 결과를 능가해 갔다. 보렐(1921)을 볼 것.

49) 뒤피(1994)를 볼 것.

50) 위너(Wiener; 1964, 14쪽)를 참고할 것.

기를 매우 특별하게 발전시켜 가도록 사용되었다.[51]

게임에서의 확률론적 책략과 추론 과정의 정보 처리 모델화에서 확률론적 책략의 용도

우리는 **완전한 지식 게임**과 **불완전한 지식 게임**이라는 첫번째 구분으로부터 게임에 대한 하나의 유형론을 만들 수 있다. 실제로 완전한 지식 게임의 해결책을 찾아낸다는 일은 알고리듬 단계를 적용함을 의미한다. 개별 단계는 전적으로 이전 단계에 의해 결정되며, 이는 해결책을 찾아낼 때까지 이루어진다.[52] 이것은 불완전한 지식 게임에서는 해당되지 않는 것이다. 불완전한 지식 게임에서 여러 선택은 개별 단계에 제공되는데, 이것은 이득 확률론으로 정의된 책략의 발전을 필요로 한다. 세 가지의 연구축이 튜링이 연구했던 바인데, 튜링 자신도 이 세 가지 축을 완전히 발전시켜 갈 수 있는 시간을 별로 갖지 않은 상태에서 진행하였다.

첫째, 우리는 **결정의 수형**이라는 형태로 게임을 선보일 수 있으며, 책략적인 결정을 나타내는 각각의 가지에 '정보의 중요도'[53]를 부여할 수가 있다. 만약 각각의 게임자가 임시적인 책략을 따른다는 가정을 한다면, 수형의 종결점에서뿐만 아니라 수형 가지를 '다시 올라가면서' 결정의 모든 점——거기에는 첫번째가 포함된다——에서 수치 값을 부여해 주는 일이 가능하다는 사실을 증명해 보일 수 있다. 거의 즉각적으로 부딪히게 되는 난관은 흔히 '결합 파열'이라고

---

51) 장기에 대해서는 튜링(1953, 163-171쪽), 체스에 대해서는 튜링(1953, 173-179쪽)을 참고할 것.

52) 제2장 §2.1.3.3. '결정 알고리듬의 부재: 게임의 경우'를 참고할 것. 이것은 튜링으로 하여금 이런 게임 형태를 형식 체계 내에서 정리를 얻어내려는 것과 비교할 수 있도록 해준 것이다. 튜링(1954, 195쪽)을 참고할 것.

53) 제1장의 §2.4.2.2. '정보 개념'을 참고할 것.

부르는 것이다. 검토해야 할 가능 수는 엄청나게 빠르게 된다.[54]

둘째, 튜링은 결합 가능성의 영역을 어떻게 탐구해 갈 수 있는지를 보여 주었는데, 이는 책략을 채택하기 전에 결정점 전체를 다시 추적해 가야 하는 것을 피하는 상당수의 **특수한 책략적 데이터**를 평가 척도 속에 개입시킴으로써 이루어진다. 예를 들어 장기의 경우 평가 척도는 장기의 말이 갖고 있는 유동성이나 중앙 칸의 통제, 장기 졸이 진행해 가는 과정, 그리고 선택된 게임을 고려할 때 관여적이어 보이는 다른 모든 측면과 같은 여러 기준을 개입시킬 수가 있다. 튜링은 특별히 기계 프로그램이 장기의 경우에 사용 가능할 수 있어야 할 두 가지 개념을 사용했다. 이 두 개념은 '고려해야 할 이동' 개념과 그것의 반대인 '활동하지 않는 칸'의 개념이다.[55] '고려해야 할 이동' 개념은 장기판 위에 위치한 장기 말의 위치로부터 실행될 수 있는 이동 전체를 말한다. 방어되지 않은 상대방 말을 빼앗는 일, 외통장군을 야기하는 이동을 잃을 위험이 있는 값보다 더 상위 값을 갖고 있는 말을 **빼앗는** 일들은 고려해야 할 움직임들이다. 반대로 장기판의 칸은 이런 위치로부터 고려해야 할 움직임이 없다면 '활동하지 않는' 것이다. 다시 말해 두 번의 깊숙한 공격으로부터 말이나 외통장군을 빼앗을 수 없다면 활동하지 않는 것이다. 개별 게임에서 채택된 책략은, 일반화와 추상성으로부터 완전히 기계화될 수 있기 때문에 일반화와 추상성의 심리학적 과정과 흡사하다는 면에서 중요하다. 게임을 위한 기준 선택은 프로그램에 통합될 수 있으며, 그러므로 기계의 명령으로 적응을 돕는 책략 구성에 쓰일 수가 있다.

---

54) 튜링과 과거 연구를 같이 한 미치(D. Michie)는 장기의 경우를 다음과 같이 평가하였다: 결합 수는 우리의 은하계에서 미립자 수를 추월했다. 튜링(1974, 21쪽)을 참고할 것.

55) 튜링(1953, 166-167쪽)을 참고할 것.

셋째, '명백함의 중요도'[56] 개념에 관한 연구 작업을 떠올리면서 튜링은 다음 사실을 보여 주었다. 책략을 위해 채택된 여러 기준에 연결된 명백함의 중요도를 다양화시킨다면 기계는 학습할 수 있다. 그러므로 책략은 게임에서 고려해야 할 여러 매개 변수의——대개는 아주 복잡한——계산으로 요약될 수 있다.[57]

모방의 기술적 개념

지금까지 게임을 탐구해 가는 데 필요한 추상적 책략을 명확히 하려는 면을 고려했기에, 지능을 알고리듬식으로 모델화하는 일만이 문제시됐었다. 하지만 이런 명확함은, 이 명확함에 상응하는 알고리듬이 프로그램이라는 형태로 편집될 때마다 컴퓨터에서 정보 처리를 위임하는 일이 가능할 경우 완전한 의미를 갖는다. 그렇게 해서 게임하는 사람을 분석한 이후 프로그래머는 장기를 두는 사람을 모방하는 프로그램과, 프로그래머가 좋은 알고리듬을 찾아냈으므로 그 게임하는 자를 모방하는 프로그램을 편집했다는 사실을 인식할 수가 있다. 그렇기는 해도 이 좋은 알고리듬은 게임의 질을 포기하지 않고 컴퓨터 정보 처리 속도를 유리하게 사용할 수 있는 알고리듬을 말한다.

이런 경우에 프로그래머는 인간의 적으로 프로그램을 구상했다. 하지만 우리가 하나의 기계만을 필요로 한 것과 마찬가지로 아무 계

---

56) 제1장 § 2.4.2.2.의 '정보 개념'을 참고할 것.

57) 이런 생각은 튜링에 의해 직접 발전한 것이 아니다. 이 생각이 직접 실행화될 수 있기 위해서는 1960년대 초반을 기다려야만 했다. 미치는 심지어 가장 단순한 게임에서도 임시적 학습을 보장해 줄 학습 알고리듬이 존재하지 않는다고 생각하고 있었다. 미치(1974, 39-42쪽)를 참고할 것.

산이나[58] 실행하기 위해 기계가 보편적이기만 하다면, 프로그래머는 마찬가지로 컴퓨터 자체에 대항해서 장기를 둘 줄 아는 컴퓨터 프로그램을 구상할 수가 있다. 그와 같은 프로그램 구상은 두 가지 대립되는 요구 사항——게임의 속도와 질——을 고려해야 한다.

첫째, 인간이 게임을 둔 것보다 기계를 통해 훨씬 더 향상된 시합을 실행시키기 때문에 정보 처리 과정 속도 덕택에 프로그램에서, 그리고 이런 책략이 나오는 장기 두는 사람의 정신에서, 사용된 연속적인 발전 단계를 분석하는 일이 프로그래머에게 가능해진다. 둘째, 기계에 게임 두는 임무를 위임하면서, 프로그래머는 최고의 책략을 수행하지 못하게 하는 프로그램을 적용하려는 위험을——프로그램이 잘못 구상되었다면——감행한다.

그때부터 속도에서의 양적 증가와, 실행 수와 게임 질에 있어 가능한 손실간의 타협점을 찾아내는 것이 합당하다. 여러 프로그래머에서 나온 여러 프로그램들을 게임하게 하는 일은, 지나치게 책략의 발전 속도를 한정짓지 않으면서 게임의 질을 비교하도록 해준다. 그렇게 해서 게임하는 사람의 심리 **모델**, 즉 게임하는 사람이 갖고 있는 책략의 자동 조절 장치 모델을 구성하는 일이 가능해진다.

처음에 사고와 논리적 속성 과정의 정보 처리 모델화는, 조사의 대상이 되는 것이 사고가 **형성되는** 방식이라는 한에서 자동 조절 장치 개념을 사용하여 접근해 가자마자 거의 생물학적이 된다는 점에 유의해야 한다. 바로 그렇기 때문에 튜링은——사고 과정의 정보 처리 모델화 과정에 관계될 때—— 세계의 구체적인 개체들, 다시 말해 **인간의 두뇌**에 일임하기도 한다. 튜링에게 인간 두뇌 조직은 기계의 논리적 개념이라는 간접 수단을 사용해서 추상적으로 모델화할 수 있는

---

58) 제2장 §3.2.4.의 '튜링의 보편 기계'를 참고할 것.

것으로 보인다.[59] 튜링은 두 배열간의 관계, 사고 조직의 관계, 두뇌 조직의 관계를 확립하려는 의지를 갖고 있다. 그러므로 우리는 튜링이 계획하고 있는 중심 이론을 다시 생각해 볼 수가 있다. 이 생각에 따르면 사고의 자동 조절 장치 표현은 좋은 '트랜스(transformateur),' 즉 튜링 기계의 **논리적** 개념을 사용한다면 살아 있는 육체의 자동 조직과 유사할 것이다. 우리는 후에 이런 접근 방식을 연구해 볼 것이다. 현재로서는 게임 개념의 분석으로부터 구상됐던 사고의 정보 처리 모델화를 산출한 과오를 주장하는 일이 우선적이다.

2. 사고 처리의 정보 처리 모델화를 의인화한 과오

튜링이 구축할 줄 알고 있었던 바와 같은 사고 모델로서의 게임 개념은, 한편으로 사고에 대해 만들 수 있는 발상에 대해서와, 다른 한편으로 사고 처리 과정의 정보 처리 모델화에 대해 상당수의 부정적 효과를 갖게 되었다. 나로서는 튜링의 이론적 계획을 연구하기에 앞서 추구해야 할 이 세 가지의 부정적 효과를 기술하는 것이 바람직할 것으로 보인다.

첫째, 게임 분석에서 나온 사고 모델은 **모든** 사고에 유효할 수 있다는 바를 가정하면서, 튜링은 다음 사실을 주목하는 것을 망각하고 있었다. 그것은 다름 아닌 게임이 **이미 형식화된** 세계이고, 따라서 사고는 형식에 속하지 않는 모든 것을 환영(幻影) 속에 두었다는 바이다. 그렇기는 해도 형식화된 세계를 산출하는 형식화의 활동이 아주 명시적인 분야에만 적용되는 활동이기 때문에, 이 형식화된 세계는

---

59) 튜링(1948, 113-114쪽) · (1953, 164쪽)을 참고할 것.

아주 각별하다. 공리 체계는 그들 중 하나이며, 게임은 다른 것이다. 게다가 훌륭한 장기를 두는 자가 된다는 것이 규칙의 명시화에 따른다는 사실은 확실치도 않다. 왜냐하면 오히려 훌륭한 게임자와 그렇지 못한 게임자를 구분하는 시합을 통해 제시된 문제의 관여성에 대한 이해력에 달려 있기 때문이다. 어쨌든 이런 경우들로부터 전적인 사고에 있는 일반화를 구상하는 일은 어렵다. 단지 예외라고 할 수 있는 것은, 모든 분야가 별로 사실임직하지 않은 것——절대적으로 배제되지 않는——을 법적으로 형식화할 수 있는 경우이다. 왜냐하면 형식화가 반대로 이미 특성들을 잘 알고 있는 실체의 한정된 부분만을 대상으로 한다면 흥미를 갖기 때문이다.

둘째, 게임에 주목하면서 튜링은 **정신주의적** 관념을 끌어들이고 있다. 이 정신주의적 관념에 따르면 지능은 게임자들이 갖고 있는 책략(혹은 그들이 정보 처리하는 부속물)에 있는 규칙 속에 함유되고, 사실상 게임자들의 정신 내부에 위치할 것이다. 사고 과정의 정보 처리 모델화는 그 자체에 대해 다시 갇혀진 대상으로 지능을 구상하도록 되어 있는데, 특징적인 자질, 다시 말해서 규칙을 명백히 할 필요가 있을 것이다.[60] 하지만 우리는 사항들을 다른 방식으로 검토해 볼 수 있다. 정보 처리 모델화가 허용하는 바는, 특별한 문제의 해결 가능성을 위해 프로그램의 관여성을 오히려 테스트해 보는 것이다. 그렇기는 해도 프로그램은 인간 사고의 발현이며, 다른 인간 사용자들에게 예정되어 있다. 컴퓨터가 가능하게 하는 것은, 기계라는 수단을 사용해서 더 지능적인 상호 작용을 할 수 있도록 하기 위해 인간에 의해 소집된 자원을 과학적 분석으로 구상할 수 있게 한다는 사실이다. 지능 현상은 **내재화**의 발현이 아니다. 그런 지능 현상은 오히려 기계

---

60) 튜링(1948, 118쪽)을 볼 것.

의 중개를 통해 여러 인간들간에 분배된 현상으로 나타날 것이다.

셋째, 컴퓨터의 주된 기능인 정보 처리 시간을 자율적인 것으로 구상하면서, 튜링은 어떤 의인화(신인 동형)를 조장하려는 경향과 **의향**을 갖춘 기계를 요구하는 경향을 갖고 있었다.[61] 거기에서 문제는 가설——이 가설에 따르면 정보 처리 시간의 자율성과 그저 지능의 자율성 간에 있는 **비문제적** 연속성이 있을 것이다——을 믿게 하도록 많이 만들었던 언어의 남용에 관계된다. 그렇기는 해도 과학 연구에 접근할 수 있기 위한 지능의 개념은 **근본적으로 문제적인** 내용을 가져야만 한다. 게다가 문제는 정보 처리 시간의 자율성이 지능을 특징짓기 위해 충분한지를 아는 것에 놓여져야 한다. 과학의 연구에 지능의 영역을 열어 놓는 일은, 바로 문제 주변에 있는 무한한 영역을 열어 놓는 일과도 같다. 그것은 마치 철학적 전통이 공간 문제에 대한 기하학의 무한한 접근 방식을 탈레스로 거슬러 올라가고, 움직임 문제에 대한 수리물리학의 무한한 접근 방식을 갈릴레이로 거슬러 올라가는 이유와도 같다. 간단히 말해서 문제 위상에 대한 지능을 포착하는 일은 정확히 과학의 영역으로부터 벗어나는 것일 터이다.

처음에 분명 이런 형태의 모델화를 보급시키려고 했던 이런 식의 언어 남용은 일반화되었고,[62] 심각하게 옹호되는 것으로 여겨졌던 목적을 연결하는 것으로까지 보였다. 1947년 런던수학협회에서 튜링이 표명한 회의를 종결했던 점을 생각할 때 역사의 아이러니라 할 수 있다. 기계로 대체될 것을 상상하는 두려움 때문에 정보과학자들은, 자신들의 점진적인 능력 상실을 좀더 잘 감추기 위해 난해한 어휘로 무장해 있으려 한다.[63] 실제로 문자 그대로 놓여 있는 기계의 자

---

61) 튜링(1948, 116-117쪽)을 볼 것.

62) 내가 남용하는 것이라 판단한 이런 일반화는, 최고에서(퍼트넘(Putnam), 1960) 최악까지(자스트로우(Jastrow), 1981) 진행되어 가는 주장의 원인이 되었다.

율성에 관계한 언어 남용은 기계가 인간을 필요로 하지 않을 수도 있고, 결국 우리를 침묵으로 유도할 것이라고 단정짓도록 할 것임이 분명하다.

---

63) 튜링(1947, 102쪽)을 볼 것.

3

신체 조직의 정보 처리 모델화

　이제 '두뇌 구축'에 관해 튜링이 계획한 프로젝트의 두번째 측면, 엄밀한 의미로 말해 생물학적 측면을 살펴보겠다. 튜링이 보여 주고자 했던 바는, 적절한 수학 모델을 구축하는 덕택에 **물리적 재질 내에서 자동 조직의 탄생**을 목격하는 일이 가능하며, 유기체 배열의 구성을 목격하는 일이 가능하다는 것이다. 게다가 튜링은 그런 현상에 대한 정보 처리 모델화가 미래에 사용될 수 있음을 검토했다.[64]

　물리적 재질의 미분화된 상태로부터 자동 조직의 축에 있는 생물학을 검토할 만한 어떤 패러독스가 있다. 다윈식의 진화 이론, 멘델식의 유전학, 그리고 튜링 기계가 갖고 있는 개념들이 발표되지 않고 교차해 가는 와중에서 튜링이 정보 처리 모델화를 실행하고자 했던 바는 실제로는 상황——케임브리지대학에서 1953년 윗슨과 크릭으로 하여금 **DNA** 구조를 발견하도록 했던 분자생물학에서의 연구뿐만 아니라 그들의 과거 연구——때문이라고 생각해 볼 수 있다. 그렇기는 해도 생물학에서의 연구는 유기체의 생명을 유지하는 데 필

---

64) 사고 과정의 정보 처리 모델화와 같은 경우에서처럼, 튜링이 근거를 마련하는 데 공헌했던 이런 식의 연구는, 실제로는 그가 죽인 이후에서야 발전하게 되었다. 물리-생물학적 자동 조직의 경우에서 볼 때, 연구가 체계적인 방식으로 추구된 것은 1970년대 이후에서야 비롯됐다. 연구가 요구하는 계산은 첫번째 컴퓨터에 실행시킬 수 있던 것과 비교해서 엄청났는데도 그다지 실행될 수가 없었다.

요한 내적 기계류를 고려하는 프로그램 구조를 분석하는 것을 목표로 삼지도 않고, 뉴런의 조직화에 대한 정보 처리 모델화를 목표로 삼지도 않은 반면에, 튜링은 이 두번째 모델화 형태를 처음으로 준비 작업했다.[65] 그것은 튜링이 생물학에서 자신의 수학적이며 정보 처리적 능력을 적용하려 했기 때문이 아니라——우리는 그런 능력이 생물학에서 아주 괄목할 만한 역할을 했다는 것을 반대로 보게 될 것이다——고전문헌학과 수학에 푹 빠져 있던 스코틀랜드의 생물학자 다시 톰슨의 저서에서 오히려 착상을 받았기 때문이다. 다시 톰슨은 물리-화학 과정으로부터 살아 있는 세계 속에 있는 형태들의 구조를 설명하고자 1917년에 한 권의 책을 써냈다.[66]

다시 톰슨은 형태가 자연 속에서 어떻게 물리적으로 생산되는지를 알고자 문제를 제기했다. 이 문제는 어떤 종류의 형태가 결국 선택된 것이 유기체에 유리했는지를 알고자 했던 다윈식의 문제를 논리적으로 분명 앞서가고 있었다. 더 심층적 의미에서, 다시 톰슨은 **조직의 상동**(相同; homologie de l'organisation)에 대한 문제를 해결하고자 했다. 유기적으로 연관되어 있는 유기체 속에서 유전자와 유전자군의 행동 덕택에 성장을 설명하려는 신다윈주의적 분석에 만족할 뿐이라면, 이런 설명은 동일한 형태가 유기적으로 연관되지 않은 유기체 속에서 나타날 때 더 이상은 충분치 않았다.[67] 여기에서 다시 톰슨이 남겨두었던 문제를 재차 생각하게 된 튜링은, 형태에 대한 상동의 문제가 감춰진 일반적인 과정의 출현을 통해 설명된다는 가정을 하였다. 바로 이런 형태의 문제에 튜링은 답하고자 전념했다. 그러므로

---

65) 위의 §1.3.2.3: '자동 조직된 기계의 개념'을 참고할 것.

66) 다시 톰슨(D'Arcy Thomson, 1917)을 볼 것.

67) 튜링과 워들로(Wardlaw; 1953, 38쪽)를 볼 것. 튜링은 '성인적 상동(成因的 相同)의 발전'에 대해 말하고 있다.

이 문제는 튜링이 물리-화학적 토대를 구축하고자 했던 형태발생론 (morphogenèse)에 속하는 것이었다.

1. 형태발생

튜링이 파고들었던 문제는 수많은 점에서 **독창적**이었다. 독창적이 란 바는 공간적 대칭에 의해 특징지어진 물질의 동질 상태로부터 출 발하여, 조직이 시작되는 곳에서 대칭의 갈라진 틈이 나타나는 조건 을 연구하는 것이다.[68] 그가 역학의 물리학적 법칙으로부터 구상하고 자 했던 바는 물질 상태에서 중요한 질적 변화를 재촉시켰던 전이 양 상과, 불확실한 상태에 있는 '초물리학적' 법칙을 관여시키지 않고 조직의 존재에 대한 정당성을 가능하게 했던 전이 양상이었다. 이것 을 하기 위해 우리는 속성을 생각해 내려는 물리적 현상의 수학적 모 델을 구축할 필요가 있었다.

수학적 모델화

수학적 모델은 시스템의 이행 과정을 고려해야 한다. 이런 시스템 은 하나의 형태를 구성해 주는 비대칭적인 새로운 균형 상태의 형태 없이 대칭적인 균형 상태 내에서 존재한다. 이와 같은 이행 과정은

---

68) 이 문제에 대해서는, 튜링이 '재앙적 불안정성'(튜링 1952, 59쪽), 대칭의 갈 라진 틈의 현상이라고 부른 어휘적 관점에서 볼 때 유의할 필요가 있다. 우리는 어 떤 운명이 톰(R. Thom)──그의 카타스트로피 이론은 잠재된 역동성으로부터 형태 들의 일반적 개관을 작성하려고 한다──의 필체로 된 용어를 갖게 될 것인지를 알 고 있다. 예를 들어 톰(1972)을 볼 것.

시스템 구성 요소의 화학에 따라서 볼 때 '반응-확산'[69]의 결과였다. 게다가 튜링은 화학적 요소들과는 다른 요소들, 특히 운동적이고 전기적인 요소들은 형태발생 과정에 관여할 수 있다는 것에 대해 부정하지 않았다. 하지만 그에게 화학적 반응에만 한정되거나 단순화된 처리를 요구하는 듯 보였던 것은 기술하는 과정의 복잡성이다. 여기에서 화학적 반응이란 미분 방정식 집합이라는 간접 수단을 이용해서 연구될 수 있었다.

미분 방정식은 알려지지 않은 것이 **함수**인 방정식이다. 이 함수가 따라야만 하는 제약은 함수와 그것의 미분 계수 간의 관계이다. 미분 계수가 물리학에서 사용될 때, 이 방정식은 시스템의 시간적 발전(예를 들어 뉴턴식의 천체역학 모델에서)을 설명할 수 있게 해준다. 시간의 변수와 관계하여 함수의 변동을 제약하면서, 시스템의 주어진 초기 조건으로부터 우리는 시간의 어떤 순간에서도 후에 있을 변동을 추출해 낼 수가 있다. 왜냐하면 함수란 것은 주어진 형태에서는 안정되어 있기 때문이다. 하지만 집합 속에서 안정된 형태는 국부적으로는 불안정하고, 어떤 해결책이 분기를 이끄는 미분 방정식을 통해 기술될 수 있는 일이 생길 수가 있다. 예를 들어 우리가 일련의 모래알을 수직으로 떨어뜨린다면 점진적으로 모래 더미가 이루어질 것이란 사실을 예측할 수가 있다. 하지만 수학적인 관점에서 그와 같은 모래 더미는 불가피하지만 불안정할 수 있고, 이런 형태는 결국 무차별적으로 우측이나 좌측에서 무너지리라 예측할 수 있다. 이는 확률 방식(마찰력, 모래알의 다양한 크기, 모래알이 떨어질 때의 혼란 등)으로 생겨난 국부적 혼란 때문에 원추형의 모래 속에 대칭의 단절이 생기면서 무차별적으로 무너질 것이다. 튜링 자신은 생물학적인

---

69) 튜링(1952, §1, 1쪽)을 참고할 것.

사례를 이용하고 있다.[70] 시스템은 구면 대칭을 갖고 있는데, 그것의 상태는 화학적 반응-확산의 효과하에 변화한다. 이런 반응-확산이 언제까지나 지속될 것이라고 생각할 어떤 이유도 없다. 예를 들어 구면 대칭이 없는 말은 반응-확산의 단순 효과하에 있는 구면 세포에서 생겨날 수 없는 것으로 보인다. 하지만 겹쳐지면서 결국 구면 대칭을 깬다든지 아니면 시스템 속에 불안정한 상태를 산출하는 일은, 미세한 효과를 지닌 혼란 없이도 생각해 볼 여지가 있을 것이다. 그렇게 해서 말의 경우, 형태 구성을 통한 새로운 안정성의 복원을 검토할 필요가 있다. 이것이 바로 튜링 모델이 추구하는 바인데, 그것은 새로운 안전성의 복원이라는 커다란 방향에서 고려하려는 것이다.

이 모델은 세포로 분할된 시스템이나 연속적인 시스템을 고려하는 바에 따라 두 가지 형태를 취한다. 튜링이 보여 주고자 하는 바는, 형태발생이 아주 동일한 방식으로 생산되고, 두 경우 사이에 존재하는 진정한 대립을 개입시킬 필요가 없다는 것이다. 실제로 고려해야할 것은 2개의 부분——하나는 기계적이며, 다른 하나는 화학적인——으로 기술을 나누고 있는 **시스템 상태**이다. 세포 모델에서, 기계적인 부분은 세포의 위치나 질량·속도·탄성 간에 상호 작용하는 힘을 연구하는 데 있다. 연속 모델에서 동일한 정보는 적합한 형태(물질의 압력·속도·강도·탄성)로 나타난다. 시스템 상태의 화학적 부분은 개별 세포 내에서 화학적 구성 형태나 인접한 세포간에 있는 확산 형태로 세포 모델 속에 나타난다. 연속적인 모델 속에서, 우리는 각각의 점으로 된 개별 물질의 집중과 확산을 검토할 수 있다.

그렇게 해서 튜링은 자신이 '형태발생'이라 부른 2개의 이상적인 물질 X와 Y를 개입시키는데, 하나는 촉진제 역할을 하고, 다른 하나

---

70) 튜링(1952, §4)을 볼 것.

는 억제시키는 역할을 하며, 이 둘은 안정적인 상태에 있다. 튜링이 몇몇 가능한 원인(무질서한 입자 운동, 다른 인접한 구조들의 물리적인 효과, 세포 속에 있는 형태들의 경미한 차이, 다른 화학적인 반응의 출현, 기온 변화[71])을 상상한 불확실한 혼란은, 형태발생 중 하나에 있는 추가 산출을 초래한다. 이 추가 산출은 다른 형태 발생 쪽에서 추가 산출을 반응으로 유도해 낸다. 산출의 정점은 국부적으로 나타나는데, 이는 안정성을 유지해 준다. 하지만 대상들은 다음 순간에 전파의 정점을 변화시킨다. 왜냐하면 각각의 형태발생의 전파 속도는 똑같을 수 없기 때문이다. 만약 형태발생 중 하나가 다른 것보다 더 빨리 전파된다면 유지된 안전성 상태는 사라지고, 변동은 파동으로 나타난다. 그러므로 파동은 형태발생의 농도에 대한 주기성의 발현인 셈이다. 전파시키면서 각각의 형태발생은 조직을 통해 형태발생의 국부적 농도를 변화시키고, 결국 전체적인 불안정성을 산출하게 된다.

튜링이 주목한 바에 의하면, 두 가지의 가능한 안정성 형태가 존재한다. 왜냐하면 장기적으로 전파가 열역학 법칙에 따라서 무정형 상태 속에서 시스템을 안정시켜야 한다면, 단기적으로 진폭·속도·파장 주파수를 결정할 수 있는 임시적 양상이 있기 때문이다. 진폭과 속도·파장 주파수는 다양한 전파 속도에 상응하는 미분 방정식의 매개 변수를 국부적으로 다양화시키면서 모든 시스템을 통해 퍼져 나간다. 그렇게 해서 시스템의 불안정성은 형태발생 농도의 주기적 재분배로 변화된다. 시스템 상태를 진동케 하는 파장은 진행중인 화학적 반응과 조직 자체의 공간적 형태에 따른다. (유추해 보면 잠잠한 저수조의 물에 자갈을 던짐으로써 생긴 파장과 강가에서부터 파장의

---

71) 튜링(1952, §11, 30쪽)을 볼 것.

반동을 생각할 수 있다.) 두 가지 형태의 파장——유동적이고 정지 상태에 있는 파장——이 가능한데, 그 이유는 정지 상태에 있는 파장이 안정적인 모티프를 그려낸다는 면에서 더 눈에 띄기 때문이다. 정지 상태에 있는 파장은, 형태발생의 농도가 시간이 지나면서 안정될 때와 형태발생의 공헌과 성취 간에 조화가 생길 때 어떤 지대에서 나타난다. 그렇게 해서 파장 형태는 더 규칙적이고 안정 상태에 놓이게 된다. 이 형태는 정지 상태로 나타난다.[72]

　그것은 우리가 자연 속에서 만나는 형태 속에서 재차 발견되어 있는——튜링이 기술하려고 하지 않은 다른 메커니즘을 통한 유기체의 발전 단계에서 정지되어 있는——파장들이다.[73] 예를 들어 튜링은 이런 형태발생 과정을 통해 유전자 속에 포함된 화학적 정보가 기하적적 배열 모양으로 전환되었다는 것을 암시하고 있다. 형태는 **유기체의 발전 역사를 요약하고 있는 시공간의 자동 조직 현상들**로서 나타난다.

　이론적 관점에서 볼 때, 어떤 한 가지 경우가 단순하기 때문에 튜링에게 특별히 흥미롭게 보인다. 그것은 연속적이거나 단편적인 것으로 분할된 고리라는 구조 속에서 반응과 확산의 경우와도 같은 것이다.[74] 이런 특별한 경우를 발달시키면서, 그들 편각에 따라 움직이는 파장과 정지 상태의 파장[75]이라는 두 가지 커다란 형태에 속하는 여섯 종류의 파장을 구분짓고, 다음으로는 자신이 정의했던 여섯 가

---

72) 튜링과 워들로(1953, 42쪽)를 참고할 것.
73) 튜링은 모든 형태들이 자신이 끌어냈던 파장 형태에 속한다는 것을 보여 주려 하지 않는다. 특별히 분자적 층위에서 (좌우) 대칭의 선택은 정지 상태에 있는 파장 모델의 결과가 아니라는 것을 튜링은 특별히 인식하고 있다. 튜링(1952, 8-10쪽)을 볼 것.
74) 튜링(1952, §6, 7과 8)을 참고할 것.
75) 튜링(1952, §8, 14쪽)을 참고할 것.

지 경우의 자연스런 사례들을 부여하려 한다.

사례들

우리가 주목했던 바와 같이, 모델에서 튜링은 모든 현상을 설명할 수 있는 것에 대해 강조하고 있다. 이들 현상의 대칭은 고리 대칭, 다시 말해서 2개의 차원에서 개체의 대칭과 관계를 맺고 있다. 더 특별하게 튜링은 두 가지 사례들을 기술한다. 첫째는 '손으로'[76] 실행된 계산 덕택에 튜링 자신이 수치상의 해석을 부여해 주는 것인데, 이는 어떤 동물들의 털 위에 나타나는 것들에 연관될 수 있는 임무를 구성하는 일과 관계한다고 튜링은 말하고 있다. 그것들은 아주 약한 편각의 불확실한 혼란을 겪으면서 독특한 형태발생의 확산으로부터 얻어진 것이다.[77]

다른 사례는 5개 내지 10개의 발을 갖고 있는 민물의 히드라인 투명한 작은 폴립(히드라·해파리 따위의 강장동물의 기본적 체형의 하나임)의 경우이다. 이 동물은 튜링의 모델에서 발전된 경우에 가장 근접한 자연적 사례로 보인다. 튜링은 히드라의 관 모양 형태를 한쪽으로 제쳐두고, 세관(細管; tubule)의 원형 부분만을 검토하고 있다. 모델은 이런 원형 구조의 성장이 시작되는 것을 연구할 수 있게 해준다.

만약 신체의 나머지 중 히드라의 한 부분을 자른다면, 이 부분은 완전한 새 유기체를 형성할 수 있도록 하기 위해 새롭게 재배열될 것이다. 이 과정의 어떤 단계에서 유기체는 머리 쪽이 열려 있고, 다른 쪽

---

76) 튜링(1952, §9, 23쪽)을 참고할 것.
77) 튜링(1952, §9, 23쪽과 §11, 30쪽)을 참고할 것.

은 닫혀 있는 관 모양에 이르렀다. 외부 직경은 관의 나머지 부분보다 머리 쪽이 조금 더 두껍다. 가장 중요한 것은 여전히 축의 대칭을 보유하고 있다. 나중 단계에서, 특수한 염료가 확장된 머리 쪽에서 상당수의 판을 드러나게 하는 능력을 만들 정도로 대칭은 사라졌다. 이 판들은 촉수가 후에 나타날 장소에서 그 모습을 드러낸다.[78]

형태발생 농도에서 정지 상태에 있는 파장 확립은 고리——이곳은 촉수가 나타나게 될 곳이다——위에 있는 판 구조의 형성을 설명할 수 있게 해준다.

3차원 공간에서[79] 모델은 구형의 몸 속에서 낭배 형성, 다시 말해서 배(胚)의 발전의 최종 단계 것과 같은 현상들을 설명할 수 있게 해준다.

정보 처리의 시뮬레이션

튜링은 상당히 어렵긴 했지만 컴퓨터 도움 없이 일시적인 구조를 대략적으로 식별할 줄 알게 되었다.[80] 오늘날 컴퓨터는 '튜링의 구조'[81]라고 불렸던 것을 거의 실험적인 방식으로 볼 수 있게 한다.

그럼에도 불구하고 튜링은 자신의 1952년 논문 마지막 단락에서 정보 처리의 시뮬레이션에 대해 미래에 사용될 사항을 개괄적으로 그

---

78) 튜링(1952, §11, 32쪽)을 참고할 것.

79) 이 경우는 튜링에게 추가적인 어려움을 가져다 준 것으로 보이지 않으며, 단 하나의 단락(paragraphe)만을 대상으로 한다. 그렇긴 해도 거의 45년이 지난 후에, 반응-확산이라는 화학적인 과정이 배(胚)의 성장에서 어떤 역할을 하는지를 아는 문제를 항상 제기한다. 키퍼(Kipper)·덜로스(Dulos)와 al.(1998, 89쪽)을 참고할 것.

80) 만약 §10에서 검토된 수치상의 경우가 맨체스터대학의 컴퓨터 도움으로 실행됐었다면, 대부분의 계산이 손으로 이루어졌다는 것을 튜링은 명시하고 있다.

려내고 있는데, 이는 자신이 제시하고 있는 수학적 모델화라는 틀 안에서 그려내고 있다. 우리가 수학의 모델에서 일반적인 해결책을 갖고 있지 않는 상당수의 특별한 경우에 대해, 근사식을 실행하는 컴퓨터를 통해 실행된 새로운 단순화에 정통한 튜링은 '더 명확히 설명해 주는 것'[82]으로서 이 근사식을 고려하는데, 그 이유는 근사식이 어쨌든 검토된 과정을 생각할 수 있게 해주기 때문이다.

그렇게 해서 컴퓨터 사용은 **현상들을 설명할 수 있게 하는 장치 속에서 중요한 것**이 되기 시작했다. 컴퓨터 사용은 모델화의 범주 안에서 미분 방정식의 용도가 요구했던 것처럼 계산의 거듭제곱에서 놀라운 양적 증가만을 도입했을 뿐만 아니라, 수학적 정보 처리를 수용할 수 있는 현상들의 **형태**를 변경시키기도 했다. 수학적 정보 처리의 대상이 되는 것은, 단지 자연스럽지도 인위적이지도 않은 특수한 것이다. 튜링이 검토한 것과 같은 형태발생간의 반응-확산 관계의 사례들은 이런 점에서 볼 때 명확하다. 그 이유는 수학적 대상들이 자극 장치 속에서 차지하고 있는 위치를 통해, 그리고 확인된 바 없는 어떤 생물학적인 관여성을 갖고 있는 위치로 인해 우리가 자극하는 **현상적** 실체 없는 수학적인 대상에 관계되기 때문이다. 그러므로 수학적 층과 현상적 층으로 가는 도중에 경험화를——정보 처리의 시뮬레이션을 통해——구성하는 **수학적 관념성과 물질적 실체** 간의 새로운 유형의 혼합에 문제가 있다. 직면하게 된 제약은 물리학의 시공간적 제약이 아니지만, 배치된 수학적 모델의 어떤 특별한 경우를

---

81) 쿨레(Coullet, 1998)를 참고할 것. 어쨌든 소위 '개방된 공간의' 화학적 반응 장치에 초점을 두었던 정보 처리라는 간접 수단과는 다르게 튜링의 구조를 가시화하는 일이 가능하게 됐다는 것을 주목해야만 한다. 여기에서 화학적 반응 장치는 완성된 산물을 완전히 제거하면서 반응-확산을 계속하여 공급해 줄 수 있게 해준다. 키퍼·델로스와 al.(1998)을 참고할 것.

82) 튜링(1952. §13, 72쪽)을 볼 것.

정보과학적 시뮬레이션 처리라는 특별한 시간에 따르면서, 우리는 연구된 생물학적 현상에 관계하여 설명의 가치를 갖고 있는 특징적 자질을 발견하게 된다. 정보 처리의 시뮬레이션을 수반하는 수학적 모델은 먼 장래에 보장받게 될 정보 처리 수단을 이용하여 안내될 방법론적 해석이 된다.

튜링이 암시한 바와 같이 계산을 도와 주는 단순 도구 이상으로 컴퓨터는 **속성을 연구하는 데 진정으로 적합한 새 도구**가 될 수 있으며, 식물학이라는 영역에서 형태발생적인 반응-확산 이론을 적용시키면서 이런 사실을 증명해 주고자 했다. 왜 동물계에 관계되는 생각에서 식물계에 속하는 관찰로 이동하려는 것인가? 우리는 식물계 내에서 다시 톰슨이 드러냈던 바와 같은 조직의 상동 관계 문제에 빠르게도 부딪히게 된다. 그러므로 거기에는 반응-확산 모델을 실험하기 위한 특정 영역이 있었다.[83] 게다가 이 영역은 튜링의 생각에서 보면, 비교적 형태발생의 단순한 경우로 나타날 이점이 있었다.

2. 식물학 영역에서 형태발생학적 모델의 적용

튜링은 특별한 영역을 연구했는데, 이른바 **엽서**(葉序; phyllotaxie) 영역 혹은 식물의 줄기를 따르는 잎의 배열, 그리고 꽃부리 속에 있는 꽃잎 배열이 해당되는 영역이다. 동물계에서 생겨날 수 있는 것과 비교되는 단순 문제이지만, 튜링 자신은 그것을 상당히 어려운 수학 문제로 인식했다.[84] 게다가 형태발생을 연구했던 사람은 일반

---

83) 튜링과 워들로(1953, 38-39쪽)를 참고할 것.
84) 예를 들어 튜링(1953, 120쪽)이 주목하려한 바는, 데이지꽃이 성장하는 데 있어서 해부학적 변화 과정을 수학적으로 따라가는 일이 불가능하다는 것이다.

적으로 '가시적이며 촉각적인 물질들'에 관심을 갖는 습관이 있었다. 반면 반응-확산 모델은 '[그에게 친숙하지 않았던] 사고 영역' ——표상될 수 없는 왕국——쪽으로 이끌어 갔다.[85] 그렇기는 해도 잠재된 과정 속에 있는 것은, 표면 현상의 기하학적 기술을 능가하고 현상의 원인에 도달하기 위해 추구해야 할 유일한 방식이었다는 바를 튜링은 주장했다.

엽서 영역에서 이 연구는 부분적으로 식물학자인 C. W. 워들로와 정보 처리 기술자인 B. 리처즈가 공동으로 연구하여 추진했으며, 튜링이 생존해 있는 동안에는 발표되지 않았다.[86] 엽서 영역이 제시한 바와 같이 엽서 영역은 형태발생의 화학적 과정에 대해 기하학적 기술과 수학적인 모델화를 번갈아 행하고 있다.

기하학적 기술

우리가 잎이 있는 줄기를 관찰할 때, 상당한 규칙성이 존재한다는 사실을 알아차릴 수 있는데, 그 중에서도 세 가지가 특별한 의미를 지닌다. 무엇보다도 그 배열 모양이 나선 모양이라는 사실에 주목할 필요가 있다. 만약 줄기가 주(柱; cylindre)에 동화되었다면, 잎새들이

---

85) 튜링과 워들로(1953, 47쪽)를 참고할 것.
86) 3개의 논문이 《완벽한 저서들 Œuvres Complètes》에서 되풀이되었다.(튜링 1992) 워들로는 튜링과 공동으로 집필한 논문 〈식물에서 형태발생의 확산-반응론 A Diffusion-Reaction Theory of Morphogenesis in Plants〉('Théorie de diffusion-réaction de la morphogenèse dans les plantes')을 약간 수정한 번안문을 1953년에 건네주었다.(워들로, 1953) 구형의 대칭에 대한 형태발생학적 방정식의 특별한 경우를 취급하는 수사본인 《엽서의 형태발생학 이론 Morphogen Theory of Phyllotaxis》('Théorie morphogénétique de la phyllotaxie')의 세번째 부분에 관한 한 리처즈에 의한 것이지만, 연구됐던 문제는 자신의 박사 논문에서 법적 유효성을 갖고 있는 튜링에 의해 암시됐었다. 선더(Saunder, 1992, XIII쪽)를 참고할 것.

수직선상에서 배열된 것이 아니라 선상에서 배열됐다는 사실, 그리고 잎새의 배열이 주어진 종에 대해 정해진 보폭의 나선형을 형성한다는 사실을 눈여겨볼 수 있다. 문제의 주를 평평한 상태로 놓으면서, 우리는 잎새가 사선을 그려내는 교차점을 차지하는 격자와 직면하게 된다. 나선형의 보폭을 측정하기 위해, 우리는 줄기가 성장하는 관점에 위치하게 된다. 줄기의 어떤 점에서 출발하면서나(이것은 밑에서부터 그것의 끝이 될 수가 있다) 끝을 향해 가면서, 우리는 다음 사실을 눈여겨볼 수가 있다. 그것은 우리가 출발했던 점의 수직선에 놓이기 위해서, 우리는 상당수의 회전을 실행해야 한다는 것이며, 나선형의 보폭에 상응하는 이 수는 우리가 연구한 식물들의 형태에 대해서 항속적이라는 사실이다. 결국 하나의 식물들 형태에서 다른 식물들의 형태까지 문제가 되는 수는 다양하지만, 수학자들에게 아주 잘 알려진 무한수열——소위 말하는 '피보나치(Fibonacci)의 수열'——의 일부가 거의 항상 되고 있다는 사실을 눈여겨볼 수 있다. 피보나치수열에서 (처음 둘을 제외한) 각각의 수는 이전 두 수의 합이다. 문제가 되는 수열의 시작은 다음 형태로 나타난다: 1, 1, 2, 3, 5, 8, 13, 21, 34, 55, 89, 144……. 이 수열은 수많은 특성들을 갖고 있는데, 가장 많이 알려진 것은 기본 요소들 중 2개 사이의 관계가 예술사나 **황금 수**에서 아주 유명한 무리수로 집중한다는 것이며,

$$\frac{\sqrt{5} \pm 1,}{2}$$

고대 이래로 알려진 관계는 조화로운 것으로 받아들여졌다.[87]

여기에서 튜링은 수학자의 행로가 근사식의 알고리듬식 방법을 찾아내야 한다면서 수치상의 분석 문제 쪽으로 오래전부터 방향을 전

환했고, 기계는 무리수의 소수 확장이라는 계산 틀 속에서 창안되었던 것을 잘 알고 있는 세계 속에 있었다.

엽서 문제를 연구하면서, 튜링은 상이한 형태로 그 자신이 결코 떠나지 않았던 수학적 관심 사항을 다시 찾게 되었다. 문제는 계산을 실행하기 위해 적절한 수학적 도구만을 찾으려는 일에 더 이상 관계되지 않지만, 가령 **왜 어떤 계산이 어떤 현상을 설명하기 위해 내포됐는지를 설명하는** 일에 관계되었다. 그렇다고는 해도 잎새나 꽃잎의 성장을 설명할 수 있도록 하는 것이 왜 다른 것도 아닌 피보나치 수열인지를 알려는 문제에 대해서는 어떻게 답할 것인가? 더 일반적으로 말해서 현상의 비율은 단순한 기하학적 분류법을 벗어났다. 그러므로 단순한 기하학적 분석이 표현할 수 있게 해주지만, 답할 수는 없던 모든 질문에 답할 수 있기 위해서 성장의 유전적 과정에 관심을 가져야 할 필요가 있다.[88]

---

87) 그러므로 식물의 성장은 연속적인 분수 형태로 표현될 수 있는 아주 단순 회귀 법칙에 따르는 것으로 보인다.

$$\cfrac{1}{1+\cfrac{1}{1+\cfrac{1}{1+\cfrac{1}{\cdots}}}}$$

그것의 분수의 분자와 분모는 연속적인 피보나치의 두 수 관계를 항상 나타나게 한다.

$$\frac{1}{1+1}=\frac{1}{2}\;,\quad \cfrac{1}{\cfrac{1}{1+1+1}}=\frac{2}{3}$$

88) 튜링과 리처즈(1953-1954, 72쪽)를 참고할 것: "[…] [나선 모양의] 주된 수가 피보나치수열과 흡사하다는 것을 논리적으로 잇따르고 있다 할지라도, 가설 자체는 완전히 자의적이며 설명되지 않는다. 그것의 장점은 더 단순하면서도 덜 신비스러운 무언가에 의한 낯설고 마술적인 경험적 법칙을 대체하는 데 있다. 문제는 다음과 같은 사실에 존재한다: 왜 기하학적 엽서의 가설은 옹호할 수 있는가? 그리고 이 문제에서 기하학적 접근은 대답할 수가 없다."

기하학적 접근은 분류를 실행할 수 있게 해주지만, 공간 속에 있는 여러 형태의 배열 비율을 부여해 주지 않는다. 결과적으로 튜링은 다른 곳——그의 반응-확산 모델이 기술할 수 있게 해주는 시간적 과정과 어떻게 물리-화학적 과정이 특수한 기하학적 형태를 산출하는지를 보여 주어야만 하는 시간적 과정에서——에서 여러 형태의 배열 비율을 찾고 있다.

반응-확산 모델의 적용

튜링은 엽서의 경우에 적용시키면서 자신의 반응-확산 모델을 취한다. 그에게 있어 문제는 엽서의 생성과 **단지 이 생성의** 문제를 설명하는 화학적 반응에 상응하는 (부분적인 미분 계수에서) 미분 방정식을 성공적으로 보여 주는 데 있다. 문제에 대해 전적으로 만족스럽게 답하기 위해서는 다른 화학적인 반응이 기하학적 반응과 같은 형태로 산출한다는 것을 우선 알아둘 필요가 있을 것이다. 바로 이런 조건에서만이 다른 화학적 반응이 모든 살아 있는 것들의 형태를 포함하는지, 혹은 그렇지 않는지를 결정할 수 있게 될 것이다. 불행하게도 이런 형태의 시스템에 대해 미분 방정식의 해결책은, 이 문제에 답할 수 있기에는 너무도 높은 수로 되어 있다.

엽서의 형태발생학적 모델화 경우에, 우리는 화학적 반응과 확산의 통계적인 양상에 관한 일반적인 제약에다가 줄기의 배열 모양에 상응하는 원기둥 표면과 관계하는 특수한 제약을 덧붙여야만 한다.

튜링은 자신이 행한 연구 마지막 부분에서[89] 이상하게도 동물 종

---

89) 튜링과 리처즈(1953-1954, 114-116쪽)를 참고할 것. 이 연구의 수학적인 부분은 리처즈가 추진하였기 때문에 이런 비교가 그에게서 나왔다는 사실이 가능하다.

(種)과의 비교 가능성을 추론해 내고 있는 반면, 우리는 식물계에 관한 관찰을 예견할 것이다.

구형의 가장 조화로운 형태와 비교되는 살아 있는 종은 **라디오라리아**(Radiolaria) 형태이다. 방산충류(放散蟲類)는 바다에서 사는 단세포적 유기체 강(鋼; classe)이며, 그들에게 버팀대와 보호를 보장해 주는 규토 골격으로 둘러싸여 있다. 동물이 갖고 있는 수많은 형태의 골격은 튜링에 의해 확산된 여러 물질 농도에 결부되었지만, 튜링이 거기에 덧붙인 것은 이런 물질이 특별한 경우에 유기적이거나 비유기적이라는 것이며, 성장에 제동을 거는 역할을 할 수 있다는 것이다. 여기에서의 제동은 튜링이 유해물에 동화시키고 있는 것이다.[90]

튜링이 남겨 놓은 형태발생학적 수사본은 어떤 방향이 다른 경우에서 반응-확산이라는 모델의 적용을 취하게 될지 아는 문제를 허용하지 않는다. 그럼에도 불구하고 모델은 1970년대부터 성공적으로 다시 취해지게 된다.

---

90) 튜링과 리처즈(1953-1954, 98쪽)를 참고할 것.

4

인식론적이며 철학적인 결과

　'두뇌를 구축하려는' 프로젝트로부터 무엇을 결론지어야만 하는
가? 여기에서 나는 두 가지의 결과, 즉 인식론적 배열과 철학적 배
열이란 두 가지 결과를 보여 주는 데 국한시킬 것이다.

1. 인식론적 결과

　튜링이 발전시킨 프로젝트가 우리에게 미완성의 형태로 남겨졌다
할지라도 이 정도의 형태에서 파생된 윤곽을 그려내는 일이 가능했
으며, 또한 이 윤곽으로부터 사용되고 있는 여러 분야들을 서로 연
관시켜 놓는 일이 가능했다.

　정보과학은 '두뇌 구축'을 이루는 프로젝트에서 독자적인 위치를
차지하고 있다. 많은 점에서 우리가 말할 수 있는 바는, 정보과학이
연대기적으로나 논리적으로 토대가 될 수 있는 위치를 차지한다는 사
실이다. 그것은 정보과학 없이도 일어나게 됐을 모델화에 속하는 계
산을 실행하기 위해 단지 요구되어질 범위 내에서가 아니라 **새로운
현상들을 출현시킬 능력에 근거해서**라는 사실을 곧바로 명시한다면
차지할 수 있다.

　이런 식의 관찰은 한편으로 **사고 표현의 모델화**와, 다른 한편으로

신체 조직의 모델화를 유지하는 관계를 단번에 명시할 수 있게 해준다. 우리가 일반적으로 튜링 프로젝트를 분석할 때, 신체 조직에 속하는 것을 한쪽에 제쳐 놓은 채 사고 표현의 첫번째 모델화에 따른 중요한 역할을 주장하는 경향이 있다. 우리는 이것에 대한 이유를 다음과 같이 진척시켜 갈 수 있다. 사고 표현의 모델화가 다른 곳에서는 '인공지능'이라는 비판받을 만한 이름하에 자율적 분야로 이루어졌던 데 반해서, 적어도 오늘날 이전은 아니지만 완전한 분야를 구성하지 못하게 한 형태발생의 경우는 아니었다.[91] 그러므로 튜링 프로젝트의 과학적 위상이 단번에 인정됐던 부분에 대해 주장하는 오류를 범하기란 쉽다. 반면 그의 형태발생학적 연구는 이렇게 계승할 만한 것을 갖고 있지 않기 때문에, 이미 구성된 학문적 저서에 있는 단순한 개인 부록의 그늘 속에 남아 있을 수 있다.

전체적인 방식으로 튜링 프로젝트를 기술하면서 이중적 오류를 수정하는 일이 가능해진다. 그것은 한편으로 튜링 자신의 프로젝트에 관한 역사적 오류에 관한 것이다. 다른 한편으로 우리가 지금까지 사실——이런 모델들이 직접적으로는 모델 속에 전혀 나타나지 않는 **자동 조직된 환경과의 관계에서만 의미를 갖고 있다**는 사실——을 침묵하에 그냥 지나친다든지, 혹은 평가절하하는 경향이 있었다는 한에서 인공지능에서 발달된 모델에 일치시키려는 위상에 관한 인식론적 오류이다. 그렇기는 해도 튜링이 걸어온 여정으로부터 끌어낼 수 있는 교훈은 다음과 같다. 함께 생각된 인공지능과 형태발생의 모델을 다시 예상한다는 일은, 하나가 다른 하나 없이 진행된다는 것을 보여 줄 수 있다.

---

91) 한편으로 역동적인 시스템론의 영향과, 다른 한편으로 정보과학 모델화가 커져 간다는 가능성하에 상황은 변하고 있는 중이라는 사실이 가능하다.

마찬가지로 인공지능에서 발전된 모델들의 관심 사항은, 이들 모델이 가능한 물리적 기층과 관계해서 중성적이고, 인간적이거나 비인간적인 사실에 기인된다고 말하는 것에 만족하지 말아야 하며, 또한 이 모델들이 생물학과 그것의 자동 조직된 기층과 유지하는 관계에 대한 성찰로부터 벗어날 수 있을 때를 생각하는 것에 만족하지 말아야 한다. 튜링 프로젝트의 중심에서조차 문제는 다음과 같이 남아있다. 모든 물리적 기층과 독립적인 정보과학과 자동 조직된 물리적 기층을 유지하는 것은 어떤 관계인가? 우리는 정보과학이라는 이런 사고 표현이 튜링 기계가 그 토대를 구상한 바에서 증명하고 있듯이, 자동 조직 형태를 전개시켜 가는 것을 언제 알 수 있는가?[92] 이 문제는 엄격히 말해 인식론적 범위를 벗어난다. 그 문제에 답한다는 것은, 속성의 객관적 결정화에서 정보과학이 갖고 있는 관여성을 성찰한다는 것을 내포한다.

2. 철학적 결과

정보과학이 수학이나 자연과학과 유지하고 있는 관계에 관해 두 가지 사항만큼은 명시되어야 할 필요가 있다.

첫째, 정보과학의 모델화는 일반적인 해결책을 갖고 있지 않은 수학적 모델의 방정식에 대해 해결책을 갖고 있는 **몇 가지** 경우의 근사식을 실행한다는 사실로 인해 수학적 모델화와 구분된다. 그러므로 정보과학의 모델화는 수학적 모델과 동일한 위상을 갖지 않으며,

---

92) 제2장의 §4.2.3에 나오는 '튜링 기계를 구상하는 데 있어서의 생물학적 토대'를 참고할 것.

계산할 수 있는 도표만을 나타내 준다고 말할 수 있다.

둘째, 정보과학의 모델화는 직접적으로 물리학에서 말하는 시공간적 시간이 아닌 문자의 어떤 물리적 정보 처리 시간을 전개시킨다. 그렇기는 해도 정보과학의 시뮬레이션은, 확립된 수학 모델의 어떤 특별한 경우를 정보과학의 시뮬레이션이 전개되는 특별한 시간에 따르면서, 연구된 물리적 현상과 관계하여 관여성 있는 상당수의 특징적 자질을 발견할 수 있도록 해준다는 면에서 수학적 층과 현상으로 나타나는 층으로 가는 중에 **경험화**를 구성한다.

속성의 객관적인 결정화로부터 멀어지는 듯 보이는 이 2개의 제약에도 불구하고, 정보과학의 모델화는 물리적이며 동시에 생물학적인 관점으로부터 몇 개의 관여적인 자질을 거두어들일 수 있게 하는 것이 어떻게 이루어진단 말인가?

몇 가지 답이 될 만한 요소들을 진척시켜 가기 위해, 정보과학의 시뮬레이션이 갖고 있는 속성을 연구할 필요가 있다. 정보과학의 시뮬레이션은, 전자공학을 이용하여 인간의 정보 처리 시간이 아닌 정보 처리 시간에 연결이 되기 때문에 단지 관심을 가질 뿐이다. 바로 정보 처리의 시간 속에 있는 **물리적** 차이야말로——정보 처리의 결과가 인간에 의해 해석될 수 있을 때——현실을 조명할 수 있는 방식을 가져다 줄 수 있다.

그러므로 물리적 지층과 관계하여 독립성을 생각할 때 정보과학을 고려할 수 있는——우리는 흔히 '인공지능'[93]에서 확장된 것을 볼 수 있다——어떤 지적 수월성이 존재한다. 정보과학을 고려할 수 있다는 것은, 정보과학이 인간에 대한 관심을 제공하는 지층의 특별한

---

93) 이것은 뒤피(Jean-Pierre Dupuy)가 맥컬러치를 인용해서 주목했던 바이다.(뒤피 1994, 56쪽)

형태와의 관계를 유지하기 때문으로 생각된다. 이런 정보 처리의 시간 속에 있는 격차를 통해서, 정보과학은 모델화라는 범위 내에서 물리적 관여성을 주장할 수가 있다. 하지만 정보과학이 인간에게 영향력을 갖고 있다는 사실은 이런 격차가 해석될 수 있기 때문이기도 하다. 마찬가지로 진정 **창조적인 형태**는 기계 형태로 구현된 인간과 알고리듬식의 표현 간에 존재하는 상호 작용일 수도 있다.

우리가 유추해서 말할 수 있는 바는, 인간과 컴퓨터 간의 정보 처리 속도에 따른 격차——이 격차가 바로 형태의 생산자라는 한에서——는 튜링의 형태발생학적 모델에 있는 개별 형태발생의 반응-확산 속도 차에 비교할 만하다.

그런 생각이 튜링이 작성했던 유일한 철학적 논문에 근거하여 내가 주장할 수 있을 것으로 보이며, 그것의 분석 내용은 다음장에서 다루게 될 것이다.

IV

튜링 프로젝트의 일관성: 기호에서 기호논리학까지

우리는 **창조적인 형태**로 기계 속에 구현된 인간과 알고리듬식 표현 간에 존재하는 유기적 관계를 특징짓기에 이르렀다. 튜링은 게임 개념을 이용해서 이런 창조 형태를 생각하게 되는데, 이 게임 개념의 주된 특징은 **규칙에 관하여 형식적이면서도 동시에 시합에 관해서는 자동 조직된** 것이다. 실제로 게임은 규칙이 갖고 있는 고정되고 변함 없는 수를 요구한다. 하지만 장기와 같이 다소라도 복잡한 게임이나 바둑에서, 이런 규칙들이 제공하는 결합 가능성은 너무도 엄청나서 시합이 전개되는 과정을 예견하고 궁극적인 해결책이 무엇이 될지 안다는 일은 어려우며, 더군다나 불가능하기까지 하다. 여러 상황에서의 '좋은' 책략이라 함은 상대방을 속이기 위해 상대의 책략에 점진적으로 적응해 갈 수 있는 것이다.[1]

이런 점진적인 적응은 상대가 추구하는 책략을 미리 자각하는 데 있다. 거기에는 상대의 의도를 정확히 하는 일과 관계되기 때문에 **심리학적** 조사에 사용될 재(물)질이 있다. 자신에 맞서 게임하는 프로그램 안에 이런 점진적인 적응 논리 단계를 기재하는 일이 가능하다는 것을 우리는 보여 준 바 있다.[2] 문제의 프로그램은 이런 관점으로부터 시합 도중에 인간이 추진해 가는 연구 모델로서 나타난다. 프로그램의 고안자(혹은 고안자들)는 자신이 예측하기 불가능한 것을 자각할 수 있다. 프로그램을 실행화하는 덕택에 고안자는 자신에 대해 모르고 있는 것, 다시 말해서 자신만이 갖고 있는 자동 적응적 책략의 발전 과정을 무한대로 발견해 갈 수 있다.

---

1) 제2장의 §2.1.1.1. '불확실한 일에서 추론의 일반적 모델로서의 게임'과 § 2.2.1.2 '게임에서의 확률론적 책략과 추론 과정의 정보 처리 모델화에서 확률론적 책략의 용도'를 참고할 것.
2) 제2장의 §2.2.2. '모방의 기술적 개념'을 볼 것.

튜링은 자신이 작성한 철학 논문 〈계산기와 지능〉[3]에서 이 주제를 명백하게 밝힌 것으로 보인다. 반면에 튜링은 자신의 형태발생학적 연구에 빠졌으며, 이번 장에서의 목표가 이 형태발생학적 연구를 분석해 보는 것이다.

---

3) 튜링(1950)을 볼 것.

1

심리학과 메커니즘

튜링은 자신의 논문에서 오늘날 우리에게 친밀하게 다가오는 것, 즉 어떤 의미에서 지능을 기계에 전가할 수 있는지를 보여 줄 것이라고 주장한다.[4] **튜링이 부여했던 형태에 따르면** 이런 관점은 결코 분석되지 않았으며, 오히려 되풀이됐던 것은 그가 논증한 일반적인 의미이다. 최근에도 이론의 여지없이 프랑스 논리학파의 거장 중 한 명으로 지칭되는 장 이브 지라르는 다음과 같은 사실을 주장하였다. "텍스트[…]의 대상이 되는 생각하는 기계 문제는 해석의 실마리를 전혀 요구하지 않는다. 우리는 튜링의 시각을 우리가 살고 있는 세기 말의 실체를 기준으로 해서 측정해 볼 것이다."[5]

이와 같은 해석은 내게는 단순하고 심지어 유지할 수 없는 것으로 보이며, 나는 그것을 보여 줄 터이다. 반면 세부 사항을 주목한다면, 텍스트는 기계 개념이 갖고 있는 심리학적 형성 과정을 기술할 것으로 보인다.

---

4) 그의 논문은 '인공지능'의 첫번째 논문으로 간주됐기 때문이고, 수많은 선집에서 좋은 위치로 모습을 드러내고 있기 때문이기도 하다. 예를 들어 앤더슨(Anderson, 1964)·버터워스(Butterworth, 1967)·호프스태터(Hofstadter)와 데닛(Dennett, 1987) 혹은 보덴(Boden, 1990)을 참고할 것.

5) 튜링의 책(1995) 서문을 참고할 것.

1. 기계로 귀착된 지능

논문은 그 주제로 게임의 입력을 공표하고 있는데, 이는 이제부터 기계에다 지능의 개념을 귀착시킬 수 있게 구상할 수 있다는 사실을 의미한다. 이것을 위해 우리가 분명히 먼저 상정해야 할 바는, **지능**이 인간과는 동질체가 아니지만——그것의 현현(顯現)이 특별한 물리적 유기체에 종속되어 있지 않은——추상적인 개념이라는 사실이다. 그러므로 지능이 갖고 있는 개념을 어떤 물리적 기층으로부터 근본적으로 분리해 낼 수 있도록 해야 한다.

정신의 전환

문제가 갖고 있는 독창성에 비추어, 1950년의 독자는 튜링이 주장하는 가설을 단번에 수용할 수 없을 것이라는 바를 상정하기에 튜링 자신은 경험적인 토대로부터 문제를 검토해야 한다는 사실을 고려한다. 이것을 하기 위해, 튜링은 어떤 척도에서 우리가 지능을 기계에 정당한 방식으로 귀착시킬 수 있는지 결정하게 해줄 게임 형태를 갖는 장치를 생각해 낸다. 문제의 게임은 '모방 게임'이라고 불린다. 이 게임은 고안자에게 있어서 인간이 갖고 있는 구두적인 표현이 무엇이며, 컴퓨터로부터 생기는 표현이 무엇인가를 결정하는 일이 인간에게는 갈수록 어려워질 통계학적 토대 위에서——이런 어려움이 결국 진정한 비결정 가능성이 될 때까지——보여 줄 수 있도록 해야만 한다.

처음 독자가 지능을 기계에 일치시켰을 때 느꼈던 망설임이 어떻든간에 그 독자가 이와 같은 결론에 이르게 된다면, 그렇게 될 가능성은 설사 그 실체가 다가올 기술적 발전에 따른다 할지라도 이제부터 수긍할 수 있음을 인정해야만 한다. 그러므로 논문 해석은 수사학과 변명론에서 용어를 지닐 수 있는 의미에서 독자 쪽으로의 **전환**이라는 결과를 가져야만 한다. 그것은 반대자의 관점은 단지 편견이었으며, 먼저 스스로가 대립된다고 시작했던 관점에 응한 것과는 다른 해결책이 남아 있지 않는다는 것을 반대자 자신으로부터 인정하도록 유인하는 일이다. 그러므로 그가 등장시키는 게임을 통해 논문은 독자에게 점진적으로 이런 정신의 전환을 달성할 수 있게 해줘야만 한다. 정신의 전환은 독자로 하여금 튜링의 관점을 채택하도록 이끌어야 하는데, 이 튜링의 관점에 의하면 지적인 기계는 이제부터 생각할 수 있다.

튜링이 '모방 게임'을 어떻게 제시하는지는 다음과 같다.[6]

모방 게임은 세 명이 게임을 하는데, 한 명의 남성(A), 한 명의 여성(B), 한 명의 질문자(C)로 구성되며, 서로 성을 바꿀 수가 있다. 질문자는 다른 두 명의 게임을 하는 사람과 구분되는 방에 있다. 질문자에게 있어 게임의 목적은 둘 중의 누가 남성이고 여성인지를 결정하는 것이다. 질문자는 X와 Y라는 호칭으로 그들을 알고 있으며, 시합 마지막에 'X는 A이고 Y는 B'라거나, 혹은 'X는 B이고 Y는 A'라고 말해 주어야 한다. 질문자는 A와 B에게 다음과 같은 질문을 제시할 권리가 있다.

C: X라는 남자(혹은 여자)는 머리 길이를 내게 말해 줄 수 있겠습니까?

X가 진정 A이고, 그에게 필요한 답을 줘야 한다는 바를 가정해 보

---

6) 튜링(1950, 433-434쪽)을 참고할 것.

자. 게임에서 A의 목표는 오류를 범하는 C를 추론해 내는 것이다. 그의 대답은 그러므로 다음과 같을 수 있다.

"나는 머리를 남성 스타일로 잘랐으며, 가장 긴 머리털 타래는 대략 20센티미터 정도 됩니다."

목소리의 음이 질문자에게 도움이 되지 않도록 하기 위해, 답변은 쓰여지거나 혹은 더 좋은 방법으로는 타이핑해져 있어야 한다. 이상적인 모습은 2개의 방을 통해 알릴 수 있는 무선 프린터를 사용하는 것이 될 것이다. 마찬가지로 질문과 대답은 중간자를 통해 반복된다는 것을 구상할 수 있다. 세번째 게임자(B)에게 있어서 게임의 목표는 질문자를 도와 주는 것이다. 무선 프린트에 있어서 최고의 책략은 분명 참이 될 수 있는 답을 주는 것이다. 이 책략은 "나는 여자이다. 그 말을 듣지 말라!"와 같이 참이 될 수 있는 답에 덧붙여 충고를 할 수 있지만, 이것은 어떤 것에도 귀착되지 않을 것이다. 왜냐하면 남자도 유사한 형태의 충고를 할 수 있기 때문이다.

이제 우리는 다음과 같은 질문을 제기한다. "게임에서 기계를 A로 대치한다면 무슨 일이 일어나겠는가?" 질문자는 게임이 남성과 여성 간에 행해질 때만큼이나 이런 방식으로 게임이 행해질 때도 그만큼 틀리겠는가? 이 문제들은 "기계는 생각할 수 있는가"라는 원래의 문제를 대체하는가?

그러므로 모방 게임은 이중적이다. 'n° 1'이라고 부를 수 있는 게임에서 세 명의 게임자는 인간인 데 반해, 'n° 2'라는 게임에서 우리는 남성 게임자를 질문자에게 알리지 않고 컴퓨터로 대체한다. 지적인 기계가 가능하다고 바랐던 결과에 이르도록 해야 하는 게임의 최종 목표는, 기계의 존재가 시합이 진행되는 동안 질문자를 통해 지각할 수 없다는 바를 보여 주는 것이다. 이런 목적이 달성된다면 지능은 당연히 **개념**(컨셉트)으로서 특징지어져야 하는데, 이는 전적으로 인간이든 비인간이든 특별한 유기체와는 독립적이며, 이 유기체의 논리적 구조는 알고리듬식 과정에 속한다. 이후로 그 어떤 것도 우리가 지능을 기계에 일치시키는 것에 대립되지 않는데, 여기에서 기계는 이 지능을 구현시키는 물리적 기층의 형태를 통해서만 인간과 구별되는 것이다.

문제의 목적은 튜링이 게임을 위해 기술하는 규칙을 사용하여 달성될 수 있는 것인가?

모방 게임 시합

시작하기에 앞서 게임의 움직임이 해독하는 장치가 갖고 있는 정신에 이르러야 한다는 결론을 상기해 두자. 그 이유는 인간(남성이나 여성)들 사이에 존재하는 가장 심오한 차이점이 $n° 1$에서는 명백하지 않고, 인간과 컴퓨터 간에 여전히 더 심오하게 존재하는 물리적 차이점은 게임 $n° 2$에서도 명백하지 않을 것이기 때문이다.[7] 그것은 지능이 모든 특별한 물리적 기층과는 독립적인 개념이라는 사실을 확립할 수 있게 해주는 것이고, 그러므로 지능을 기계에 부여해 주는 일

---

7) 우리는 2개의 게임이 계속 뒤따라야만 한다고 생각할 어떤 이유도 없다거나, $n°$ 1 게임이 진정한 게임 $n° 2$에 도입하도록 해주는 예에 불과하다는 것을 반박할 수 있다. 하지만 그런 반박이 전제하는 바는 $n° 1$ 게임에서 성별 차이성의 기준 선택이 우연적이며, 튜링은 게임자들간에 존재하는 다른 차이성의 기준을 생각할 수 있을 거라는 바이다. 이와 같은 반박은 내게는 수용할 수 없는 것으로 보이는데, 그 이유는 성별 차이의 기준이 게임의 목적——인간들간에 있는 최대 물리적 격차에서 (우리가 컴퓨터를 새로운 종(鍾)으로 간주한다면) 다른 종들간에 있는 최대 격차로 거쳐 가는 것——에 대해서는 아주 중요한 기능을 갖고 있기 때문이다. 그러므로 $n° 1$ 게임에서 $n° 2$ 게임에 있는 단순한 교육적 도입을 생각할 방법이 존재하지 않는다.

이 가능하다.

　게임 n° 2부터 게임하는 사람들의 성별 신분을 질문자가 구분하지 못하게 된다는 것을 우선적으로 상정하면서, 우리는 게임 n° 2가 배치되기 위해서 충분히 오래 걸리는 시합에 집중하게 된다. 두 가지 경우가 다음과 같은 식으로 나타난다. 그것은 게임자가 질문자에게 자신의 신분을 감추게 된다든지, 혹은 자신들이 질문자에게 미치지 못하는 경우이다.

　게임자가 자신의 신분을 숨기지 못하게 되는 경우 질문자는 결국 컴퓨터의 존재를 알아차리게 되고, 시합중에 우리 자신에게 알리지 않고 변했다는 사실을 밝혀야만 한다. 그 이유는 인간 게임자는 비인간 게임자에 의해 대체되었기 때문이다. 그렇게 해서 질문자는 시합을 이기게 된다. 우리는 컴퓨터가 인간으로 간주될 수 있는 결론에 이르지 못한다. 이 경우는 희망했던 결론에 이를 수 없기 때문에 관심거리가 되지 못한다.

　게임자가 자신들의 신분을 감추게 되는 경우, 질문자는 시합이 지속되는 동안 컴퓨터의 존재를 알아내지 못한다. 그런 사실로부터, 인간은 자신이 따르고 해석하는 구두 표현에서부터 표명되는 지능이 인간 혹은 비인간에 속하는지를 결정할 지적 방법을 더 이상 갖고 있지 않다고 결론지을 수 있다. 그것은 진정 흥미로운 경우인데, 이유는 희망했던 결론, 다시 말해서 게임자의 신분에 관한 비결정 가능성에 이르게 하기 때문이다. 어떻게 이 두번째 경우가 더 낫다는 사실을 보여 줄 수 있겠는가?

통계적 논거

　게임자들의 신분에 관한 비결정성이 있다는 결론에 이르기 위해 튜링이 사용하는 논거는 논리적 배열이 아닌 통계적 배열인데, 이는 마치 이전에 행한 연구 작업의 경우와도 같다.[8] 이와 같은 비결정 가능성의 통계적 설명은 다음의 논거에서 보여 주는 바와 같이, 연속체로 분할된 분석 영역에서[9] 전쟁 기간 동안 실행된 연구 작업에 오히려 결합시키고 있다.

내가 생각하건대, 1950년대에는 컴퓨터를 프로그램화하는 일이 가능할 것이다. […] 그 결과 컴퓨터는 모방 게임을 아주 잘 두어서 보통의 질문자가 5분 동안의 질문 후에 좋은 식별을 하게 할 70퍼센트의 확률도 갖지 못할 것이다 […] 내가 생각하기에 20세기말에, 단어 사용이나 교육받은 사람들의 일반적 견해는 아주 완전히 변하게 되어 반박될 것을 기대하지 않고 생각하는 기계에 대해 말할 수 있을 것이다.[10]

그러므로 튜링은 두 가지 시간 한계, 게임에서의 내적·외적인 시간 한계를 정의한다.

게임에서 내적인 시간 한계는 시합이 지속되는 전체 시간, 5분을

---

8) 제2장의 § 2.1.3.3 '결정 알고리듬의 부재: 게임의 경우'나 '정지의 문제'를 참고할 것. 우리는 모방 게임을 튜링에 의해 연구됐던 형식적인 게임의 단순 복사로 제시하곤 했다. 이 해석에 따르면 질문자는 프로그래머와 흡사할 수가 있는데, 이 프로그래머는 처음 기계(게임 장치)에 의해 처리되는 데이터(질문들)를 입력에서 도입하고 있다. 게임자들은 문제가 되는 기계를 위해 명령판 역할을 한다: 명령판이 짝(읽혀진 상징, 내적 상태)에 의해 구성된 바와 마찬가지로, 수용된 질문을 해석하는데 있어서 개별 경기자는 자신만의 고유한 내적 상태에 따라 반응하고, 출구에서 대답, 다시 말해 결과를 제시한다. 그렇게 해서 질문자-프로그래머는 제시된 두 결과의 참과 거짓에 관한 결정을 하게 되고, 질문 형태로 입구에서 새로운 데이터를 도입한다. 그러므로 이런 해석은 튜링 기계의 모델에서 지능을 특징짓는 방법을 보게 하는 인공지능의 프로젝트를 정당화시킨다. 튜링의 텍스트를 감안할 때, 문제는 역사적이고 논리적인 오류에 관계된다.

9) 제1장 § 2.4.2.1. '연속체로 분할된 분석'을 참고할 것.

10) 튜링(1950, 442쪽)을 볼 것.

명시하는 데 있다. 거기에서 문제가 되는 바는 새로운 규칙에 관계된다고 가정할 수 있는데, 이 규칙은 게임 장치를 기술하면서 튜링이 명시적으로 표현하지 못했지만 전개 과정이 좋게 진행되는 데 필요한 것이다. 그런 중에 이 규칙은 주의를 산만하게 할 수 있어야 하는 문제를 제기할 수 있다. 실제로 이따금 말 도중에 규칙이 표현된 바와 같이, 게임의 **유한적** 지속 시간(5분, 10분, 혹은 자의적인 어떤 **유한적** 지속 시간)이 어떻게 질문자가 훌륭한 식별을 **결코** 하게 되지 못할 것이라는 결론에 이끌 수 있는지를 알 수가 없다. 시합이 지속되는 시간의 유한함(x분)과 희망했던 결론의 유한함(**결코** 질문자는 결정에 이를 수 없을 것이다) 간에, 누구도 논리적으로 받아들일 준비가 되어 있지 않을 단절이 존재하는 것으로 보인다. 하지만 문제는 이들 표현 방식에서 제기되지 않는다. 그것은 자의적이랄 수 있는 **아무런** 유한적 지속 시간이 아니라 5분이라는 바로 그 지속 시간에 관계된다.

왜 이런 특별한 지속 시간이란 말인가? 사실상 질문자와 게임하는 사람의 성공 확률간에 있는 **타협물**에 문제가 있다. 실제로 질문자에 일치된 질문 시간이 증가한다면, 그것의 성공 확률은 마찬가지로 증가한다. 그러므로 게임에는 시작할 것과, 동시에 게임자에게는 너무 불리하지 않도록 해줄 지속 시간을 선택하게 할 필요가 있다. 왜냐하면 질문 시간이 길어지면 길어질수록 컴퓨터는 정확한 위치를 탐지할 수 있는 가능성을 더 많이 갖기 때문이다. 시합을 위해 지속 시간을 고정시키는 일은, 전형적으로 연속체로 분할된 분석에 속하는 문제이다. 이 문제 내에서 관계되는 것은, 테스트(여기에서는 질문자들의 성공 확률)에 결부된 생산가가 엄청나게 증가하지 않고 산업 물품(여기에서는 게임하는 사람들의 답변들)의 질을 겨냥해서 테스트를 하는 것(여기에서는 질문자를 통한 답변의 분석)이다.

외적인 시간의 한계는 다음 50년을 바라보는 시간적 투사로 이루어진다. 논문은 1950년대로 거슬러 가기 때문에 튜링은 1950년에서 2000년까지 인공지능을 구상하는 일이 지능을 기계에 부여해 주는 생활 습관에 들어가기 위해서는 충분한 의미의 변화가 있을 것이라는 바를 상정하게 된다. 그러므로 우리는 두 가지의 외적인 시간적 표시(1950년과 2000년)와 게임 장치에 결부된 성공 확률의 발전에 대한 통계학적 평가 척도(50년 후에 70퍼센트의 확률)를 갖게 된다. 우리는 튜링이 추론한 내용을 다음과 같이 요약할 수 있다. 만약 1950년에 질문자 쪽의 성공 확률이 1백 퍼센트(다시 말해 성공 확률이 게임하는 사람의 신분에 관한 확실한 대답에 상응한다는 사실)에 달하고, 2000년에 70퍼센트로 낮춰진다면, 그리고 실패 증가가 50퍼센트(이것은 질문자에게 우연한 대답을 주는 것을 말해 준다)에 가까워진다면, 질문자의 실패를 정렬하는 데 필요한 시간적 규모 차수는 50년이 된다.

그러므로 통계학적 논증은 **현 시점에서부터**(1950년에) 최후의 시간적 한계(2000년에)——이 시기는 지능의 관계하에서 인간과 기계 간에는 차이가 없다는 **경험적** 증거를 갖게 되는 시점이다——에 위치시키는 일이 가능한 독자를 설득하는 데 그 목표가 있다. 1950년에 모방 게임은 정신적으로 시간의 응축된 표현을 실행시킬 수 있게 한 사고 실험에 불과했을 뿐이다. 실제로 모방 게임은 튜링이 1950년부터 채택할 수 있던 관점이라는 수단을 사용해서 적용되고, 미래에 투영되려는 목표를 겨냥하고 있다. 그러므로 논문을 읽는다는 일은 1950년도의 독자가 갖는 관점, 2000년도의 독자가 갖는 관점, 이 두 시기를 성공적으로 겹쳐 가면서 이 지속 시간을 파괴하는 데 이르게 된 튜링의 관점이라는 세 가지 시간적 관점이 결합되도록 한다.

논문의 목적은 독자가 튜링이 했던 바와 같이 시간의 동일한 겹침을 실행하는 것, 다시 말해 독자가 모방 게임의 상상된 경험에서 진정한 경험까지 **정신을 통해** 가는 것을 얻어내는 데 있다. 그렇게 해서 문제는 정신이 갖고 있는 데이터 기억 장치를 저버리지 않고 **사고의** 배열에서 **경험적 실체**의 배열로 이동해 가는 것에 관계된다.

2. 모방 게임의 논리적 일관성

처음부터 제시된 바와 같이 게임 규칙과 질문자 쪽의 실패 확률에 대한 평가 척도는 어려움을 겪게 하는 것으로 보이지 않는다. 그렇지만 튜링이 정한 목표——물리학의 영역과 지식인 영역 간의 근본적인 경계선을 추적하는 데 이르는 것——에 따라 시합 전개에 과정의 실질적인 조건들을 조금 더 가까이에서 조사해 보는 것이 합당하다. 지능을 기계에 귀속하는 일이 적법하게 되는 이런 수단을 통해서만이 단지 실질적일 뿐이기 때문이다.

게임 n° 1에서 게임 n° 2로의 이행 과정

우리가 게임 n° 2에서 게임 n° 1의 변형 순간을 참조한다면, 하나의 게임에서 다른 하나의 게임으로 거쳐 가는 결정을 야기했던 바를 알려는 문제를 제기해야만 한다. 이유는 다음과 같이 단순해 보인다. 게임 외부에서의 참여자는 남성과 여성이라는 **성별** 신분을 발견하는 것에 관해 질문자의 실패를 고려하여 결정했다는 것, 그리고 인간을 컴퓨터로 대체하는 일이 이제부터 가능하다고 생각할 수 있다. 그렇게 해서 외부의 참여자는 성의 차이가 질문자에게는 결코 드러나지 않을 것이라는 확신을 갖게 되었다. 하지만 외부 참여자가 한정된 질문 시간, 엄밀히 말해 5분이라는 시합보다 낮은 한계에 반드시 포함된 이 한정된 시간 후에 어떻게 이와 같은 결론에 이를 수 있겠는가? 시합이 지속되는 시간, 이 시간은 말하자면 게임에 참여하는 사람들과 아주 특별하게 말해서 컴퓨터를 준비시켜야만 하는 지속 시간의 고정성과는 반대로, 이 변화는 게임에 참여하는 사람들을 위해 이익이나 불이익을 유발하지 말아야 한다.

다음과 같은 결론은 불가피하다. 만약 외부 참여자가 어떤 결론에 이르렀다는 사실은, 그가 질문자의 실패에 관한 의견——**질문자가 현재 질문을 제기했던 방식으로부터만 올 수 있지 않은 의견**——을 이미 만들었기 때문이다. 그 이유는 게임할 게 남아 있는 시간 동안 참여자는 자신에게 주어질 대답이 훌륭한 식별 방식에 놓이게 될 것이라는 질문을 제기할 수 있고, 그렇게 해서 인간을 컴퓨터로 대체할 시기가 여전히 아니라는 바를 항상 상정할 수 있기 때문이다. 마찬가지로 튜링이 확신한 이유는, 게임 그 자체에서 유래될 수가 없기 때문이다. 그가 확신하는 이유는 **다른 데서 기인한다.** 더 정확하게 말해서 튜링만이 갖고 있는 확신에서 온다 할 수 있는데, 그 확신에 따르면 게임하는 사람들의 신체적 상과 그들의 언어 행동에 나타나는 것과 같은 지적인 상을 분리하는 일이 가능하다. 하지만 이 논증 단계에서 이런 확신이 **명백하게** 말해지는 것에만 만족해야 하는 독자를 통해, 다시 말해서 게임하는 사람들의 언어적 행동이 게임을 변화시킬 수 있기에 충분한 독자를 통해 공유될 어떤 이유도 없다. 그러므로 이제 그것이 좋은 경우인지를 볼 필요가 있다.

게임자들의 언어적 행동

우선 '언어적 행동'이라는 말이 내포하는 것과 관련된 어려움을 제거해 보자. 실제로 이 용어는 독자가 했던 바와 같이 외부의 게임을 관찰한 바에 따라서, 혹은 질문자 대신 게임 내부에 위치된 바에 따라서 동일한 의미를 갖지 않는다. 질문자의 경우에, 다시 말해 게임 내부에서 언어는 스스로 받아들이는 **기의 작용**에 한정되고, 언어가 게임자들의 몸체를 재발견해야 하는 일은 단지 이런 기의 작용에서부터 이뤄진다. 게임 외부에서 볼 때 언어는 게임자의 몸체에 보내지는 **물질적 자질**이며, 외부 관찰자는 응답이 갖고 있는 기의 작용에 주의를 기울일 수가 없다. 왜냐하면 외부 관찰자에게 관심 있는 것은, 어떤 몸체 혹은 어떤 물리적인 지층으로부터 응답이 발산되는지만을 아는 것이기 때문이다. 외부 관찰자가 질문자와 동일한 경우에 있고, 주어진 응답의 **기의 작용**에만 결부될 수 있었다면, 무한정으로 물러나지 않고서도 어떤 응답이 진정 어떤 몸체로부터 나온다는 것을 확신하는 일이 더 이상 가능하지 않을 것이다.

이제 외부 관찰자(혹은 독자)가 게임 n° 1에서 질문자의 실패를 확신한다는 바, 다시 말해서 게임이 **언어**에 속하는 것과 **성**(sexuel)에 속하는 것을 게임하는 사람들의 몸체에 따라 구분해 주기 때문에 이 외부 관찰자가 확신하고 있다는 바를 상정해 보자. 이것은 게임 변화와 컴퓨터 장면에 입력하는 바를 정당화하기에 충분치가 않다. 외부 관찰자(혹은 독자)는 추가적인 확신에 이르러야 한다. 질문자의 실패는 질문자가 응답의 **기의 작용**과 인간 게임자들의 성적 신분을 관련짓는 방법을 갖고 있지 않다는 사실을 외부 관찰자에게도 증명해 보여야 한다. 이런 추가적인 결론이 달성되지 못한다면 게임 n° 2로 거쳐 가는 일, 메시지의 기의 작용만이 게임자들의 **인간적 혹은 비인간적** 신분을 결정하도록 하지 않는다는 것을 보여 주는 일이 가능하지 않다.

그렇게 해서 우리가 엄밀히 제기해야 하는 문제는 다음과 같다. **인간의 언어 행동의 모방**은 메시지가 갖고 있는 기의 작용과 그것이 발산하는 물리적 지층 간에는 관계가 없다는 것을 확립할 만한 결과를 **어떻게** 가질 수 있겠는가? 우리가 명확하게 결론지어야 할 것은, 성을 가진 존재의 언어 행동은 다른 성의 개체를 통해 언어적으로 모방되어질 수 있다는 사실이다.[11] 질문자를 실패에 빠지도록 하기 위해 살펴볼 수 있는 유일한 해결책은, 외부 관찰자(혹은 독자)가 게임에서 내부 관점, 즉 **메시지의 기의 작용에만 접근할 수 있는 질문자의 관점에 위치해 있는** 데 있다.

하지만 어떻게 외부 관찰자가 질문자의 관점에 위치할 수 있겠는가? 다시 말해서 어떻게 그가 메시지가 갖고 있는 단순한 물리적 존재가 아닌, 메시지가 갖고 있는 기의 작용만을 고려할 수 있겠는가? 그것은 게임 장치까지도 파괴하고 싶지 않다면, 그리고 위에서 언급한 어려움, 기의 작용과 물리적 기층 간의 관계를 쓸데없이 재발견하려는 한없는 퇴행의 곤경에 빠지고 싶지 않다면 **불가능한** 일이다. 이와 같은 어려움은 내게는 게임 덕택에 배치된 논증을 결정적으로 파괴하는 것처럼 보인다. 하지만 이런 실패는 튜링이 한 논증에 의하면, 두 가지 전제를 명확히 해줄 수 있게 한다.

첫째, 튜링에게 있어서 언어는 기의 작용과만 비교할 수가 있다. 그렇다고는 해도 우리가 본 바와 같이 언어는 게임에서 **반드시** 물질적 자질이란 용어로 해석돼야 한다. 그렇기 때문에 게임자들이 갖고 있는 언어 행동으로부터 기의 작용에 속한 것, 다시 말해서 지능의 **개념**에 관한 결론을 끌어낼 수가 없는 것이다.

둘째, 언어적 속성에 대해 지성에 편중된 전제에도 불구하고 게임 장치에서의 작동을 보장하기 위해, 외부 관찰자는 게임 내부(질문자에 동일시되면서)와 **동시에** 게임 외부(질문자도 모르게 산출되는 것을

---

11) 이것은 A. 호지스(Hodges)가 자신의 책(1988, 10쪽)에서 주목했던 바이다.

관찰하면서)에 위치해 있어야만 한다. 문제는 '신의 관점'과 가까운 위치에 관계된다. 실제로 외부 관찰자는 게임 장치를 통해 질문자에게서 비밀리에 촉발된 특별한 방식을 사용해야만 한다. 그는 (게임 내부에서 자신이 상상하고 있을 때) 그 방식을 무시해야만 하고, (게임 외부에 있을 때) 동시에 그 방식을 의식해야만 한다. **근본적으로는 역설적인** 입장인데, 이 입장에서 기계에다가 지능을 귀속시키는 일에 관계한 튜링의 입장을 재결합하기 위해 독자 자신이 위치해 있을 것을 독촉했다. 그렇게 해서 논문이 갖고 있는 명백한 목적이랄 수 있는 독자의 정신 전환은, 이런 역설적인 입장에 대해 독자가 말하는 바에 따라 은밀한 활동을 치름으로써만 가능해질 것이다······.

　게다가 두 가지 강조된 사항들이 다음과 같이 병행한다. 그것은 실제 언어에 일치된 특별한 위상이다. 이 위상은 게임을 통해 표시된 목표와 완전히 다른 속성의 감춰진 목표 간에 있는 차이를 받아들인다. 이것은 게임자들이 전개해 가는 책략에서 더 극명하게 드러나고 있다.

3. 논리학에서 생물학까지: 게임자들의 책략

　게임하는 사람들 쪽에서 볼 때, 책략의 차이는 물리적 영역과 지적 영역 간의 관계에 따른 진정한 단계를 실질적으로 나타내 준다.

여성의 책략

　튜링이 기술한 바에 따르면, 여성의 책략은 진정한 책략을 통해서보다는 오히려 책략의 부재에 의해 특징지어진다. 실제로 여성은 그

자체로 모방되는 데 국한된다.

　여성에게 최고의 책략은 분명 참의 답을 부여하는 것이다. 그 책략은 "내가 여성입니다. 그녀 말을 듣지 마시오"와 같은 내용에 답을 덧붙일 수가 있지만, 그것은 아무것도 이끌어 내지 못할 것이다. 왜냐하면 남성은 유사한 관찰을 할 수 있기 때문이다.[12]

　그러므로 튜링이 말하는 여성은 참의 답을 부여하면서 질문자를 도와 줄 수 있도록 하는 것이다. 하지만 그 여성은 왜 참을 말해야 하는가? 왜 그녀는 다른 책략을 따를 수 없는가, 다시 말해서 왜 남성을 모방하려고 할 수 없는가? 사실상 게임하는 사람 중 한 명은 다른 사람이 자신을 모방할 수 있도록 하기 위해 참을 말해야 한다는 것을 허용하는 일이 있을 법해 보인다. 하지만 왜 이런 역할이 **특별히** 여성에게 부여되는가? 엄격히 말해 참과 오류의 **논리적** 층위와 남성과 여성 간의 차이에 의존하고 있는 **생물학적** 층위 사이에서 튜링이 확립해 놓은 관계가 무엇일 수 있겠는가? 튜링은 이 질문에 있는 대답을 전적으로 모호한 채로 놔두고 있다.

남성의 책략

　여성의 책략과는 반대로 남성이 갖고 있는 책략은 속일 수 있는 가능성에 동기를 두고 있으며, 남성이 상대를 속이려는 술책은 여성의 답을 모방하는 데 있다는 것을 튜링은 보여 주고 있다. 그러므로 남성이 컴퓨터로 대체됐다는 사실을 고려할 때 게임 n° 2에서 제기되어

---

12) 튜링(1950, 434쪽)을 참고할 것.

야 하는 문제는 컴퓨터가 남성을 모방할 수 있는가, 다시 말해서 **여성을 모방하는 남성을 모방할 수 있는가**를 아는 것이다.

기계의 책략

튜링은 기계에서 나오는 세 가지 경우의 대답을 다음과 같이 예로 제시하고 있다.

질문: 스코틀랜드 포스 위에 있는 다리에 대해 4행시를 써주시오.

대답: 이것을 위해 내게 기대하진 마시오. 나는 전혀 시를 쓸 줄 몰랐습니다.

질문: 34 957과 70 764를 덧붙이시오.

대답: (30초 동안 침묵한 다음 대답을 한다) 105 621.

질문: 당신은 장기를 둘 줄 아세요?

대답: 예.

질문: 나는 C8에 왕이 있고 다른 어떤 말을 갖고 있지 않습니다. 당신에게는 C6에 있는 왕과 A1에 있는 룩 만이 남아 있군요. 당신이 할 차례입니다. 어떤 것을 두시겠습니까?

대답: A8에 있는 룩이요, 장군입니다.[13]

3개의 대답을 검토해 보자. 첫번째와 세번째 대답은 질문자들에게 지표를 제공해 주는 것으로 보이지 않는다. 수많은 사람들이 즉흥적으로 시를 써나갈 수 없다. 장기 시합의 경우 게임 모습은 너무도 단순해서, 게임은 인간과 관계없는 질문자의 생각에서 올 수 없다. 두번째 대답은 훨씬 더 흥미로운데, 실제로 **오류**를 나타내 보인다. 정

---

13) 튜링(1950, 434-435쪽)을 볼 것.

확한 결과는 105 721이지 105 621이 아니다. 문제는 단지 조개껍질 모양의 판에만 관계되는가?[14] 우리는 더 사실임직한 다른 가설을 말할 수 있다. 대답을 제공해 주는 사람 쪽에서의 부주의에 대한 오류를 생각할 수 있기에 결과의 부정확성은 상당히 엄청나다. 문제는 분명 하나의 숫자 6이 7을 대체했던 1백 자릿수의 열을 추가한 데서의 오류와 관계된다. 그러므로 이런 오류는 **성이 어떻든간에** 인간에 의해 만들어진 부주의성 오류로 인정될 수 있다.

튜링 자신이 반박――이 반박에 따르면 기계는 산술학에서 인간적이지 않은 수행 능력 때문에 모방 게임에서 바로 확인될 것이다――에 익숙해진 논문의 추이 과정은 이 해석을 믿게 할 것으로 보인다.

우리는 질문자가 상당수의 산술학적 문제들만을 제기하면서 기계를 인간과 구별할 수 있을 것이라고 주장한다. 기계의 필연적인 정확성은 그런 사실을 폭로시킬 것이다.[15]

산술학의 경우 기계는 놀라운 정확성을 감추고 있다는 것과, 인간만큼이나 잘못한다는 것을 필요로 한다. 여성의 책략, 다시 말해서 여성이 갖고 있는 '정직성'에 기대를 거는 일을 다시 언급하고자 한다. 기계에 있어서 문제는, 여성이 자신과는 다른 어떤 사람도 모방

---

14) 이것은 튜링 논문의 프랑스어 번역이 가정하는 것인데, 이 튜링의 논문에서 결과는 원래와는 반대로 105 721로 조심스럽게 수정되었다.(튜링, 1995, 137쪽) 더글러스 호프스태터(Douglas Hofstadter)는 대답에 따른 오류를 눈여겨보았다.(호프스태터, 1985, 667-668쪽) 하지만 모방 게임 자체에 대한 이런 '오류'의 기의 작용에 대해서는 별로 정확하게 남아 있지 않다. 그는 단지 다음과 같이 주목하였다: "튜링이 이 미묘한 이행 과정을 통해 말하고자 할 수 있던 것에 대한 사고는 인공지능과 결부된 모든 철학적 문제를 어느 정도 자극시킨다." 불행하게도 튜링은 이 문제에 대해 더 이상의 언급을 회피하고 있다.

15) 튜링(1950, 448쪽)을 볼 것.

하려 하지 않고도 여성적이었다는 바와 마찬가지로 인간적 **존재**에 관련되고 있다. 그렇다면 여성과는 반대로 기계는 자신이 갖고 있는 성적 신분을 결정적으로 은폐한다. 진실(참)을 통해서 여성은 여성이었으며, 오류를 통해서 기계는 인간적인 존재인 체한다……. 게다가 튜링은 '사악한' 책략에 호소하면서 반어적으로 성적 차이와 이와 같은 책략을 연관시키고 있다.[16] 문제는 더 이상 새로운 형태의 '사악함(perversité)'에 관계되지 않는다. 이 새로운 형태의 사악함은 성의 차이라는 틀 안에서 일어나지만, 전체로서 굳어진 성이 있는 인간과 성별 없는 비인간 사이에 있는 불규칙성의 차이라는 틀 안에서 일어나기 때문에 성적 행동의 '불규칙성'에 더 이상 국한되고 있지 않다.

　게임자들이 전개해 가는 책략의 특질에 맞는 진정한 단계가 존재하며, 이런 단계는 심지어 게임의 움직임을 재현하고 있음을 볼 수 있다. 우리는 여성에게 있는 책략의 부재로부터 출발하여 기계를 통해 게임하게 된 최고의 책략에 오게 되며, 반면 남성은 중간 위치를 차지한다. 하지만 우리가 또한 주목할 수 있는 바는, 이런 단계의 구성이 **참을 말하는 것은 여성에게 있다**라는 전제에 전적으로 의존하고 있다는 사실이다. 그렇다고는 해도 어떤 것도 시합이 전개되는 데 있어서 이 전제를 확증하지 않게 되었다. 그 전제는 시작되기 전에, 그리고 다음과 같이 요약될 수 있기 이전에 분명 획득된 전제이다. 여성의 언어 활동을 통해 전개된 기의 작용은, 이 여성이 남성이나 기계와는 반대로 성의 차이를 지적으로 제외시킬 수 없다는 것을 보여 주고 있다. 그러므로 튜링이 원했던 바와 마찬가지로 성의 차이는 괄호 안에 놓였지만, 성 본능은 아니다. 게임자들간의 책략에 있는 단계를 확립하면서, **게임은 남성이 아닌 여성을 제쳐 놓는다.** 텍스트

---

16) *Ibid.* 449쪽을 볼 것.

에 있는 지표는 이와 같은 해석을 확증해 준다. 게임 마지막에 기계를 인간과 구분시키려는 방법이 더 이상 없다고 말하기 위해 튜링이 사용했던 표현은, 실제로는 여성과 대립되는 남성을 겨냥한다.

새로운 문제는 한 남자의 신체적이고 지적인 능력간에 있는 아주 분명한 방향을 추적할 수 있는 이점을 갖고 있다.[17]

그러므로 독자는 성의 차이가 사라지는 것을 목격하지는 않지만, 성의 차이를 파괴하지 않고 단지 성 본능을 제쳐 놓게 하는 차이의 **모순**을 목격하게 된다. 거기에는 **억제**시키는 물질이 있는데, 그것은 단순히 가둬진 것이 전혀 아니다. 독자가 튜링의 논문을 읽어 가는 마지막에서 채택하게 된 것이 이런 관점이라 할지라도, 우리는 기계에다 지능을 전가시키는 일이 합당할 것이라는 이유에 대한 합리적인 논증에서 분명 벗어나 있다.

그렇게 해서 튜링이 '모방 게임'에 부여해 주고 있는 목적들과 그가 얻어낸 결과들 간에 차이점을 감지할 수 있다. 그것의 목적은 이중적인데, 성의 차이점을 벌려 놓으려는 가능성과 지능을 기계에 전가시키려는 가능성이 해당되는 내용들이다. 우리가 말할 수 있는 바는 튜링이 이 목표의 **절반에만** 단지 이르렀다는 사실이다. 게임은 성의 차이를 잘 벌려 놓지만 **성 본능을 제거하지는 않고**, 게임에 의해

---

17) 튜링(1950, 434쪽)을 참고할 것. 튜링은 논문 여기저기에서 여성에 대립되는 개념으로 남성(homme)을 사용하지, 인류라는 총칭적인 의미에서의 인간(Homme)을 사용하고 있지 않다. 이 규칙에 대한 유일한 예외성은 튜링이 '타조의 반박'이라 부른 반박에 대답하기 위해 총칭적인 의미에서 인간을 사용한 데 있다: 생각하는 기계가 존재한다고 받아들이는 것은, 너무 무시무시한 것이어서 인간의 우위성에 대해 믿는 편이 훨씬 더 낫다. 그러므로 총칭적인 용어 사용은 튜링의 행위가 아니지만, 그런 반박을 형식화하려는 사람의 행위이다. 튜링(1950, 444쪽)을 볼 것.

요구된 바와 같은 언어 속성의 구상은 **기계에다 지능의 권한을 무한히 밀어낸다.**

한 가지 중요한 결론을 게임의 존속 가능성에 대한 이런 분석으로부터 끌어낼 수 있다.

수없이 되풀이된 가설——이 가설에 따르면 튜링의 논문은 **과학**에서 심리학의 새로운 변화를 형식과학이라는 모델에서 실행해 가는데, 이는 정신에 대한 모든 비형식적 사변을 결정적으로 종식시켜 가며 이루어졌다——은 이제 지킬 수 없음이 분명해져야 한다. 그렇기는 해도 이 가설은 여전히 아주 광범위하게 확산되었다. 특별히, 우리는 모방 게임에서 진정한 형식적 테스트를 보려는 습관을 갖고 있었다. 이는 '튜링 테스트' 이후로 불린 것이며, 기계에서 지능이 갖고 있는 권한에 맞서 결정적으로 퇴행의 편견을 근절시키는 것으로 여겨졌다.[18] 반대로 내게는 '튜링 테스트'라는 칭호에는 진정 인식론적 재앙의 지표가 되는 과학주의적 편류(偏流)가 존재하는 것처럼 보인다. 인간들과 기계에 이전시킬 수 있는 그들의 알고리듬식 표현간에 존재하는 상호 작용에 대한 풍부하고도 정열적인 논쟁을, 과학이 갖고 있는 엄격하고도 형식주의적인 구상 쪽으로 방향잡아 가며, 우리는 정신과학의 속성에 관한 성찰을 성급하고도 사리에 맞지 않을 정도의 위치에 오랫동안 고정시켜 왔다.[19] 하지만 이 후자의 지적은 튜링 프로젝트를 비난하지 못한다. 그런 지적은 기껏해야 인식론적 틀을 더 심화시킬 뿐이다. 튜링이 윤곽을 그려냈던 정신 모델은 기계의 지능에 대한 순수한 고찰이나, 속임을 당하지 않기 위해 분석해 낼 수

---

18) 수많은 참고 문헌들이 있다. 예를 들어 호프스태터와 데닛(1987, 103쪽), 미치(Michie, 1974, 65쪽) · 필리쉰(Pylyshyn, 1984, 53쪽) 혹은 펜로즈(Penrose, 1989, 7-8쪽)를 볼 것. '콜린스(Collins)' 사전은 이제부터 '튜링 테스트' 입력까지도 보유하고 있다.

있어야 하는 상상적이며 심지어 환상적인 고찰 이상의 가치가 있다.

그러므로 "기계에 지능을 부여하는 것을 옹호하고 반영하려는 이 튜링 텍스트를 어떻게 해석할 것인가"라는 문제는 열려 있다. 기계의 지능에 대해 갖고 있는 순수한 고찰은 튜링의 저서에 나타난 전제로부터 부분적으로 파생된다. 정신에 관한 그의 이론을 충분히 판단하기 위해서는, 그가 제시한 심리학의 발전 과정이나 과학적인 창조에서 그가 갖고 있는 개인적 능력과 수단을 분석해 가면서, 정신에 관한 그의 이론으로부터 상상적인 부분을 추출해 낼 필요가 있다.

---

19) 우리는 철학자 저스틴 레이버(Justin Leiber)──그 자신이 내 논문(라세구(La-ssègue), 1996)에 대해 이런 형식화하는 가설을 지지하는 사람 중 더 평가되고 있는 한 명에 속한다──와 가졌었던 논쟁을 참고할 수가 있을 것이다. 과학과 성 본능이 관여성을 갖지 않는 영역 사이에서, 내가 사이비라고 판단한 사상의 동화(assimilation)에 토대를 둔 논문과 논쟁은 다음 인터넷 주소(http://www.gold.ac.uk/tekhnema/)에서 볼 수가 있다.

2

기계 개념의 발생과 구성

우리에게는 모방 게임에 나타나는 논리적 난점, 다시 말해서 해결책의 부재로부터 출발할 필요가 있다. 이 논리적 난점들은 그 수가 2개로 되어 있으며, 게임의 작동에 필수 불가결한 관점을 가져오게 한 불가능한 정당화 내에서 외적이며 내적인 관점이 나타난다. 내적 관점은 합리적인 토대에서는 정당화가 불가능했던 언어적 역할을 여성에게 귀결시키는 한에서만 수용할 수 있었다. 외적인 관점은 게임이 갖고 있는 규칙의 관점으로부터 정당화될 수 없는 게임 내부와 외부를 실제 왕래할 것을 요구했다. 그런데도 이 논리적 난점들의 분석을 더 깊이 있게 추진해 가는 방법이 있고, 튜링이 이 논리적 난점들 주위에서 자신만의 게임을 구축하게 되었던 이유를 이해하는 방법이 있다. **이 두 가지 관점을 채택하는 일은 실제 튜링에게 적합한 환영에 의존하고 있으며, 우리는 튜링의 논문에서 은유를 하며 사용했던 것에서 그 흔적을 알아볼 수 있다.** 이런 맥락에서 은유를 통해 의미할 수 있는 바가 무엇이란 말인가?

'튜링 기계'라는 개념을 도입했던 1936년 논문에서, 논리학과 수학에서 '기계'라는 용어 사용은 순전히 아날로그식이었다. 계산의 정신 과정은 하나의 기계**와도 같았다.**[20] 튜링과 더불어 계산의 정신 과정은 하나의 기계**이다.** 그렇긴 해도 기계를 통해 실행할 수 있는 과정에 정신이 작동하는 바를 **동일시**하면서 튜링은 동일한 운동으로부터 **은유**를 도입했다. 그 이유는 정신과 기계가 뒤섞이고, 은유 기능은 이런 동일화를 실행한다고 생각하기 때문이다. 은유의 속성은 은유가 만들고 있는 동일화가 명백하지 않다는 것이고, 은유를 구상하기 위한 정신적 노력이 필요하다는 것이다. 모방 게임 장치가 증명하는 것은 이런 명시적인 노력에서 비롯된다. 모방 게임은 **'기계-정신'의 은유를 명시적이도록 하는 정신의 행렬**로서 나타난다. 1950년의 논문이 증명해 주고 있는 바와 같이, 1936년에 나타난 기계-정신이 갖고 있는 개념의 객관적인 내용에 내가 **기호논리학**——이것은 기계 개념의 **정신적 구상**에 필요한 것이다——이라 부르게 될 내용이 상응한다.

이제부터 은유의 분석을 실행하면서 살펴보아야 할 이 기호 상징의 내용은 모방 게임에서 파생된다. 이 모방 게임은 튜링의 환영에 가장 적게 종속되어 있는 방식을 설명하기 위한, 다시 말해서 튜링의 정신 이론에서 가장 객관적인 방식을 설명하기 위한 진정한 은유적 행렬[21]이다.

---

20) 제2장에 있는 §2.1.3.5. '구성 과정, 유효 계산, 메타수학적 범위에서 기계를 이용한 명령'을 참고할 것.

21) 이런 행렬은 튜링이 죽을 때까지 조금씩 구축하고 사용해 갔던 것이다. 특히 텍스트의 상당 부분을 구성하는 반박 논거들 목록은 조금씩 구성되었으며(이 부분에 대해서는 튜링의 책(1948, 108쪽)에서 그 흔적을 볼 수가 있다), 1950년 이후로는(튜링 (1950, 168쪽)에서 계속 풍부해졌다. 그의 논문 〈계산기와 지능〉에서 기술된 바와 같고, 아주 이상하게 보이는 '초감각 지각'의 반박 논거는 튜링(1953, 162-163쪽)에서 기술된 실제 사실을 가리킨다. 맨체스터의 일반인에게 제시된 컴퓨터에서 인간이란 존재를 감추지 않았는지를 알기 위해, 심리연구협회의 미디어 집단은 튜링이 성공하지 못하고 야기시킨 이 인간과의 의사소통을 하게 된 실험을 시도했다. 튜링은 어느 정도 조롱조로 다음과 같이 결론지었다: "기계는 정신 감응의 실험에 대해서는 인간이란 존재보다 훨씬 비협조적이다."

1. 게임에 있는 외적 관점: 기계 구상에서 심리학적 접근의 역사

기계와 정신이 튜링에 의해 동일화되었고, 이런 동일화가 모방 게임이 증명해 주는 정신적 작업을 요구한다는 사실을 기억해 둔다면, 독자가 전념하게 될 것은 **튜링의 개인적 여정 단계처럼, 즉 기계의 논리적 개념을 창안하고 컴퓨터라는 형태로 기계를 구현시켜 가는 데로 유도해 간 단계처럼 나타난다.**

'계산기와 지능'에서 기술된 바에 따른 튜링의 여정

1950년 논문에 나타난 바와 같이 모방 게임을 기술한 데 이어, 튜링은 기계가 학습하는 문제를 검토하기 시작한다. 우리의 관점에서, 이런 학습은 기계가 갖고 있는 학습의 **인식론적** 문제뿐만 아니라 튜링 자신이 과학적 창안에 이르기 위해 따르고 있던 학습의 **기호논리학적** 문제를 참조케 한다. 튜링은 귀납 개념이라는 간접 수단을 이용해서 이런 형태의 학습을 기술해 가고자 한다.

첫번째 암시가 텍스트의 첫번째 열에서부터 위치하는데, 이때는 조사에 따라 "기계는 생각할 수 있는가"라는 질문에 답하고자 하는 일이 부질없다는 바를 지적할 때이다. 그렇게 해서 주어진 대답으로부터 귀납 원리를 적용하는 일은 가능하지가 않다. 그러므로 진정한 실험인 모방 게임의 실험을 구축할 필요가 있다.

두번째 암시[22]는 첫번째로부터 파생될 수 있는 결론의 귀납과 보편

---

22) § '다양한 무능에서 끌어온 논거들'을 참고할 것.

성 간에 있는 관계에 근거를 둔다. 우리가 인간이란 존재에 일치시키는 모든 특성(상냥함·미·우정에 연결되거나 사랑에 빠지는 가능성 등)을 컴퓨터에 부당하게 거부하고 있음을 튜링은 지적하고 있다. 그 이유는 귀납 원리를 적용시키면서, 일상적으로 기계는 그 기능에 있어 극도로 한정되어 있다고 결론짓기 때문이다. 기계에 가장 결핍된 것은, 바로 인간이 하는 것과 같이 여러 상이한 임무에 맞출 수 있다는 것이다. 그러므로 귀납은 기능과 목적에 있어 한정된 모든 기계를 위해 필요하다고 결론짓는 데 있다. 이것은 귀납 원리를 **잘못** 적용한 경우이다. 그 이유는 튜링이 1936년의 논문에서 보여 준 바와 같이, 산술적 형식화를 수용할 수 있는 모든 목적에 적응할 수 있는 **보편** 기계를 구상하는 일이 가능하기 때문이다. 계산 가능성의 개념에 대한 보편성을 정확히 보여 주는 데 성공한 튜링에게 있어, 이와 같은 귀납은 너무 제한적인 기계의 경우에 의존하고 있기 때문에 잘못됐다고 결론짓는 것이 분명 가능할 수 있다.

그렇게 해서 튜링은 귀납 원리와 관계를 갖고 있는 두 가지 사례를 제시한다. 이 두 가지 사례에서 튜링[23]은 무의식적인 방식으로 말하고 있듯이 문제시되는 원리를 적용시키는 어린아이들을 등장시키고 있다.

화상을 입은 한 아이가 불에 덴 후에 불을 두려워하고, 온갖 화염을 피해 가면서 이런 식의 두려움을 나타날 때, 아이는 분별력 있게 귀납 원리를 적용시켜 간다. 이와 같은 귀납 원리 적용은 아이의 몸과 불 사이의 관계라는 자연 데이터에 토대를 두기 때문에 정당하다. 이런 경우 불에 관계하는 일반적인 명제 전달은 감정적 통로인 두려움이라는 간접 수단을 통해 실행된다. 그 다음으로 튜링이 지적

---

23) 튜링(1950, 448쪽)을 참고할 것.

한 것은, 귀납이 문화적 배열의 데이터에 토대를 둘 때 귀납은 실현 시키기가 더 어렵다는 것이다. 그렇게 해서 튜링은 모든 사람들이 영 어를 말하기 때문에 영국의 어린아이들은 스스로 프랑스어를 배우는 일이 어리석은 짓이라고 생각한다고 지적하고 있다. 문화적 데이터 의 경우에, 단지 개별적 내용에 불과한 것을 보편적 용기(容器)에 담 게 될 때 귀납을 통해 추출된 명제의 보편성을 무시하기는 수월해질 것이다. 영어의 경우는 다른 여러 언어 중에서 단지 한 언어에 불과 하며, 보편적인 언어가 아니다. 그렇다고는 해도 튜링이 다음에서 지적하고 있듯이 설사 이것이 어려운 기획이라 할지라도 문화 영역 에서 분별력 있게 귀납해 내는 일은 가능하다.

인류의 일과 습관은 과학적 귀납을 적용해 가는 데 잘 맞춰진 재질 이 될 수 있을 것으로 보이지 않는다. 우리가 신뢰할 만한 결과를 얻고 자 한다면 상당한 시공간적 부분에 대한 조사를 추진해야만 한다.[24]

이 두 가지 사례간의 관계는 매개가 있지 않은 것이며, 우리는 불 에 덴 아이의 경우 귀납은 정당하지만, 자신의 모국어에 대한 보편성 을 믿는 아이에게는 정당하지 않다는 것을 알 수 있다. 게다가 우리 는 튜링 기계 개념의 보편성이 확인되었기 때문에 문화적 보편성이 존재한다는 사실을 알 수 있다. 또한 이와 같은 보편성의 방식은 신 비스럽게 있으면서 얻어졌다. 실제로 불에 덴 아이의 경우와 영어의 보편성을 믿는 아이의 경우 간에 결핍되어 있는 것은, 모든 영국 학 생들에게 '카사비앙카(Casabianca)'[25]라고 이름 붙여짐으로써 아주 유

---

24) *Id.*
25) *Ibid*, 457쪽을 참고할 것.

명해진 한 편의 시를 암시할 때, 튜링 논문에서는 다른 곳에 위치하게 된다.

문제는 펠리시아 도로시아 헤만즈[26]라고 하는 한 여성이 쓴 시와 관계된다. 이 시는 프랑스인의 무훈을 통해 한 아이의 영웅적 행위를 찬양한 시이다.[27] 이 시가 이야기해 주고 있는 내용은, 1798년 이집트 원정 기간 동안 아부키르 정박지에 있는——넬슨 제독이 통솔했던 영국 함대에게 프랑스군이 패했던 곳이다——나일 강 전투 때에 프랑스 진영의 작전은 루이 카사비앙카에 의해 확보되었고, 브뤼에이데가이리에르 제독이 죽은 이후에도 그는 끝까지 계속해 싸웠다는 사실을 담고 있다. 13세 된 그의 아들 지아코모는 선박을 떠나지 않았으며, 결국 아버지와 함께 최후를 맞게 되었다. 이 시는[28] 아들이 갖고 있는 자리를 떠날 것을 요구하는 아버지, 그 아버지의 이름을 세번 부르고 있는 아들 지아코모의 용기를 보여 주는 내용을 기술하고 있는데, 아버지는 이미 사망해서 아들에게 대답할 수 없는 상황이었다. 화염은 결국 화약고까지 번지게 되었고, 선박이 폭발하는 동안 지아코모의 몸 부분은 바다에 흩어졌다. 이 시가 구성하고 있는 부족한 요소는 튜링이 부여하고 있는 두 가지 사례들을 관계 맺게 해주고 있다.

'카사비앙카'의 경우에서, 지아코모는 다른 모든 해상 근무원이나 아직도 살아 있는 병사들과 마찬가지로 선박에서 탈출해야 했을 터

---

26) Felicia Dorothea Hemans; 1793년에 태어나서 1835년에 사망했다.

27) 이는 튜링이 보여 주려는 두번째 사례가 영어와 프랑스어 사이에 있는 차이에 영향을 준다는 바를 분명히 설명해 주고 있다.

28) 전쟁 선박은 영어로 '전쟁의 남성(man of war)'이라고 말해질 수 있지만, 그럼에도 불구하고 배는 여성형이란 사실을 주목할 필요가 있다. 그러므로 여기에서 표현의 의미적 상과 통사적 상 간에는 튜링으로 하여금 시의 기억을 떠올릴 수 있게 한 이상한 혼합 형태가 존재한다.

인데, 이는 튜링이 첫번째 사례에서 말한 바와 같이 불을 두려워하는데 있는 귀납 원리를 올바르게 적용시켜 가면서 탈출이 진행될 수 있다는 사실을 말해 준다. 지아코모가 올바르지 않게 귀납 원리를 사용하고 있는 한에서 말할 수 있는가? 그렇지 않다. 그는 '불이 탄다' 라는 귀납 명제를 그것의 실제적 결과로부터 단지 분리시켜 낸다. 이는 다시 말해서 불의 접촉을 피해야 한다는 것이다. 이런 관점으로부터 지아코모는 불이 타고 있다는 사실을 알고 있으며, 불을 피하면서가 아니라 반대로 자신의 몸을 불에 내맡기면서 불이 타고 있다는 사실을 보여 주고 있다. 그러므로 그는 분명 예외적인 방식으로 귀납 원리를 적용시킨다. 하지만 원리 자체가 합당한 만큼 이 예외적인 방식은 근본적으로 기의 작용의 논리적인 면과 육체에 대한 물리적 결과의 측면을 구분하고 있다. 이는 불의 두려움에서와 마찬가지로 논리학과 물리학을 뒤섞는 귀납 원리의 일상적인 사용과는 반대되는 것이다. 그렇게 해서 귀납 원리의 적용은 육체의 희생을 겪어야 하는 상황이 존재한다. 바로 이런 간접적인 수단을 통해, 카사비앙카에 나오는 두 세대의 남성 이야기가 사례로 쓰일 수가 있다. 튜링이 말했던 '시공간의 상당 부분' 에 토대를 둔 경험은 중요한 경험이 되고, 시공간 그 자체의 마지막 경험, 즉 죽음이라는 경험이 된다.

이와 같은 모습에서 우리는 모방 게임에서 게임자들의 책략에 있는 단계와, 추상적 기의 작용에 제한되어 언어 속성으로 만들어진 아주 특별한 해석을 다시 볼 수가 있다.

무엇보다도 게임의 책략이라는 관점에서, 책략이 좋은 만큼 육체는 더 배제되어야만 한다는 것을 알 수 있다. 카사비앙카의 사례에서, 귀납 원리의 두 해석이 그것을 보여 주고 있다. 우리는 기의 작용(불이 탄다)과 육체에 가치를 보존하기 위해 기의 작용이 갖고 있는 물리적 결과(불의 접촉을 피한다)를 연결짓거나, 논리적인 면을 그것의 물리적 결과로부터 분리해 내는데, 이는 그들간의 중요한 단절을 만들어 내면서 이루어진다. 또한 육체의 희생을 통해, 우리는 보편적 가치를 취하는 메시지를 구성한다. 그러므로 여기에서 '사악한' 기계는 모방할 수 있다는 두 가지 인간적인 책략을 재발견할 수 있다. 첫째 자신의 육체를 구해 내고자 하는 여성적 책략이 그것이며, 둘째 순수한 형태, 다시 말해서 추상적인 용기(容器; contenant)를 보존하기 위해 육체를 희생해 가면서 육체로부터 빠져나오려는 남성적인 책략이 바로 그것이다.

그와 같은 방식은 게임에서 기술된 구상과 동일한 언어(verbal)의 구상을 가정하고 있다. 실제로 두번째 사례가 보여 주는 바와 같이 영국 어린아이들은 자신이 사용하는 모국어를 보편적인 언어로 생각하는데, 그 이유는 자신들의 언어 학습이 감정적 속성을 지닌 관을 통해 생겨났기 때문이다. 그러므로 모국어는 육체나 **정서(affect)**와 더불어 언어 영역에서 추상성에 대한 모든 관계를 방해하는 친밀성의 관계를 유지한다. 일개 국어를 말하는 영국 아이들은 자신들에게 특별한 내용으로 영어를 구성하게 해주는 육체와는 다른 용기를 사용하지 않는다. 왜냐하면 시의 경우에서처럼 영국 아이들은 희생을 시험해 보지 않았기 때문이다. 반대로 지아코모 카사비앙카가 희생된 경우에, 추상적 용기는 육체의 감각 관을 그 자체로 가라앉혀 준 희생이라는 간접 수단으로 인해 내용물과는 근본적으로 구분되고 있다. '희생의' 귀납법은 전체적으로 추상적인, 다시 말해서 육체로부터 박탈된 것이 되게 하는 데 있다. 이와 같이 희생을 테스트하는 일은, 선박을 떠나라는 명령을 아버지에게서 받지 않는 한 자신의 자리에 머물러 있는 지아코모의 절대적 생활 규범과 혼동된다.

'기계-정신'의 은유라는 맥락에서 이와 같은 절대적 생활 규범이야말로 보편성에 이르게 해주는데, 이는 다시 말해 튜링이 보편적 기계 개념을 창안할 수 있게 해준다. 이는 마치 튜링이 〈계산기와 지능〉 이전에 정보과학의 텍스트에서 주시했던 바와도 같다.

두뇌나 기계를 보편적 기계로 변형시키는 일은, 학문 분야에서는 가장 극단적인 형태이다.[29]

우리는 이런 학문 분야의 극단적 형태가 무엇을 닮았는지를 보았고, 튜링에게 있어서 문화적 영역 내에서 '귀납'을 보편적인 것으로까지 가능하게 해준, 튜링 기계의 구상으로부터 보편성을 추출해 낼 수 있게 했던 희생 형태의 개인적 경험이 무엇인지를 생각할 수 있다. 튜링 인생에 관한 몇 가지 세부 전기 사항을 살펴보는 일이 여기에서 필요할 것 같다.[30]

전기(傳記)를 통해 알려진 튜링의 여정

무엇보다 이미 자주 인용돼 왔던 앤드루 호지스의 방대한 연구 작업 없이, 튜링의 여정을 재구성하는 일은 불가능할 것이라는 바를 주시할 필요가 있다. 적어도 세 가지 사항을 강조할 필요가 있을 것 같다.

유배지
튜링은 식민지에서 공무원 생활을 한 줄리어스 매시슨 튜링의 막내아들이다. 줄리어스 매시슨 튜링은 옥스퍼드에 있는 코퍼스 크리

---

29) 튜링(1948, 49쪽)을 참고할 것.
30) 이 모든 전기적인 세부 사항은 호지스(1983)에서 끌어온 내용이다.

스티 칼리지에서 문학 공부를 한 후, 우선적으로 인도에 있는 마드라스와 그 인접 지역에서 경력을 쌓았으며, 이곳에 있으면서 여러 개의 지역 언어를 배웠다. 줄리어스 매시슨 튜링은 또한 존 로버트 튜링의 아들이다. 그는 케임브리지에 있는 트리니티 칼리지에서 수학 공부를 한 후, 목사가 되기 위해 수학 공부를 포기했다. 그러므로 튜링은 수학자로서의 경력을 쌓아 갈 길을 택했으며, 이는 튜링의 조부가 해온 과정을 따른 바이지만, 트리니티 칼리지에서 수학할 수 없었기 때문이었다. 그는 이 학교(트리니티 칼리지)의 입학시험에 떨어졌으며, 이듬해 입학 허가를 받게 된 킹스 칼리지로 진로를 바꾼다. 그러므로 튜링에게 있어 수학은 부친이 추구했던 방향으로 인해 입문한 것으로 볼 수 있다.

19세기 중반 무렵부터 인도에 거주한 영국의 식민지 주민 가정 출신인 튜링의 모친은 마드라스에서 태어났다. 두 가정은 영국계 아일랜드 출신이었으며, 튜링의 부모들은 더블린에서 1907년 10월 1일 결혼했다. 튜링의 부모님은 인도에서 아들을 임신하게 됐지만, 출산은 1912년 6월 23일 런던에서 하게 되었다. 그의 부친은 부인과 장남인 존——존은 1908년 9월 1일 마드라스에서 출생했다——과 영국으로 돌아올 예정으로 휴가를 활용했었기 때문에 튜링은 런던에서 출생할 수 있었던 것이다. 튜링의 부친은 부인과 두 아들을 영국에 남겨둔 채 1913년 3월까지 유럽에 머물게 되었다. 그는 3년이라는 방문 기간을 두고 간헐적으로만 영국에 들를 뿐이었다. 튜링의 모친은 퇴직하여 유모일을 보고 있는 부부 워드 씨 가정에 두 아들을 맡겨 둔 채 1913년 9월 남편과 재결합했다. 이들 부부는 영국의 남쪽 해안가에 있는 헤이스팅스 지역 옆의 바닷가 가장자리에 있는 마을에 살고 있었다. 유년 시절 전체를 볼 때 튜링은 간헐적으로만 부모와 같이 살았을 뿐이고, 항상 공동 기관에서 별도로 생활해 왔다. 기계를 만들어 내는 주제를 문제시한 '학문 분야의 극단적 형태'는 부모와——결국에는 아주 근본적이라 할 수 있는——떨어져 있음으로써 시작됐고, 튜링에게 영국이 일종의 유배지로 비춰진 것은 그리 이상한 모습은 아니다. 그것은 인도가 영국에 의해 식민지화 된 것과 역행되는 이상한 결과이다.

자연적 경이로움이라는 책

튜링 자신에 대해 말해 보면, 한 권의 책은 튜링의 유년 기간 동안을 내면 깊숙이 드러내 보여 주었고, 부분적으로 그의 학문적 자질을 결정하게 했다. 문제는 《모든 어린아이가 알아야 할 자연적 경이로움》이라는 책과 관련된다. 이 미국 책은 에드윈 T. 브루스터(1912년 뉴욕에서 발행되었다)가 썼던 것이며, 튜링이 10세 때인 1922년말경 선물로 받았었다.[31] 우리는 이 책에서 상이한 성에 대해 기술한 내용[32]과 몸체가 세포의 세분화[33]를 조작하게 되는 방식을 마치 수수께끼와도 같이 기술하고 있다는 것을 눈여겨볼 수 있다. 인간의 생성 과정에서 첫 세포의 출처를 볼 때, 자연적 경이로움이란 책은 이 주제에 대해서 어떤 상세한 내용도 부여해 주지 않았다.[34] 이 책은 최종 결과를 환기시키면서 생성 과정, 개인의 구성을 기술하고 있으

---

31) 호지스(1983, 11쪽)를 참고할 것.

32) *Ibid.* 12쪽을 볼 것. 브루스터의 책에서 가져온 다음 구절은 프랑스어 번역판에는 생략되었다: "성의 차이는 어린 소년과 소녀가 흡사해지기에는 거리가 있고, 서로로부터 재가공하려고 시도할 만한 가치가 없는 부분적 진실을 갖고 있다."

33) *Id.*: "그렇게 해서 우리는 시멘트 집이나 나무로 된 집처럼 지어진 것이 아니라 벽돌로 지어졌다. 우리는 살아 있는 작은 벽돌로 만들어졌다. 우리가 성장할 때 이 벽돌이 반(半)벽돌로 분할되고, 결국에는 완벽한 벽돌을 다시 형성해 가기 때문이다. 하지만 어떻게 그 벽돌이 변화했으며, 언제 어디서 빨리 커져 가야만 하고, 언제 어디서 천천히 커져 가야 하며, 언제 어디서 전혀 커져 가지 않아야 한단 말인가. 누구도 대답에 대해 최소한의 시작도 갖고 있지 않는 이유가 여기에 있다."

34) *Id.*

며, 처음 2개의 세포가 만난 것을 지배하는 과정을 침묵으로 지나치면서 생성 과정을 기술하였다. 책이 단지 언급했던 바는, 달걀은 수태에서 형성되는 것으로 진행된 과정을 전도시키면서, 모체의 몸에서 나온 다른 세포들을 분리시킴으로써 나왔다는 것이다. 그러므로 세포 증가는 벽돌로 된 벽이 증가하는 것과 비교되었고, 몸의 성장은 아주 복잡한 기계가 성장하는 것과 비교되었다. 그렇게 해서 **성의 생식에 대한 문제는 기계가 구성되는 문제로 변형되었다.** 이것이 정확히 튜링이 자신의 논문 〈계산기와 지능〉에서——영어 학습에서까지 '한 아이의 정상적인 교육'을 따라야 하는——기계 성장의 문제를 보여 주려 한 방식이다.[35]

튜링의 학문적 성향에서 크리스토퍼 모르콤이 행한 역할

1927년 초반부터 튜링은 자신의 학문적 이력에 상당한 영향을 미쳤던 동급생 크리스토퍼 모르콤을 알게 됐다. 튜링의 첫사랑인 (이 사랑은 상호적이지 않은 사랑이다) 크리스토퍼 모르콤은 튜링보다 한 살 많았으며, 튜링과 마찬가지로 과학의 이치 문제에 관심을 갖고 있었다. 모르콤의 관심 사항은 수학이나 화학·게임에 쏠려 있었다.[36] 이렇게 수학이라는 학문을 통해 튜링은 모르콤과 접촉하는 데 성공했다. π의 소수점 이하 36개 숫자를 계산함으로써 튜링은 오류가 발견된 자신의 연구를 친구에게 보여 주었고, 결과를 수정하게 되었다. 튜링은 모르콤과 함께 화학 실험을 하게 되었고, 수학적으로 어떤 화학적인 반응에 필요한 시간을 계산하는 데 성공하기도 했다. 이것은 학교에서의 수학 프로그램을 뛰어넘어 이들을 훈련시켜 갔다. 튜링

---

35) 튜링(1950, 460쪽)을 참고할 것.
36) 호지스(1983, 35-36쪽, 43쪽)를 참고할 것.

과 모르콤 간의 경쟁심은 과학적 이치를 바로잡는 데 있었지만, 이
것은 튜링에게 친구를 떠받들었던 사랑을 통해 학문의 질을 배로 승
화시켜 갈 수 있도록 했다.

튜링은 크리스토퍼 모르콤과의 관계에 대해 한 권의 책을 썼는데,
이 책에서 친구의 인물적 특성을 두 가지 측면에서 강조해 가고 있
다. 첫째, 모르콤은 학교 생활을 하는 데 있어 튜링보다 훨씬 뛰어났
으며, 특히 계산에서 예기치 못한 실수를 별로 하지 않았다. 둘째, 모
르콤은 자신을 따를 것을 권고하기 위해 굳이 표현될 필요 없는 아
주 엄격한 도덕적 코드를 갖고 있었다.[37] 이런 세부 내용은 모방 게임
과 연관될 때 그 의미를 가질 수가 있는데, 그 이유는 인간적인 모습
을 보이기 위해 기계가 범하는 것으로 여겨지는 예기치 못한 실수가
기계를 통해 보여진 '사악함'의 일부를 이루기 때문이다. 그러므로
튜링은 계산의 오류와 도덕성을 관련짓게 하는 방법을 찾아낸다. 하
지만 기계가 갖고 있는 완벽한 도덕은 게임에서는 새로운 형태의 타
락한 사람과도 같은데, 그 이유는 이 도덕이란 것이 계산해 나갈 때
실수하는 체만 할 뿐이기 때문이다. 그러므로 튜링이라는 기계를 만
들어 낸 사람은 지적이거나 도덕적인 자신의 '실수'——전통적인 도
덕의 코드와 관계해서 동성애는 그 중 하나이다——를 모방 게임에
완전히 드러내면서 없앨 수가 있다.[38]

튜링과 모르콤의 관계는 비극적 종말을 예고하고 있었다. 중등 교
육 과정 마지막에 이 두 명의 친구는 최고 과학학교인 케임브리지의
트리니티 칼리지에 들어가려고 입학시험을 치렀다. 앞서 언급했듯이

---

37) *Ibid.* 36쪽을 볼 것. 이 부분은 프랑스어 번역본에서는 생략되었다.

38) 컴퓨터라는 간접 수단으로 게임의 자동화를 처음 시도한 일은, 튜링으로 하여
금 일종의 불확실한 프로그램화——이는 튜링으로 하여금 '연애 편지' 형태로 '훌륭
한 시체'를 쓰게 해주었다——를 구상하도록 유도해 갈 것이란 사실을 주목해 두자.

튜링은 이 시험에 합격하지 못했고, 모르콤은 입학 허가를 받았지만 이 허가서를 적절하게 활용할 시간적 여유가 없었다. 모르콤은 감염된 우유를 마실 때 아이의 근육을 수축시키는 소결핵이 발병함으로써 1930년 2월 13일 사망했다. 이 친구의 사망은 튜링에게 결정적인 영향을 주었다. 친구가 사망한 이후 여러 번 되풀이해서 튜링은 이제부터 자신이 모르콤이 했던 경우를 따를 것이라고 썼다. 왜냐하면 이제부터 튜링은 사망한 친구가 해낼 시간이 없었던 것을 실현시키고자 하면서 친구의 학문적 소명까지도 혼자 떠맡아야 했기 때문이다.[39]

어떻게 보면 변함없는 사랑을 통해 크리스토퍼 모르콤의 학문적 소명을 성공적으로 떠맡아야만 했다. 그 사랑은 아버지에 대한 '카사비앙카'의 어린아이가 했던 것이나 할아버지에 대해——그 또한 당시에 트리니티 칼리지에 입학했다——튜링이 했던 것과도 같다. 당시로서 이와 같은 학문적 소명은 튜링이 갖고 있는 아주 특별한 믿음에 기대고 있었는데, 이 믿음은 튜링의 또 다른 학급 동료생인 빅토르 뵈텔[40]에 의해 고무된 것으로 보인 재구현에 대한 믿음이다. 재구현의 가능성은 지적으로나 신체적으로 크리스토퍼 모르콤과 전적으로 일체되는 방식을 튜링에게 제공해 주었다.

사망 후에, 튜링은 크리스토퍼 모르콤의 어머니에게 보냈던《정신의 속성》이란 책을 썼다. 이 책은 정신이 육체에서 유지되는 '메커니즘'이 육체가 죽는 순간에 부서지는 방식을 기술하고, 어떻게 육체에 결부된 정신이 일찍 혹은 늦게, 아니면 바로 발견되는지를 기술해 가고 있다. 책의 마지막에서 튜링은 왜 우리는 육체를 갖고 있고, '정

---

39) 크리스토퍼 모르콤의 부모는 아들이 학업을 했던 퍼블릭 스쿨에서 연 1회의 과학상을 재정했다. 튜링은 어떤 화학 반응의 시간 계산을 부여한 수학적 문제 해결을 함으로서 이 상을 처음 받은 주인공이 되었다.(호지스, 1983, 52쪽)

40) *Id*. 68쪽을 참고할 것.

신처럼 자유롭게 살거나 그 자체로 그냥 전달하는 일'이 가능하지 않는지에 대한 문제를 제기했다.[41] 튜링 자신은 육체가 개입하고 있는 것을 정신에 부여해 준다고 말하면서 질문에 답하고 있다.

육체의 매체 없는 이와 같은 정신 소통은 상당히 모방 게임과 흡사한데, 이 모방 게임은 육체를 정신에서 분리시킬 가능성과 후자(정신)를——컴퓨터의 몸체와 같이——원래의 육체와는 다른 육체에 연결지을 수 있게 할 가능성을 제공해 주는 것으로 여겨졌다.

마지막 전기(傳記)의 세부 내용은 튜링의 학문적 소명에 있어서 크리스토퍼 모르콤의 중요한 역할을 확인하게 된다. 모르콤의 모친은 아들이 21세가 되던 날 튜링에게 크리스토퍼의 만년필을 보냈다. 이 만년필은 크리스토퍼가 '연구 만년필(Stylo de Recherche)'이라 불렀던 발명품이다.[42] 모르콤의 모친은 자신의 아들이 소망을 이룬 인물이 될 날 이 도구를 튜링에게 주게 되는데, 이 도구는 아들이 연구한 것이 세상에 선보일 수 있게 해주었다. 여기에 물질적이면서도 정신적인 유산이 있음을 알 수 있다. 또한 상징적 행위가 되는 대다수에게 이행 과정이 있는데, 이런 상징적 행위를 통해 개개인은 어떤 전이 과정 덕에 자신의 소명에 대한 책임자가 될 수 있다. 우리는 이 만년필과 더불어 튜링이 1935년 여름 동안 논문 〈계산할 수 있는 수에 대하여〉를 썼던 사실을 생각할 수 있다.

지금까지는 은유의 핵심을 형성한 발명 자체가 아닌 '기계-정신'의 발명을 가능하게 한 조건들의 문제였다. 그러므로 발명 그 자체로 이제 되돌아갈 수 있다. 기계 개념을 발명하는 경험적 조건들에 대해 갖고 있는 유일한 지침은 로빈 간디가 덧붙였던 것이다.[43] 튜링

---

41) *Ibid.* 63-64쪽을 참고할 것.
42) *Ibid.* 67쪽을 참고할 것.
43) 간디(1988, 82쪽)를 참고할 것.

은 자신을 케임브리지에서 그랜체스터까지 가게 했던 장거리 경보 후에 휴식을 취하면서 잔디밭에 길게 누운 간디를 믿고 의지하였으며, 이때 간디는 튜링으로 하여금 1935년 여름초 〈계산할 수 있는 수에 대하여〉에서 제시되는 주된 생각을 떠오르게 한 장본인이었다. 이와 같이 있는 그대로의 추억은 개발 가능성이 없어 보인다……. 그럼에도 불구하고 우리가 주시할 바는, 경보가 튜링의 인생에서 특별한 역할을 했다는 사실이다. 실제로 튜링에게 있어 경보(도보 경주)는 성욕이라는 암시적 의미를 갖고 있는데, 그 이유는 튜링이 청년기에 자위 행위를 대체할 만한 것을 성욕의 암시적 의미에서 보았기 때문이다.[44] 나중에 튜링은 경주와 장기 게임을 결합시킨 게임을 만들어냈다. 서로 매번 공격하는 중에 상대 적이 순서대로 게임해 나갈 때까지 달려야만 한다. 이 경주는 너무도 빨라서 게임하는 사람들에게 반드시 필요한 집중력을 방해한다. 튜링은 1948년 영국에서 열릴 올림픽 마라톤 경주에 출전할 영국 팀의 일원이 돼줄 것을 타진받기까지 했다.[45] 그러므로 튜링이 자신의 창조적 여정을 품게 된 표상 속에 성 본능을 통해 하게 된 역할——모방 게임이 시합이 진행되고 있는 동안 중요성을 보여 주었던 역할——지표가 어떤 면에서 없는지를 알아야 할 필요가 있다.

2. 게임에 있는 내적 관점: 성 본능과의 관계

우리는 게임 내부에서 전개되는 관점이 게임하는 사람들의 언어

---

44) 호지스(1983, 57쪽)를 참고할 것.
45) 튜링은 허리 부상으로 이 경기를 포기했다. *Ibid.* 387쪽을 볼 것.

행동과 더불어 유지됐고, 성 차이의 해석과 더불어 특별한 관계맺기를 시작했다는 바를 주시했었다. 모방 게임에서 상당수의 은유가 시합 내부에서 전개되는 과정과 결부되었고, 우리는 이제 그와 같은 은유를 연구할 것이다.

튜링이 사용했던 은유들

튜링이 '엔지니어 팀'의 발명과 '양파 껍질' 발명과의 관계를 기술할 때, 두 가지 은유가 특별한 의미를 갖는다.

기계-정신의 창조

어떤 기계 형태를 결정할 수 있게 하는 특성을 아주 일반적인 방식으로 표현해 보려 할 때, 우리는 모방 게임에서 튜링이 말하고 있는 세 가지를 허용할 수 있다. 첫째, 어떤 형태의 공학 기술도 기계를 만들기 위해서 활용될 수 있을 것이다. 둘째, 기계를 만드는 엔지니어나 엔지니어 팀이 기계의 내부 기능을 무시한다 할지라도——기계의 구축은 상당히 경험적이기 때문이다——어쨌든 문제는 기계와 관련된다는 바를 생각할 수 있다. 마지막으로 자연 방식으로 태어난 인간은 기계에 동화되지 않을 것이다. 튜링은 이 세 가지 조건들이 서로 조화를 이루어 내기 힘들 것이라고 주시했고, 그 자신 또한 다음과 같이 이상해 보이는 사항을 주목하고 있다.

예를 들어 엔지니어 팀이 완전히 동일한 성이 되어야 하지만, 이것은 진정 만족스럽지 않을 것이라는 사실을 우리는 주장할 수 있을 것이다. 왜냐하면 인간의 피부(살갗)라고 말할 수 있는 단 하나의 세포로부터 완전한 개인(체)을 구축하는 일이 아마도 가능할 수 있기 때문

이다.[46]

이와 같은 반론을 어떻게 이해할 것인가? 동일한 성(性)을 가진 엔지니어 팀의 존재가 어떻게 기계를 구축하는 데 있어 필요 불가결한 조건으로 나타날 수 있는지를 생각할 수 있다. 결국 엔지니어들의 성은 자신들이 구축하는 것의 성적 결정화에 대해 어떤 영향을 어떤 식으로 가질 것인가? 튜링이 정신 속에 갖고 있는 것은, 생물학적 용어의 의미에서 새롭게 무언가를 만들어 낸다는 의미에서 생성이라는 바를 상정해야만 한다. 그것은 엔지니어들의 성이 창조된 것의 성적 속성을 결정하는 생물학적 생성에 관계되기 때문이다. 그러므로 엔지니어 팀 쪽에서 속일 가능성을 없애려는 데 반론이 있다는 바를 상정할 수 있다──그리고 분명 거기에 익살스런 기질이 위치해 있다──이 속임수는 자연 수정과 임신을 통해 실제로 얻어질 '기계'를 인공적인 창조로 인정하게 하는 데 있을 것이다.

동일한 성을 가진 엔지니어 팀을 형성해 가면서, 우리는 성에 관한 차이점과 모든 자연 수정과 임신 가능성을 단번에 제거할 수가 있다. 우리가 이런 가능성을 인정했다면, 증명해야 할 바──즉 기계는 인간과는 구분되지 않는다는 사실──를 전제하게 될 것이다. 그러므로 반론 내용은 성적인 차이가 신체적 층에 속하는 것의 틀에 들어간다는 것이다. 예를 들어 성적인 차이를 제거하려는 바는 인간에게만 있는 특별한 신체적 층과 연관된 모든 것을 제거하려는 일반적 계획에 있다. 그럼에도 불구하고 튜링은 자신이 반박 내용을 비판하기 때문에 거기에 머물러 있지 않고, 자신이 옹호하는 것과 같은 방향으로 간다. 왜 그렇게 하는 걸까?

---

46) 튜링(1950, 435-436쪽)을 참고할 것.

만약 엔지니어 팀이 인위적인 구성을 위해 자연 수정과 임신인 것을 속이거나 제거할 수 있다면, 문제의 팀 기능이 은유적이기 때문이다. 이 은유적이라는 말은 팀 구성원의 성적인 속성 도움 없이 태아의 점진적 구성을 생성해 내는 여성의 자궁 역할을 할 수 있도록 해준다. 그렇기는 해도 튜링에게 있어서 엔지니어 팀은 이런 역할——2개의 성이 팀 속에 나타나거나 나타나지 않는 역할——을 할 수 있고, 엔지니어만이 일을 수행해 갈 것이다. 하지만 어떻게 그런 수정이 가능하단 말인가?

위에 덧붙여 인용한 곳에서 말한 바와 같이, 튜링은 '남자의 피부세포'로부터 전체 개인을 재구성하는 일이 가능하다고 가정한다. 그러므로 튜링은 성의 차이가 나타나는 것을 보아야 하는 것처럼 **남자 피부와도 문제가 관련된다는 바를 주장한다.** 그런데 피부의 첫번째 기능은 몸의 내부를 외부로부터 분리해 내는 일이다. 우리가 단 하나의 세포로부터 완전한 개인을 재구성할 수 있다면 이미 외부, 즉 몸의 표면에 있는 것을 자궁의 깊숙한 곳에 있는 피부 속에서 찾을 필요가 없다. 그러므로 튜링에게 있어 엔지니어 팀의 성에 관련된 반론은 우리가 성의 차이를 벌려 놓고, 피부로부터 형성 과정을 통해 수정이 대체된다면 수용할 수가 없게 된다. **피부는 일상적으로 성 본능에 부여된 역할을 피부 그 자체를 통해 행하게 된다.**[47]

피부의 단일 세포로부터 개개인을 구성하는 일은, 어린아이들의 자연 생식과 기계의 인공적 구성 간의 비교를 함으로써 이상한 관계를

---

47) 우리가 처음에 가정할 수 있던 것과는 반대로, 튜링은 책의 흐름에 따라 여러 번에 걸쳐 피부를 암시하고 있다. 나는 다음과 같이 셀 수 있는 논문 글을 29쪽에 걸쳐 피부에 대해 암시해 주고 있는 내용을 보여 주었다: (1) 434쪽, 27번째 줄; (2) 436쪽, 1.3; (3) 448쪽, 1.8; (4) 453쪽, 1, 11; (5) 454쪽, 1.37; (6) 456쪽, 1.38; (7) 457쪽, 1.17.

유지하게 된다. 그와 같은 구성 또한 경계면(인터페이스)의 위상을 갖고 있는데, 그 이유는 다른 2개의 생성 양식과 관계해서 중앙부에 있기 때문이다. 그렇게 해서 두 가지의 창조 형태가 존재할 수 있는데, 이는 피부 개념과 관계해서 이 형태들이 차지하고 있는 위치에 따른 것이다. 첫번째 창조 형태는, 여성의 내부를 통해 가능하게 되었다. 두번째 창조 형태는, 남성의 피부를 통해 가능하게 되었다. 그렇게 해서 창조된 개체들은 자연 생식의 경우에는 남성적이거나 여성적이며, 인공 생식의 경우에는 남성적이다.

이와 같은 해석이 정확하다면, 튜링이 했던 것과 같이 독자가 게임──피부와 동일한 **인터페이스**의 위상을 갖고 있기 때문에──내부와 **동시에** 외부 위치를 모방 게임에서 채택해야 하는 이유를 진척시켜 갈 수 있게 해준다. 튜링이 한 전제에 따르면 여성──단일어를 사용하는 영국의 어린아이들처럼──은 남성이──지아코모 카사비앙카가 불로 인해 자신의 피부를 태워 희생한 것처럼──이따금 이를 수 있는 바와는 반대로 게임 외부를 인식할 수 없다고 한다. 그러므로 내적 관점과 외적 관점 간의 차이는, **남성이** 컴퓨터와 같은 기계를 만들 때 추월하게 되는──기계의 이해력은 성적 차이의 경계면이 될 때부터 위치하게 된다──성의 차이라는 두 관계 사이의 차이를 가리키기도 한다. 그렇게 해서 피부는 기계를 만들어 내는 일과 더불어 배제되지 않지만, 반대로 성적인 결정화를 내포하는 특별한 관계를 유지한다. 그러므로 기계-정신의 창조는, 이 두 용어가 **공동의 피부**라는 중개물을 통해 관계되기 때문에 상상할 수 있게 된다. 어떻게 이와 같은 공동의 피부라는 중개물을 특징지을 것인가?

기계-정신의 몸

튜링은 이와 같은 공동의 피부를 은유의 중개물, 다시 말해서 그가 다음과 같은 표현 양식에서 기술하고 있는 '양파 껍질'이라는 은유의 중개물을 통해 특징짓고 있다.

양파 껍질의 유추는 마찬가지로 유용하다. 정신이나 두뇌 기능을 고려하면서, 우리는 순전히 기계적 관계로 설명할 수 있는 몇몇 연산 작용을 발견할 수 있다. 우리는 이런 것이 진정한 정신에 상응하지 않는다고 말한다. 진정한 정신을 찾아내려 한다면, 우리가 벗겨내야 할 것은 일종의 피부(껍질)이다. 하지만 남아 있는 것에서, 우리는 벗겨야 할 다른 피부를 찾아낸다. 그런 식으로 행해 가면서 우리는 '진정한' 정신에 언젠가 도달하게 되거나, 어떤 것도 담고 있지 않은 피부에 결국 이를 수 있게 되는가? 이 마지막 경우에서, 모든 정신은 기계적이다. (그렇기는 해도 그것은 이산적인 상태의 기계가 아니다. 우리는 이 부분에 대해 논의했다.)[48]

이와 같은 '최초'의 피부(껍질)는 두 가지 대조적인 특징을 갖고 있다. 무엇보다 이 피부는 내용물 없는 용기이며, 튜링은 정신과 기계 간의 완벽한 동일성을 이 용기에서 추출해 내고 있다. 하지만 다른 한편으로, 이에 대조적인 특징은 원래 피부가 기계 장치의 영역을 넘는 것만큼이나 알려지지 않은 채 있다.

첫번째 특징은, 피부의 경계면 위상을 명확히 할 수 있게 한다. 텍스트 안에 있은 후에 이 마지막 피부의 문신 넣기가 내용물 없는 용기에서까지 피부를 벗기는 일에 거의 즉각적으로 상응한다. 실제로 튜링은 다음과 같이 밝히면서 메커니즘과 문자를 연결시키고 있다.

---

48) 튜링(1950, 454-455쪽)을 참고할 것.

메커니즘과 문자는 우리의 관점에서 볼 때 거의 동의어이다.[49]

그렇게 해서 문자는 항상 너무 물질적이지만 충분히 정신적이지 않은 가능한 모든 내용물로 대체된다. 보편 기계가 갖고 있는 보편성은 더 많은 문자를 통해 계산의 복잡성을 항상 일시적으로나마 대처할 수 있다는 사실에 관계된다는 바를 상기하자.

'최초'의 피부에 대한 두번째 특징은, 첫번째와 반대 양상을 보인다. 기계 장치에서 이산적 상태의 기계에 의해서, 다시 말해 컴퓨터에 의해서는 취급될 수 없음을 튜링은 암시하고 있다. 이산 상태의 기계에 대해 실행할 수 있는 과정에 속하지 않는 것을 어떻게 '기계 장치'라고 명명할 것인가? 튜링은 이 실행할 수 있는 과정이 이미 논문에서 문제시됐었다고 말한다. 실제로 어느곳에서도 실행될 수 있는 과정이 문제시되지 않고, 여기에서 기계 장치를 넘어서의 미묘한 문제는 암시적 간과법을 사용하여 취급되었다. 이미 기계 장치에 대해 말했기 때문에 튜링은 비기계 장치로 확인된 것의 문제를 과거의 상태로 간주하도록 하고 있는데, 그것의 기원은 엔지니어 팀의 모습이 마찬가지로 간과법을 사용해서 말했던 수정 행위만큼이나 신비스럽게 남아 있다. 이와 같이 신비스런 모습의 기원은 튜링이 언어를 만들려는 착상에서 찾아진다. 튜링이 주시한 바는, 자연어가 기계 학습을 위한 적절한 학습 경로가 아니며, 형식어라는 매개물을 사용해서 기계어와 소통해야 한다는 것이다.

어떤 면에서, 우리는 내부에서(혹은 오히려 '내부에서 프로그램화된') 구축된 논리적 추론의 완벽한 시스템을 가질 수 있을 것이다. 그 이유

---

49) *Ibid.* 456쪽을 볼 것.

는 기계-어린아이가 디지털 컴퓨터에 프로그램화될 것이기 때문이다. 하지만 논리적 시스템은 습득되지 말아야 할 것이다.[50]

이와 같이 논리적 언어(문자 형태의 언어)의 기원은 명시화되지는 않았다. 형식 문자는 그 자체로 정해질 수 있는 출처를 갖고 있지 않은 **비물질적인** 커뮤니케이션 수단이다.

튜링의 생을 통해 우리가 기술해 왔던 양식에 비춰볼 때, 그로 하여금 기계-정신의 구도를 만들어 내게 만들었던 문제를 생각해 볼 여지가 여전히 남아 있다.

튜링이 사용한 은유의 기원에 있는 환영

튜링에게만 있는 환영과 관련하여 두 가지의 주목할 만한 사항은 기계-정신의 은유를 창안하는 데 관계하면서 행해졌다.

피부의 희생과 단위 생식의 환영

우리는 피부가 모방 게임의 발전에 있어 매우 특별한 역할을 한다는 바를 이미 주목했으며, 여기에서는 튜링의 생애와 연관된 몇 가지 에피소드를 설정하는 데 만족할 것이다.

첫번째는 튜링이 의학적인 이유로 해서 할례받은 사실과 관계된다.[51] 튜링은 자신이 이런 행위를 한 것에 대해 이후 상당히 후회를 했고, 이 행위가 부분적으로 자신의 성 본능과의 관계를 결정지었던 것으로 보인다고 말했다. 의학적 행위인 할례는 희생의 속성을 갖는

---

50) *Ibid*, 457쪽을 볼 것.
51) *Ibid*, 77쪽을 볼 것. 호지스는 이 사건의 날짜를 쓰고 있지는 않다.

상징적 행위가 되었다. 튜링에게 할례는 '카사비앙카'의 시에서 상기한 바와 같이 피부의 온전한 상태를 훼손하는 것으로 보인다. 11세의 튜링이 1923년 2월 11일 자신의 부모님에게 보내는 편지에서 이 시를 암시했고, 자신이 발명한 것——이것은 이야기에 상응하는 이미지를 그려낸 연속적인 16개의 이미지 리본 형태로 필름을 구성하는 데 있다——중 하나와 그 시를 관계짓고 있다.[52] 하지만 묘사된 이야기는 '카사비앙카'의 시에 나오는 이야기가 아니라 '카사비앙카'를 패러디한 이야기이다. 이 패러디에 대해 잠시 강조하고 지나야 할 필요가 있다.

카사비앙카 시는 영국 교육 시스템에서 다소 이상한 결과를 갖고 있었다. 오늘날까지 초등학생들 세대가 암송하고 있었기 때문에[53] 우리는 일반적으로 원래의 시와 시인 이름을 망각하기도 하지만, 반면에 시로부터 수많은 패러디 운문을 대략적이거나 노골적인 음조로 종종 만들어 낸다.[54] 튜링이 인용하고 있는 바와 같이, 패러디 시 〈소년은 차 테이블을 붙잡는다〉는 그러므로 튜링의 부모들이 확실히 알고 있는 초등학생들 전통의 일부이며, 튜링이 자신의 편지 속에 결부시킨 것이 암시적 의미가 아닐지라도 이런 패러디 장르에 있는 성의 암시적 의미의 일부가 된다. 어쨌든 튜링이 살펴본 필름 구

---

52) 사랑하는 부모님, (…) 개별[필름]에 16개의 이미지가 있고, '카사비앙카'로부터 만들어진 노래 〈소년은 차 테이블을 붙잡았다〉는 것을 내가 그려낼 수 있다는 사실을 알게 되었습니다.(호지스: 1983, 13쪽)

53) 튜링은 이와 같은 암송 학습을 〈계산기와 지능〉에서 암시하고 있다. 튜링(1950, 457쪽)을 참고할 것.

54) 나는 여러 다른 것 중에서도 다음과 같은 패러디 한 구절을 인용하겠다:
'소년은 불타고 있는 다리 위에 있고
그의 발은 물집으로 덮여 있네.
소년은 아랫부분까지 자신의 긴 잠옷을 찢었고,
누이의 긴 잠옷을 걸쳐야만 했는데……'

성은 튜링만이 갖고 있는 희생의 생각과 성 본능의 문제를 관계짓고 있는데, 이는 시의 패러디화된 이야기 칸을 통해 나타나 연속 상태로 분할하는 기계 구성 덕분에 이루어진다. 그러므로 피부는 필름의 리본을 중개로 한 기호 그 자체이다. 피부 표면의 온전한 상태를 되찾는 일은, 할례에서 확인된 이런 온전성의 상실에 부여된 의미의 이야기를 나타내는 기계를 만듦으로써 행해진다. 튜링이 모방게임에 대해 성찰함에 있어서 '카사비앙카'의 경우를 예로 들고 있다는 사실은, 이 시의 의미심장함과 튜링 기계의 창조[55]에 부여해 주는 기의 작용에 따른 패러디의 의미심장함을 보여 준다. 거기에 튜링 기계의 첫번째 요소들 중 하나, 그리고 그 기계의 무한한 리본, 해결된 과정 덕택에 망가진 육체의 온전함을 재발견할 수 있는 칸들이 관계하고 있는가? 그것은 불가능한 일이다.

튜링의 과학적 경력의 다른 극단에 있는 또 다른 사실은, 분명 피부의 희생 역할과 이 역할에 반응할 수 있는 방식과 결부될 수 있다. '형태발생의 화학적 기반'[56]을 연구하기 위해, 튜링은 히드라[57]의 경우를 선택한다. 히드라는 민물의 폴립이며, 그것의 가장 눈에 띄는 특성은 여러 체형 중 하나가 절단된 이후에도 재생될 수 있다는 데 있다.

튜링 자신이 말하기를, 히드라의 경우가 자신의 이론적인 모델과 가장 흡사하고, 이 주제에 대해 아주 특별하게 주장하고 있는 그의 모습에 비춰볼 때, 문제는 단순 사례에 결부되지 않지만 튜링이 자신의 모델을 일반화시켰던 경우와 관계된다고 가정할 수 있다. 이와 같은 일반화는 후에 새로운 촉수가 나타날 점들을 수학적으로 기술

---

55) 튜링(1950, 457쪽)을 참고할 것.
56) 튜링(1952)을 참고할 것.
57) 제3장의 §3.1.2: 사례들을 참고할 것.

하는 데 있었다.[58] 더 일반적으로 모델은 동물들의 털에 있는 점들이 나타나는 사실을 기술할 수 있게 해준다. 동물의 털가죽을 지칭하기 위해 사용되는 영어 단어 중 하나는 'hide' 이다. 동일한 용어에 상응하는 동사는 '숨겨지다' 라는 의미를 갖고 있다. 이것은 언어와는 다른 접촉 부재로 인해 두 가지 성 중 하나에 속해 있다는 바를 감추려는 것과 같은 모방 게임의 본능적인 힘이 아닌가?

그렇게 해서 튜링은 히드라를 구상하는 일에 관심을 갖는데, 이 관심은 체내 수정을 하지 않고 재생을 생각해 내는 데 있다. 피부에 있는 점들은 이에 대해 증명해 주고 있다.[59] 히드라의 경우로부터 만들어진 형태발생학적 모델의 일반화에서 우리는 거세의 환영을 읽을 수 있고, 동시에 거기에서 빠져나올 수 있는 방법이 수긍할 만하다는 것을 읽어낼 수 있다. 히드라 몸의 재생은 몸의 재생을 통해서가 아니라 몸의 내부와 외부 간의 인터페이스 역할을 하는 피부의 재생을 통해 행해진다. 그렇게 해서 히드라 피부의 재생은 정보 처리 모델화의 상징적 양상이라는 관점에서 특별한 관심을 갖게 될 것이다. 그 이유는 특히 우리가 튜링 기계식 사고가 담고 있는 초기 출처 중 하나에 대해 주시했던 바와 같이, 순수하게 정신적 관점에서 기계는 히드라가 몸을 움직이도록 하는 역할——즉 표면에서부터 발전된 형태들의 구성——을 하기 때문이다. 그렇게 해서 우리는 정신과 육체

---

58) 튜링(1952, §11, 32쪽)을 참고할 것.

59) 게다가 이런 환영의 형태가 튜링에게만 있는 것이 아니지만, 서양의 문화사에 문제의 일부가 남아 있다는 사실을 주목하는 일은 유용하다. 왜냐하면 우리는 그로부터 키플링(Kipling)의《그렇게 된 역사 *Histoires comme ça*》에서만큼이나《창세기》(XXX, 37-41쪽: 야곱은 라반이 갖고 있는 짐승 무리를 밑에 작은 줄이 쳐져 있고, 얼룩이 있으며, 반점이 있도록 하기 위해 흰 막대기 앞에서 이 짐승 무리를 교미시킨다)에서도 흔적을 찾을 수 있기 때문이다. 키플링의 역사서는 모음집인데, 이 책 속에서 새로운 것 중하나는 동물들의 털 위에 있는 점들이 있는 이유를 명확히 겨냥하고 있다는 것이다.

의 정보 처리 모델 발전이 동시에 발생하는 양상을 목격하게 될 것이다. 이와 같은 모델의 상징적 목적은 단위 생식의 가능성, 즉 성적인 차이를 대충 그려낼 수 있는 가능성을 보장해 주게 될 것이다.

여성에 대한 불신

자연어에 할당된 역할과 여성에 관해 튜링 보고서가 관계하는 다른 사실들을 결부시켜야 한다. 이들 사실들은 모방 게임에서 상당 부분 여성이 했던 역할을 설명할 수 있다.

언어와의 관계에 관해 우리는 튜링이 전쟁 동안 블레칠리 파크에서 보냈던 기간을 참작하여 해볼 수 있다. 해독 작업은 전쟁 전 폴란드 수학자들이 시작했으며, 그들이 사용했던 해독 방식은 왜 '여성적'인지, 연구가 기제화되었는지는 알지 못하고, 불려진 글자를 반복하여 식별될 수 있도록 코드화된 메시지를 발견한 것에 의존했다.[60] 전쟁 중 독일군이 실용화한 부호화가 계속해서 복잡해짐에 따라 새로운 방법이 필요했다. 튜링은 이렇게 실용화된 부호화 중에서 최고의 방법을 찾아냈다. 이 방법은 반복의 **기제화된 인식**만을 수행하는 것이 아니라, 엄청난 조합 파열의 문제를 한정시키면서 양립할 수 없는 반복의 **제거를 기계적으로 수행**하는 데 있다.

암짝 글자들간의 모순을 찾아낼 수 있는 기계를 만들면서 부호화할 기계를 통해 포착된 외양적 모습을 재구성하는 방법이 있었다. 다시 말해서 겨우 자연어를 지각할 수 있는 흔적인 암짝의 글자와, 상대 기계에 의해 포착된 **신체적** 위치 간의 관계를 만드는 일이 가능했다. 여기에서 우리는 질문자가 암호화된 메시지와 신체적 기층 간의 관계를 확립해 내야 하는 모방 게임과의 유사점을 볼 수 있다. 여성

---

60) 제1장의 §2.4.1의 '암호학'을 볼 것.

적인 책략에 관해서, 여성이라는 바를 반복하면서 자신의 분신에 대한 진실을 말하는 데 있다는 것을 우리는 기억한다. 분명 암호학에 대한 튜링의 연구 작업에는 신분을 **반복**하면서 진실을 말하는 것이 여성에 있을 거라는 모방 게임의 전제가 되는 근거가 있다. 같은 시기 1941년 봄에 튜링은 블레칠리 파크에 있는 암호학 그룹의 유일 여성 수학자인 존 클라크와 약혼했다. 튜링은 8월말 자신의 약혼식을 파기했지만 약혼자와는 계속하여 우정 관계를 유지해 갔다.[61]

우리는 전쟁 기간 동안 튜링이 연구한 다른 에피소드를 그가 언어의 속성에 대해 구상한 내용과 분명히 결부지을 수 있다. 1943년 3월 미국에서 돌아온 후, 튜링은 전쟁이 진행되는 마지막 주에 실용 가능할 수 있게 된 인간 음성을 암호화한 기계를 만들었다. 〈계산기와 지능〉에서 튜링이 기술하고 있는 기계 학습에 따르면, 자연어는 정서에 연결되었기 때문에 너무 **물질적인** 커뮤니케이션 수단으로서 고려되었다는 바를 상기할 수 있고, 자연어를 논리적 속성의 추상적 언어로 대체할 수 있는 이점이 있다는 바를 상기할 수 있다. 그의 기계를 통해 가능하게 된 인간 음성의 소멸은, 지나치게 말의 물리적인 상에서 멀어진 것으로 해석될 수 있다는 것을 배제하지 않는다. 튜링의 암호 기계는 형식어를 산출하지는 않지만, 더 이상 자연어와는 아무 관계없이 연속되는 속삭임을 산출한다. 튜링은 자신의 기계를 '들릴라' 라는 성서의 인물에서 차용하여 불렀는데, 그 이유는 기계가 '인간을 배신했기' 때문이다.[62] 거기에서도 여전히 모방 게임의 문

---

61) 컴퓨터를 작동시키는 일과 관계될 때 여성들은 하위직에 한정됐다는 바를 주목할 필요도 있다. 1947년 2월 런던수학협회가 개최됐을 때, 튜링은 컴퓨터에 펀치 카드를 넣을 사람은 '여성' 이라고 전혀 예견하지 않고 청중에게 언급한다. 내가 가정하는 바, 문제의 '여성들' 은 전쟁기의 레미니슨스(학습 직후보다 몇 시간 후에 재생 결과가 좋아지는 것)이다. 이 기간에 블레칠리 파크에서 임시 직원들은 **WRENS**(왕립 해양의 여성 부서; Women's Royal Navy Service) 단체의 구성원이었다.

제는, 물질과 형식 간의 중간적 위치를 차지하는 인간 음성 암호기를 아주 수월하게 찾아낼 수 있다.

성적 차이의 평가에서 화학의 역할

마지막으로 튜링이 화학의 역할을 만든 것으로 보이며, 자신의 자살과 결부된 해석에 연관성이 있는 상당수의 사실들을 언급할 필요가 있다.

1951년 동성애자라는 범죄로 인해 받게 되었던 비난, 그리고 영국 암호국 상담역으로 계속 일해 가는 데 방해를 받게 된 이 범죄는 결국 여성 호르몬 주사를 투여하게 했다. 이 호르몬 투여는 내적 균형을 변화시키면서 튜링의 동성애를 사라지게 해줄 것으로 추정된다. 호르몬 투여는 일시적으로 튜링을 무기력하게 만들었으며, 가슴 또한 커지게 했다.[63] 튜링은 '보호 관찰' 기간인 1953년 2월부터 3월까지 호르몬 투여를 받았는데, 이 기간은 분명 냉전이라는 특수한 상황과 결부되어 있었기 때문에 경찰이 감시하고 있었다. 튜링은 1953년 4월이 돼서야 완전한 자유를 되찾게 된다.[64] 1년 후인 1954년 6월 7일 저녁 튜링은 전에 약간의 시안화물에 담가 놓은 사과를 먹고 자살했다. 튜링이 매일 밤 잠들기 전에 사과를 먹는 습관이 있었다는 사실[65] 이외에도, 자살을 한 상황과 특별히 자살하는 데 사과를 사용했다는 사실은 여전히 상징적 속성을 갖는 것으로 추정된다.

무엇보다 크리스토퍼 모르콤은 계속되는 중독 증세로 죽었으며, 튜링은 분명 이 병을 잊지 못하고 있었다. 이 병은 튜링이 엽서(葉序)

---

62) 호지스(1983, 273쪽)를 참고할 것.
63) *Ibid.* 473-474쪽을 볼 것.
64) *Ibid.* 486쪽을 볼 것.
65) *Ibid.* 279쪽을 볼 것.

에 영향을 미치는 형태발생학적 연구에서, 성장을 저해하는 물질을 스르로 '독극물'이라 불렀던 것이다.[66] 이런 중독에는 다른 독살——튜링이 1937년 10월에 보았던《백설 공주와 일곱 난쟁이》라는 영화에서 서술된 독살——에 대한 환영을 확증하는 것이 분명 있었던 것 같다. 이 영화 장면은 특별히 독살 장면을 드러내고 있고, 그 장면에서 백설 공주의 계모는 양딸에게 이전에 독이 들어 있는 탕 속에 담가 놓았던 사과를 먹여 죽이려고 한다. 계모가 읊었던 시구는 마녀만이 갖는 악의적 표현을 갖고 있으며, 다음과 같다.

거품 속에 사과를 빠뜨려라, 잠들게 하는 죽음의 신이 그곳에 스며들리라.

튜링은 이 시구를 한없이 계속 부르는 습관을 갖고 있었다.[67] 튜링이 모친이 아닌 유모에게서 양육됐다는 바를 생각할 때, 우리는 백설 공주의 마녀가 문제의 유모, 혹은 심지어 확대해서 말해 본다면 백설 공주의 진짜 모친이 아닌지를 생각할 수 있다. 그러므로 독은 몸의 외부에 위치해 있는 경우에만 연구 대상이다. 만약 독이 몸 내부로 옮겨졌다면, 그것은 이기려는 마녀를 죽이려는 의도이다. 이와 같이 외부에서 내부로의 이행 과정은 화학과 성의 영역에서 직접적으로 관계를 갖게 된다. 그렇게 해서 여성 호르몬을 투여받은 튜링의 유죄는 동일한 문제에 속한다. 문제는 몸의 외부에서 내부로의 전이 과정을 통해 성적 기의 작용을 갖고 있는 화학적 요소의 몸 안에 위협적으로 난입하는 것에 관계된다. 튜링의 합법적인 유죄는 정보

---

66) 튜링과 리처드(1953-1954, 98쪽)와 제3장의 §: 3.2.2: '반응-확산 모델의 적용'을 참고할 것.
67) 호지스(1983, 149쪽과 489쪽)를 참고할 것.

처리 모델과 형태발생학적 모델에서 기술된 바대로 생성을 꿈꾸고 있는 그만의 죄와 공명할 수 있다. 마찬가지로 이런 관점으로부터, 모두가 알다시피 사과는 유대 기독교적 전통에서 상당히 상징적인 과일이라는 바를 주목해야 한다. 왜냐하면 실제로 유대 기독교적 전통에서 볼 때, 지상의 낙원에서 쫓겨나게 했던 선악과를 먹고 아담은 신을 대신하려 했기 때문이다.

마지막으로 튜링은 자신의 마지막 휴가를 정신분석학자와 가족이 있는 시골에서 보냈다는 사실을 언급해 보자.[68] 이들은 항상 장터에서 열리는 축제 장소인 맨체스터의 블랙풀에 일요일을 보내러 갔다. 거기에서 튜링은 점쟁이 '지탄 여왕'과 상의하러 갔던 반면, 그린바움 추종자들은 밖에서 튜링을 기다렸다. 상담은 30분 정도 소요되고, 튜링은 상담한 후 창백해져 나왔고 말할 수가 없었다. 튜링은 그들을 다음날 떠나왔고, 다음 토요일에 그들에게 전화했지만 통화는 되지 않았다.

이틀 후 1954년 성신강림대축일 월요일에 튜링은 자살했고, 그의 나이 42세였다. 신학적인 관점에서 성신강림 대축일은 12사도들의 성령강림을 추모하는 날이다. 개인적인 관점에서, 성신강림대축일은 튜링에게는 크리스토퍼 모르콤과의 추억과 결부되어 있다. 그가 선호하는 찬송가는 성신강림대축일의 주제였다.[69] 며칠 전 튜링은 다음과 같이 격언이랄 수 있는 카드를 간디에게 보냈다.

---

68) 1952년말 튜링은 독일에서 추방된 융 학파의 정신분석학자 프란츠 그린바움(Franz Greenbaum)과 정신분석학적 치료를 시작했다. 튜링은 이 치료 과정에서 자신의 모친에 대해 상당한 적개심을 발견한 것으로 보인다. 정신분석학자와의 관계는 순수하고 단순한 우정으로 지식의 폭을 발전시켜 간 것으로 보인다.(호지스, 1983, 480-481쪽)

69) 하지스(1983, 76쪽)를 참고할 것.

과학은 미분 방정식이다. 종교는 한계에의 조건이다.[70]

   종교 축제이며 동시에 튜링 자신의 친구가 사라진 추억이 혼재해 있던 이 '영(靈)의 월요일'은 튜링에게는 숙명적이었던 것으로 보인다.

---

70) 제3장의 들어가는 말을 참고할 것.

3

정신의 과학

우리는 두 가지 주제로 우리가 해왔던 분석 결과를 다시 모아 볼 수 있다.

1. 인식론적 관점

우리가 이전 장에서 주장했던 바와 같이, 사고나 육체의 수학-정보 처리식 모델화가 튜링에 의해 **계산할 수 없는 것의 기계론적 위상** 문제에 대한 답으로서 구상됐다라는 사실에 동의한다면, 동일한 방식으로 모방 게임이 제기하는 바와 같이 성의 차이에 대한 정보처리식 시뮬레이션 프로젝트를 구상하는 일이 가능하다. 문제는 사고와 육체에서 **창조** 문제를 만들어 가는 작업에 관계될 터인데, 이는 창조가 형태의 산출이라는 범위 내에서의 일이다. 계산할 수 없음의 위상도, 성의 차이에 대한 위상도 결정적으로 해결되지 않았다는 바는, 튜링이 우리에게 세계와의 관계에 대해 제공해 주는 표현의 불확실한 모습을 증명해 주는 것이다. 그와 같은 주목은 정신과학을 만들어 가야 하는 발상에 대해 중요한 사항이다.

2. 철학적 관점

과학에서 생겨난 존경심

튜링의 유연성(有緣性; motivation)이 증명하는 바와 같이, 은유의 상징적 역할에 관해 내가 제시했던 형태 분석 때문에 과학자는 분명 충격을 받게 될 것이다. 내가 생각하건대, 과학자들의 불평은 다음과 같은 방식으로 표현될 것이다. 과학자는 내가 과학에 대한 존경심을 제대로 갖고 있지 않다고 말할 수 있다. 또한 심리적 속성을 고려하는 일은 개념적인 상을 훼손하면서 과학의 가치를 최소화하거나 심지어 파괴하는 것과 다른 그 어떤 목적도 갖지 않음을 말할 수 있을 것이다. 나는 그것이 내가 갖고 있는 의도가 아니었다고 말할진대, 그 이유는 **속임당하는 일을 피하기 위해 창조자의 개인적 환영이 어디에 위치하는지를 아는 편이 더 낫기** 때문이다.

우리가 몰두하고 있는 경우에서, 튜링의 무의식적인 유연성(有緣性)을 인정하지 않고 매우 자주 우리가 하고 있는 것처럼 모방 게임의 논증을 되풀이하는 일은, 튜링의 **환영을 완전히 쫓아내면서** 인공지능의 프로젝트——반대로 이 프로젝트는 과학의 일반성에 분명히 이를 수 있기 위해 개별적으로 남아 있어야 한다——에 찬성 혹은 반대하도록 한다. 튜링 프로젝트의 인식론적 평가 척도는 이런 대가를 치르는 데 있다. 그렇게 해서 인지주의라는 깃발하에 포함시킬 수 있는 '튜링의' 정신 이론은, 이론이 **원래 출현한 데 대한 동기를 설명할 수 없다**는 사실을 주시할 수 있게 한다. 그 이유는 이와 같은 출현이 인지주의가 타당성을 인식하지 못하는 정신분석학적 속성의 개념들을 채택하고 있기 때문이다. 그것은 분명 내가 사고와의 상호 작용에 있는 성 본능, 육체, 언어와 관계해서 내세웠던 개념들이다. 거기에는 본래의 인지주의 발생을 설명할 수 없는 것으로 보이는 맹목적인 문제가 있다.

우리는 튜링이 밝혀낸 개념들이——심지어 개념은 개념일 수 있기 때문에——이 개념들을 착안해 낸 사람과는 별반 **문제없이** 독립된 것이라고 주장할 수 있을 것이다. 게다가 정보과학자나 생물학자는 고안자의 심리학적·의식적·무의식적 삶을 알지 않고도 '튜링기계'의 개념이나 '튜링 구조'의 개념을 오늘날 실제 사용할 수 있다. **하지만 개념들은 전혀 문제없는 개념들이 아니다.** 지금 경우에 힐베르트가 구축한 문제를 개념적인 형태로 수용하면서, 튜링은 더 초기적이고 더 개인적인 내용——반대로 나는 내용이 항상 존재했다는 바를 보여 주었다——으로부터 새로운 개념적 표현을 발전시킨다. 그러므로 나는 개념을 '심리화'하려 하지 않는다. 하지만 나는 **개념적인 구상에서 심리학적인 것이 어디에 관여했는지를** 보여주고자 했다. 그 이유는 개인들과 더불어 과학은 개인이 **어떻든간에** ——하지만 항상 개인과 **더불어**——구상되기 때문이다. 튜링이 사용했던 은유들이 개인적인 것이라면 은유의 역할은 그렇지가 않다. 바로 그런 이유로 과학에서 생겨난 존경심은 내가 알고 있는 한 과학을 구현시키는 개인을 제외하고는 존재하지 않는 사고에 대한 존경심을 겸해야 한다.

개념 구성의 과학으로서 정신과학

구상자가 갖고 있는 사고의 일반적인 개관을 작성할 때, 분명 구상자의 정신적 흐름을 기술하는 지엽적인 관심 사항이 있고, 이런 관점으로부터 튜링이라는 인물과 그의 삶, 그의 앙가주망에 대해 우리가 알고 있는 것을 정당하게 평가할 필요가 있었다. 그러나 튜링 심리학의 심오한 원동력을 보여 줘야 할 일반적인 관심 사항이 특별히 존재한다. 그 이유는 정신의 일반적인 이론을 착상하는 작업에 이용할 수 있거나, 적어도 과학자들의 정신적 삶이나 일반적으로 과학을 착상하는 작업을 대상으로 하는 연구에 이용할 수 있는 이런 데이터를 우리가 소유하는 일은 상당히 드물기 때문이다.

이런 관점으로부터 독자는 다음과 같은 질문을 당연히 제기할 자격이 있다. 개인의 환영은 각자의 과학적 창조에 참여할 수 있는가, 혹은 반대로 창안하는 데 사용되는 인지 메커니즘을 분리시키기 위해 그런 환영을 제거시켜야 할 필요가 있는가? 내가 튜링의 경우를 판단할 수 있는 한, 상호 주관적 관점으로부터 나중에 구성된 과학이 창조의 개인적 상을 간직하지 않는다 할지라도 환영은 과학적 창조에 관여한다. 하지만 상당수의 과학자들이 공유했던 그런 태도는 마찬가지로 과학을 **구성 자체 내에서** 연구할 수 있음을 전제로 하며, 이런 연구가 과학의 일부를 이루기도 한다. 문제는 정신과학이라는 아주 특별한 과학과 관계된다. 정확히 말해 그 이유는 바로 **이 개념들이 공들여 만들어졌을 때마다,** 하지만 반대로 **이 개념들이 만들어지는 범위 내에서** 정신과학은 바로 개념들의 이론이 아니기 때문이다.

바로 이러한 관점이 이번 장을 살피면서 내가 서술해 왔던 내용들이다.

결 론

간디와 함께 있던 날, 튜링은 프로이트 이전에 성 본능을 말하는 일이 어떻게 가능했는지를 생각했다…….[1]

같은 방식으로 튜링의 저서는 정보과학이 도래하기 전에 무엇이 과학의 상태가 될 수 있었는지를 오늘날 생각할 수 있는 가능성을 터 준다. 튜링까지는 이질적이었던 과학적 영역을 공개되지 않은 방식으로 연결해 왔던 튜링만의 심오한 독창성은 이런 관점에서 볼 때 이론의 여지가 없다. 그렇게 해서 아직은 이름을 결정적으로 확보하지 못한 새로운 과학의 자격을 튜링에게 부여해 줄 필요가 있는데, 이에 속하는 분야들은 인공지능, 인지 체계의 모델화, 생명정보과학 등이 해당된다. 이름이 어떻든간에 새로운 과학이 갖고 있는 위상은 논리학과 생물학을 서로 관계 맺어갈 수 있게 해주었다.

17세기 갈릴레이는 처음으로 수학과 물리학의 물질계를 다른 식으로 관계짓기 할 수 있는 밑그림을 그려낼 것을 제기했다. 데카르트 철학은 이와 같이 관계짓기 문제에, **신의 진리 속에 있는 형이상학 원리를 통해** 답해 주었다.

논리학과 생물학을 관계짓는 오늘날의 문제에 대해 철학은 주체의 범주로부터 지능 개념의 분석을 통해 답하고 있다. 주체로부터 **심리학**의 속성 문제는 내면 깊숙이에 있는 충동이다. 우리는 그런 속성에 대한 한계를 세심하게 조사해 내지 못했고, 가능성의 조건들도 생각해 내지 못했다. 그럼에도 불구하고 한 가지 사실은 이제부터 확

---

1) 호지스(1983, 459쪽)를 참고할 것.

실하다. 논리학과 생물학의 관계짓기는 근본적으로 과학의 모습을 변형시켰다. 그것은 두 가지 측면에서 이루어졌는데, 첫째는 모든 지식 영역에서 정보과학 모델화의 일반화에 공헌한 것이고, 둘째는 인간 인지에 대한 연구를 상당히 쇄신하는 데 일조했다는 사실이다.

이와 같은 관점 변화는 이론의 여지없이 튜링이 남겨 준 유산이다. 단지 이 관점에 대한 가치를 평가하고, 더 깊이 있는 의미를 연구 조사해야 할 일만이 우리에게 남아 있을 뿐이다.

참고 문헌

[프랑스어판]

— (1995). 〈Théorie des nombres caculables, suivie d'une application au problème de la décision〉, dans La machine de Turing, J.-Y. Girard, Paris, Seuil, pp.49-104.

— (1995). 〈Les ordinateurs et l'intelligence〉, dans La machine de Turing, J.-Y. Girard, Paris, Seuil, pp.135-175.

[영어판]

— (1992a). Collected Works of A. M. Turing 1: Pure Mathematics, Amsterdam, Elsevier Science Publishers.

— (1992b). Collected Works of A. M. Turing 3: Mechanical Intelligence, Amsterdam, Elsevier Science Publishers.

— (1992c). Collected Works of A. M. Turing 4: Morphogenesis, Amsterdam, Elsevier Science Publishers.

— (1935). 〈Equivalence of Left and Right Almost Periodicity〉, dans J. London Math Soc. 10, pp.284-285

— (1936). 〈On Computable Numbers with an Appli-208cation to the Entscheidungsproblem〉, dans Proceedings of the London Mathematical Society 42, pp.230-265.

— (1938). 〈The Extensions of a Group〉, dans Composition Math. 5, pp.357-367

— (1939). 〈Systems of Logic based on ordinals〉, dans Proceedings of the London Mathematical Society 45(ser 2), pp.161-228.

Turing, A.(1943). 〈A Method for the Calculation of the Zeta-Function〉, dans Proc. London. Math. Soc(2) 48, pp.180-197.

— (1945). 〈Proposal for the Development in the Mathematics Division of an Automatic Computing Engine(ACE)〉, dans Executive Committee National

Physical Laboratory(HMSO), pp.1-20.

— (1947). 〈Lecture to the London Mathematical Society on 20 February 1947〉, dans *Executive Committee National Physical Laboratory*(HMSO), pp.1-20.

— (1948). 〈Intelligent Machinery〉, dans *Executive Committee National Physics Laboratory*(HMSO), pp.1-20.

— (1949). 〈Checking a Large Routine〉, dans *Report of a Conference on High Speed Automatics Caculating Machines*(EDSAC Inaugural Conference, 24 June 1949), pp.67-69.

— (1950). 〈Computing Machinery and Intelligence〉, dans *Mind* LIX(236; Oct. 1950), pp.453-460.

— (1950). 〈The Word-Problem in Semi-Groups with Cancellation〉, dans *Annals of Mathematics* ser 2(52), pp.491-505.

— (1952). 〈The Chemical Basis of Morphogenesis〉, dans *Phil. Trans. Roy. Soc.* B 237, pp.37-72.

— (1953). 〈Some Calculations of the Zeta-function〉, dans *Proc. London. Math. Soc*(3), pp.99-117.

— (1953). 〈Digital Computers Applied to Games〉, dans *Faster Than Thought*, B. V. Bowden, London, Pitman, 31, pp.286-310.

— (1953). 〈Outline of Development of a Daisy〉, dans *Collected Works of A. M. Turing, vol. 4, 〈Morphogenesis〉*, 1992, P. T. Saunders, Amsterdam, North-Holland, pp.119-123.

TURING, A. M.(1954). 〈Solvable and Unsolvable Problems〉, dans *Science News* 31, pp.7-23.

[공저로 된 튜링 텍스트]

TURING, A. M. et RICHARDS, B.(1953-1954). 〈Morphogen Theory of Phyllotaxis〉, dans *Collected Works of A. M. Turing*, vol. 4, 〈*Morphogenesis*〉, 1992, P. T. Saunders, Amsterdam, North-Holland, pp.49-118.

TURING, A. M. et WARDLAW, C.(1953). 〈A Diffusion-Reaction Theory of Morphogenesis in Plants〉, dans *Collected Works of A. M. TURING*, vol. 4,

⟨*Morphogenesis*⟩, 1992, P. T. Saunders, Amsterdam, North-Holland, pp.37-47.

TURING, A. M. et SKEWES, S.(1939). ⟨On a Theorem of Littlewood⟩, manuscrit publié dans *Collected Works of A. M. TURING: Pure Mathematics*, pp.153-174.

[다른 인용 서적]

ANDERSON, A. R., Ed.(1964). *Minds and Machines*. Englewood Cliffs, Prentice-Hall.

BABBAGE, C.(1826). ⟨On the Princilples and Development of the Calulator and Other Seminal Writings⟩, dans *Philosophical Transactions of the Royal Society 2*.

BRILLOUIN, L.(1959). *La science et la théorie de l'information*, Paris, Masson.

CHURCH, A.(1936). ⟨A Note on the Entscheidungsproblem⟩, dans *Journal of Symblic Logic* I(1936), pp.40-41.

BODEN, M., Ed.(1990). *The Philosophy of Artificial Intelligence, A Source Book*, Oxford, Oxford, University Press.

BOREL, E.(1921). ⟨Sur les jeux psychologiques et l'imitation du hasard⟩, dans *Élements de la théorie des probabilités*, Paris, Albin Michel: pp.259-263.

BUTTERWORTH, Ed.(1967). *Key Papers: Brain Physiology and Psychology*, Manchester, University park Press.

CAMPBELL-KELLY, M.(1967). ⟨Programming the Pilot Ace: Early Programming Activity at the National Physical Laboratory⟩, dans *Annals of the History of Computing* 3(2), pp.133-162.

CARPENTER, B. E. and DORAN, R.W.(1986). *A. M. Turing's ACE Report of 1946 and Other Papers*. Cambridge, Mass., MIT Press.

COULLET, P.(1988). ⟨Le pendule et le coquillage⟩, dans *La Recherche* Janvier 1998(305), pp.78-82.

D'ARCY THOMSON.(1917). *On Growth and Form*. Cambridge, Cambridge

University Prss.

DUPUY, J.-P.(1994). *Aux origines des sciences cognitives*, Paris, Paris.

GANDY, R.(1988). 〈The Confluence of Ideas in 1936〉. *The Universal Turing Machine; a Half-Century Survey*, R. Herken, Oxford, Oxford University Press, pp.55-111.

GÖDEL, K.(1929). Die Vollstandigkeit der Axiome des logischen Funktionenkalküls. *Logique mathématique-Textes*, J. Largeault, Paris, Armand Colin, pp.175-185.

GÖDEL, K.(1931). Über formal unentscheidbare Sätze der Principia Mathematica und verwandter Systeme I. *Le théorème de Gödel*, Paris, Seuil, pp.107-143.

GÖDEL, K.(1972). 〈Some remarks on the undecidability results〉, dans *Collected Works*, Oxford, Oxford University Press, II, pp.305-306.

GOLDSTINE, H.(1972). *The Computer from Pascal to von Neumann*, Princeton, Princeton University Press.

GOOD, I. J.(1979). 〈A. M. Turing's Statistical Work in World War II〉, dans *Biometrika* 66(2), pp.393-396.

— (1992). 〈Introductory Remarks for the Article 'A. M. Turing's Statistical Work in World War 'II'〉, dans *Collected Works of A. M. Turing: Pure Mathematics*, J. L. Britton, Amsterdam, North-Holland, 1, pp.211-223.

GRIGORIEFF, S.(1991). *Logique et Informatique: une introduction*, Paris, INRIA.

HARDY, G. H.(1929). 〈Mathematical Proof〉, dans *Mind* 38(1929), pp.1-25.

HERBRAND, J.(1931). 〈Notes de Herbrand écrites en marge de sa thèse〉, dans *Écrits logiques*, J. v. Heijenoort, Paris, Presses Universitaires de France, p.210.

HILBERT, D.(1917). 〈Axiomatisches Denken〉, dans *Math, Annal.* 78(1918), pp.405-415.

— (1922). 〈Die logischen Grundlagen der Mathematik〉, dans *Mathematisches Annalen* 88(1923), pp.151-165.

— (1925). 〈Über das Unendliche〉, dans *Mathematisches Annalen* 95

(1926), pp.161-190.

— (1928). 〈Problem der Grundlegung der Mathematik〉, dans *Math. Annal.* 102(1929), pp.1-9.

HODGES, A.(1983). *Alan Turing; The Enigma of Intelligence*, London.

— (1988). 〈Alan Turing and the Turing Machine〉, dans *The Universal Turing Machine; a Half-Century Survey*, R. Herken, Oxford, Oxford University Press, pp.3-15.

— (1997). *Alan Turing; a Natural Philosopher*, London, Phoenix.

HOFSTADTER, D.(1985). *Gödel, Escher et Bach*, Paris, Interéditions.

HOFSTADTER, D. et DENNET, D. C. Eds.(1987). *The Mind's I*, New York, Basic Books.

JASTROW, R.(1981). *The Enchanged Loom*, New York, Simon & Schuster.

KEPPER, P. d., DULOS, E. et al.(1998). 〈Taches, rayures et labyrinthes〉, dans *La Recherche*, Janvier 1998(305), pp.84-89.

LARGEAULT, J.(1993). *Intuition et intuitionisme*, Paris, Vrin.

LASSÈGUE, J.(1996). 〈What Kind of Turing Test did Turing have in Mind?〉, dans Tekhnema; *Journal of Philosophy and Technology*(3), pp.37-58.

McCULLOCH, W. S. et PITTS, W. H.(1943). 〈A Logical Calculus of Ideas Immanent in Nervous Activity〉, dans *Bulletin of Mathematical Biophysics* 5.

MICHIE, D.(1974). On Machine Intelligence, New York, John Wiley and Sons.

MINSKY, M. L.(1967), *Computation: Finite and infinite Machines*, Englewood Cliffs, N. J., Prentice-Hall.

MONK, R.(1990). *Wttgenstein, the Duty of Genius*, London, Vintage.

MOSCONI, J.(1989). *La constitution de la théorie des automates, Paris-I*, Paris, Sorbonne.

PENROSE, R.(1989). *The Emperor's New Mind; Concerning Computers, Minds and The Laws of Physics*, Oxford, Oxford University Press.

— (1994). *Shadows of the Mind: A Search for the Missing Science of*

Consciousness, Oxford, Oxford University Press.

PUTNAM, H.(1960). ⟨Minds and Machines⟩, dans *Dimensions of Mind*, S. Hook, New York, New York University Press, pp.148-179.

PYLYSHYN, Z.(1984). *Computation and Cognition; Toward a Foundation for Cognitive Science*, Cambridge, Mass., MIT Press.

RAMUNI, J.(1989). *La physique du calcul; Histoire de l'ordinateur*, Paris, Hachette.

REJEWSKI, M.(1981). ⟨How Polish Mathematicians Deciphered the Enigma⟩, dans *Annals of the History of Computing* 3(3), pp.213-234.

SAUNDERS, P. T.(1992). Introduction. *Collected Works of A. M. Turing, vol. 4, ⟨Morphogenesis⟩*, P. T. Saunders, Amsterdam, north-Holland, pp.XI-XXIV.

THOM, R.(1972). *Stabilité structurelle et morphogenèse*, Paris, Inter-Editions.

VON NEUMANN, J.(1927). ⟨Zur Hibertschen Beweis-theorie⟩, dans *Mathematische Zeitschrift* 26(1927), pp.1-46.

— (1946). ⟨Preliminary Discussion of the Logical Design of an Electronic Computing Instrument⟩, dans *John von Neumann Collected Works volume V.* A. H. Taub. Oxford, Pregamon Press. V, pp.34-79.

— (1966). *Theory of Self-Reproducing Automata.* London and Urbana, University of Illinois Press.

VON NEUMANN, J. & MORGENSTERN, O.(1944). *Theory of Games and Economics Behavior*, Princeton, Princeton University Press.

WANG, H.(1974). *From Mathematics to Philosophy*, London, Routledge and Kegan Paul.

— (1985). ⟨On Machines and Games⟩, dans *Scientific American*.

WARDLAWS, C. W.(1953). ⟨A commentary on Turing's diffusion-reaction theory of morphogenesis⟩, dans *New Phytol.* 52. pp.40-47.

WEYL, H.(1921). ⟨Über die neue Grundlagenkrise der Mathematik⟩, dans *Mathematische Zeitschrift* 10(1921), pp.39-79.

WIENER, N.(1964). *God and Golem, Inc.*, Cambridge, MIT Press.

역자 후기

튜링은 오늘날 정보화 혁명 시대를 개척해 낸 20세기의 대표적 인물이다. 과학에 노벨상이 있듯이 당대 최고의 컴퓨터과학자들에게 수여하는 튜링상이 있다는 것은, 앨런 튜링이 컴퓨터과학에 얼마나 지대한 공헌을 했는지 엿볼 수 있게 한다.

20세기 이전에 산업 혁명이 인간을 육체적 노동에서 해방시켜 주었듯이, 정보화 혁명은 인간의 단순 반복적인 사고 행위, 혹은 정신 노동에서 해방시켜 주었다. 게다가 이제 컴퓨터는 생각하는 기계, 창조성을 갖는 기계 이상의 의미를 가질 수도 있다.

컴퓨터의 창시자가 누구인지를 말하는 것은 많은 의견이 있을 수 있지만, 컴퓨터 원리를 만들어 낸 사람이 누구인지에 대해서는 이견이 없다. "기계도 생각할 수 있는가"라는 명제는 아직도 컴퓨터뿐만 아니라, 인지과학·인공지능을 연구하는 사람들에게 끊임없는 과제를 부여한다. 초창기의 컴퓨터는 주어진 함수 값을 계산하는 특정 계산만을 위해 만들어졌다. 지금의 모든 컴퓨터는 '튜링의 보편 기계'라는 생각에서 출발한다. 이 기계가 갖고 있는 의미는 모든 연산 문제를 더 이상 분해할 수 없는 가장 기본적인 방식으로 분해할 수 있다는 데 있다. 튜링의 선구자적인 통찰 덕택에 컴퓨터는 논리 계산과 인간의 마음을 연결해 주는 중요한 도구로 자리잡게 된다. 바로 여기에 튜링의 진정한 업적이 있을 수 있다.

이 책은 총 4장으로 구성된다.

제1장은 튜링이 추구한 지적인 여정을 살펴보고 있다. 단순한 수학자로서뿐이 아닌 행동하는 지식인, 자유롭게 추구하려는 지적인 삶의 여정이 잘 나타나고 있다. 제2장은 튜링 이전까지의 수학계를 통해, 메타수학 과정, 더나아가 계산 개념이나 튜링 기계(혹은 보편 기계)를 구성해 가는 과정을 기술하고 있다. 제3장은 일반인들에게는 알려지지 않았지만 튜링이 생물학적 특

성을 본뜬 지금의 진화 계산 방법을 예측하고 있었다는 바를 기술하고 있다. 이는 최근 들어 각광받기 시작한 연결주의 이론, 신경망 컴퓨터 등이 튜링 기계의 한계를 극복하기도 하지만, 여전히 튜링 기계의 선상에서 추진되고 있음도 엿볼 수 있게 한다. 제4장은 튜링이 전쟁·분노·동성애·자살과 같은 삶의 우여곡절 속에서도 자신이 구상하는 기계와 사고 간의 관계에 대한 일관된 연구 양상을 보여 주는 대목이다.

　이와 같은 튜링의 삶과 업적을 통해 우리는 정보과학이 도래하기 전에 과학이 어떤 상태에 있었는지를 가늠해 볼 수 있고, 새롭게 탄생할 과학·인공지능·생명정보과학 등이 어떤 과정을 통해 출현할 수 있을지를 가늠할 수 있다. 책에서도 암시하듯이 튜링은 논리학과 생물학이 어떻게 관계를 맺고, 이론 인한 과학의 변형이 어떤 식으로 나타나는지를 말해 주고 있다. 이것은 튜링이 21세기를 살아가는 우리에게 남겨 준 유산이며, 이 책을 통해 시대를 앞서 살았던 불행했던 한 천재의 모습에서 20세기 사회와 과학, 인간의 모습을 다시 한 번 생각할 수 있게 해준다.

2003년 9월　임기대

색 인

임기대
프랑스 파리 7대학 언어학 박사
한남대학교 겸임교수, 충남대학교 · 배재대학교 강사.
역서로는 《지능의 테크놀로지》《분류하기의 유혹》
《논증》《인지과학 입문》《호모 아카데미쿠스》(공역) 등

문예신서
236

튜 링

초판발행 : 2003년 9월 25일

지은이 : 장 라세구
옮긴이 : 임기대
총편집 : 韓仁淑
펴낸곳 : 東文選
제10-64호, 78. 12. 16 등록
110-300 서울 종로구 관훈동 74
전화 : 737-2795

편집설계 : 李姃昗 李惠允

ISBN 89-8038-432-7 94100
ISBN 89-8038-000-3 (문예신서)

【東文選 現代新書】

1 21세기를 위한 새로운 엘리트　　FORESEEN 연구소 / 김경현　　7,000원
2 의지, 의무, 자유 — 주제별 논술　L. 밀러 / 이대희　　6,000원
3 사유의 패배　　A. 핑켈크로트 / 주태환　　7,000원
4 문학이론　　J. 컬러 / 이은경·임옥희　　7,000원
5 불교란 무엇인가　　D. 키언 / 고길환　　6,000원
6 유대교란 무엇인가　　N. 솔로몬 / 최창모　　6,000원
7 20세기 프랑스철학　　E. 매슈스 / 김종갑　　8,000원
8 강의에 대한 강의　　P. 부르디외 / 현택수　　6,000원
9 텔레비전에 대하여　　P. 부르디외 / 현택수　　7,000원
10 고고학이란 무엇인가　　P. 반 / 박범수　　8,000원
11 우리는 무엇을 아는가　　T. 나겔 / 오영미　　5,000원
12 에쁘롱 — 니체의 문체들　　J. 데리다 / 김다은　　7,000원
13 히스테리 사례분석　　S. 프로이트 / 태혜숙　　7,000원
14 사랑의 지혜　　A. 핑켈크로트 / 권유현　　6,000원
15 일반미학　　R. 카이유와 / 이경자　　6,000원
16 본다는 것의 의미　　J. 버거 / 박범수　　10,000원
17 일본영화사　　M. 테시에 / 최은미　　7,000원
18 청소년을 위한 철학교실　　A. 자카르 / 장혜영　　7,000원
19 미술사학 입문　　M. 포인턴 / 박범수　　8,000원
20 클래식　　M. 비어드·J. 헨더슨 / 박범수　　6,000원
21 정치란 무엇인가　　K. 미노그 / 이정철　　6,000원
22 이미지의 폭력　　O. 몽젱 / 이은민　　8,000원
23 청소년을 위한 경제학교실　　J. C. 드루엥 / 조은미　　6,000원
24 순진함의 유혹 〔메디시스賞 수상작〕　　P. 브뤼크네르 / 김웅권　　9,000원
25 청소년을 위한 이야기 경제학　　A. 푸르상 / 이은민　　8,000원
26 부르디외 사회학 입문　　P. 보네위츠 / 문경자　　7,000원
27 돈은 하늘에서 떨어지지 않는다　K. 아른트 / 유영미　　6,000원
28 상상력의 세계사　　R. 보이아 / 김웅권　　9,000원
29 지식을 교환하는 새로운 기술　　A. 벵토릴라 外 / 김혜경　　6,000원
30 니체 읽기　　R. 비어즈워스 / 김웅권　　6,000원
31 노동, 교환, 기술 — 주제별 논술　B. 데코사 / 신은영　　6,000원
32 미국만들기　　R. 로티 / 임옥희　　10,000원
33 연극의 이해　　A. 쿠프리 / 장혜영　　8,000원
34 라틴문학의 이해　　J. 가야르 / 김교신　　8,000원
35 여성적 가치의 선택　　FORESEEN연구소 / 문신원　　7,000원
36 동양과 서양 사이　　L. 이리가라이 / 이은민　　7,000원
37 영화와 문학　　R. 리처드슨 / 이형식　　8,000원
38 분류하기의 유혹 — 생각하기와 조직하기　G. 비뇨 / 임기대　　7,000원
39 사실주의 문학의 이해　　G. 라루 / 조성애　　8,000원
40 윤리학 — 악에 대한 의식에 관하여　A. 바디우 / 이종영　　7,000원
41 흙과 재 〔소설〕　　A. 라히미 / 김주경　　6,000원

48 曼荼羅의 神들	立川武藏 / 金龜山	19,000원
49 朝鮮歲時記	洪錫謨 外/李錫浩	30,000원
50 하 상	蘇曉康 外 / 洪 熹	절판
51 武藝圖譜通志 實技解題	正 祖 / 沈雨晟・金光錫	15,000원
52 古文字學첫걸음	李學勤 / 河永三	14,000원
53 體育美學	胡小明 / 閔永淑	10,000원
54 아시아 美術의 再發見	崔炳植	9,000원
55 曆과 占의 科學	永田久 / 沈雨晟	8,000원
56 中國小學史	胡奇光 / 李宰碩	20,000원
57 中國甲骨學史	吳浩坤 外 / 梁東淑	35,000원
58 꿈의 철학	劉文英 / 河永三	22,000원
59 女神들의 인도	立川武藏 / 金龜山	19,000원
60 性의 역사	J. L. 플랑드렝 / 편집부	18,000원
61 쉬르섹슈얼리티	W. 챠드윅 / 편집부	10,000원
62 여성속담사전	宋在璇	18,000원
63 박재서희곡선	朴栽緒	10,000원
64 東北民族源流	孫進己 / 林東錫	13,000원
65 朝鮮巫俗의 研究(상・하)	赤松智城・秋葉隆 / 沈雨晟	28,000원
66 中國文學 속의 孤獨感	斯波六郎 / 尹壽榮	8,000원
67 한국사회주의 연극운동사	李康列	8,000원
68 스포츠인류학	K. 블랑챠드 外 / 박기동 外	12,000원
69 리조복식도감	리팔찬	20,000원
70 娼 婦	A. 꼬르벵 / 李宗旼	22,000원
71 조선민요연구	高晶玉	30,000원
72 楚文化史	張正明 / 南宗鎭	26,000원
73 시간, 욕망, 그리고 공포	A. 코르뱅 / 변기찬	18,000원
74 本國劍	金光錫	40,000원
75 노트와 반노트	E. 이오네스코 / 박형섭	20,000원
76 朝鮮美術史研究	尹喜淳	7,000원
77 拳法要訣	金光錫	30,000원
78 艸衣選集	艸衣意恂 / 林鍾旭	20,000원
79 漢語音韻學講義	董少文 / 林東錫	10,000원
80 이오네스코 연극미학	C. 위베르 / 박형섭	9,000원
81 중국문자훈고학사전	全廣鎭 편역	23,000원
82 상말속담사전	宋在璇	10,000원
83 書法論叢	沈尹默 / 郭魯鳳	8,000원
84 침실의 문화사	P. 디비 / 편집부	9,000원
85 禮의 精神	柳肅 / 洪 熹	20,000원
86 조선공예개관	沈雨晟 편역	30,000원
87 性愛의 社會史	J. 솔레 / 李宗旼	18,000원
88 러시아미술사	A. I. 조토프 / 이건수	22,000원
89 中國書藝論文選	郭魯鳳 選譯	25,000원

【기 타】

▨ 西京雜記	林東錫 譯註	20,000원
▨ 搜神記 (上·下)	林東錫 譯註	각권 30,000원
■ 경제적 공포〔메디치賞 수상작〕	V. 포레스테 / 김주경	7,000원
■ 古陶文字徵	高 明·葛英會	20,000원
■ 金文編	容 庚	36,000원
■ 고독하지 않은 홀로되기	P. 들레름·M. 들레름 / 박정오	8,000원
■ 그리하여 어느날 사랑이여	이외수 편	4,000원
■ 딸에게 들려 주는 작은 지혜	N. 레흐레이트너 / 양영란	6,500원
■ 노력을 대신하는 것은 없다	R. 쉬이 / 유혜련	5,000원
■ 노블레스 오블리주	현택수 사회비평집	7,500원
■ 미래를 원한다	J. D. 로스네 / 문 선·김덕희	8,500원
■ 사랑의 존재	한용운	3,000원
■ 산이 높으면 마땅히 우러러볼 일이다	유 향 / 임동석	5,000원
■ 서기 1000년과 서기 2000년 그 두려움의 흔적들	J. 뒤비 / 양영란	8,000원
■ 서비스는 유행을 타지 않는다	B. 바게트 / 정소영	5,000원
■ 선종이야기	홍 희 편저	8,000원
■ 섬으로 흐르는 역사	김영회	10,000원
■ 세계사상	창간호~3호: 각권 10,000원 / 4호: 14,000원	
■ 십이속상도안집	편집부	8,000원
■ 어린이 수묵화의 첫걸음(전6권)	趙 陽 / 편집부	각권 5,000원
■ 오늘 다 못다한 말은	이외수 편	7,000원
■ 오블라디 오블라다, 인생은 브래지어 위를 흐른다	무라카미 하루키 / 김난주	7,000원
■ 인생은 앞유리를 통해서 보라	B. 바게트 / 박해순	5,000원
■ 잠수복과 나비	J. D. 보비 / 양영란	6,000원
■ 천연기념물이 된 바보	최병식	7,800원
■ 原本 武藝圖譜通志	正祖 命撰	60,000원
■ 隸字編	洪鈞陶	40,000원
■ 테오의 여행 (전5권)	C. 클레망 / 양영란	각권 6,000원
■ 한글 설원 (상·중·하)	임동석 옮김	각권 7,000원
■ 한글 안자춘추	임동석 옮김	8,000원
■ 한글 수신기 (상·하)	임동석 옮김	각권 8,000원

東文選 文藝新書 137

구조주의의 역사(전4권)

프랑수아 도스
김웅권 · 이봉지 外 옮김

80년대 중반 이래 포스트모더니즘의 유행이 불어닥치면서 한국의 지성계는 포스트모더니즘의 이론적 기반을 제공한 포스트 구조주의라는 용어를 '후기 구조주의'와 '탈구조주의'의 둘로 번역해 왔다. 전자는 구조주의와의 연속성을 강조한 것이고, 후자는 그것과의 단절을 강조한 것이다. 그런데 파리 10대학 교수인 저자는《구조주의의 역사》라는 1천여 쪽에 이르는 저작을 통하여 구조주의의 제1세대라고 할 수 있는 레비 스트로스 · 로만 야콥슨 · 롤랑 바르트 · 그레마스 · 자크 라캉 등과, 제2세대라 할 수 있는 루이 알튀세 · 미셸 푸코 · 자크 데리다 등의 작업이 결코 단절된 것이 아니며, 유기적인 연관을 맺고 있다는 것을 밝힘으로써 이에 대한 하나의 해답을 제시하고 있다.

그는 지난 반세기 동안 프랑스 지성계를 지배하였던 구조주의의 운명, 즉 기원에서 쇠퇴에 이르는 과정에 대한 전체적인 조망을 통해 우리가 흔히 구조주의와 후기 구조주의라고 구분하여 부르는 이 두 사조가 모두 인간 및 사회 · 정치 · 문학, 그리고 역사에 관한 고전적인 개념의 근저를 천착하여 우리로 하여금 그것들의 정당성을 의문시하게 만드는 탈신비화의 과정에 참여하였다는 것을 밝혔으며, 이런 공통점들에 의거하여 이들 두 사조를 하나의 동일한 사조로 파악하였다.

또한 도스 교수는 민족학 · 인류학 · 사회학 · 정치학 · 역사학 · 기호학, 그리고 철학과 문학에 이르기까지 프랑스에서 흔히 인간과학이라 부르는 학문의 모든 분야에 걸쳐 이룩된 구조주의적 연구의 성과를 치우침 없이 균형 있게 다룸으로써 구조주의의 일반적인 구도를 제시한다. 뿐만 아니라 구조주의의 몇몇 기념비적인 저작에 대한 심층적인 분석을 통하여 주체의 개념을 비롯한 몇몇 근대 서양 철학의 기본 개념의 쇠퇴와 그 부활 과정을 보여 줌으로써 옛 개념들이 수정되고 재창조되며, 또한 새호운 개념으로 다시 태어나는 과정을 파노라마처럼 그려낸다.

東文選 現代新書 26

부르디외 사회학 입문

파트리스 보네위츠

문경자 옮김

사회학이란 무엇인가? 사회는 무엇이며, 그것은 어떻게 재생산되는가? 혹은 반대로 사회는 어떻게 변화하는가? 개인이 차지하는 위치는 무엇인가?

분열된 학문인 사회학에서 부르디외의 접근방식은 흥미를 끌지 않을 수 없다. 만약 그가 주장하듯이 과학적 분석이 장의 개념에서 출발하여 이루어질 수 있다면, 그 속에 속해 있는 행위자들 사이의 투쟁은 필연적일 것이다. 그렇기 때문에 그들 중의 일부는 보존 혹은 확장의 전략들을 이용하고, 또 다른 일부는 전복의 전략들을 이용하기도 한다.

본서는 고등학교 졸업반 및 대학 초년생들의 사회경제학 프로그램에 포함된 여러 주제들을 검토하는 데에 활용될 수 있다.
* 첫째, 부르디외를 그 자신의 역사적 · 이론적 추론의 틀 속에 위치시키면서 그를 소개한다.
* 사회화 과정, 사회의 계층화, 문화적 실천 혹은 불평등의 재생산과 같은 다양한 사회적 사실들을 해명할 수 있게 해주는 개념들과 방법론의 특수성을 설명한다.
* 마지막으로 이 이론의 주요한 한계들을 제시한다.

따라서 대개 산만하게 소개된 부르디외의 이론에 대해 일관된 관점을 가지고 싶어하는 학생들은 이 책을 읽음으로써 흥미를 느낄 수 있을 것이다. 또한 중요한 발췌문을 통해 부르디외의 텍스트들과 친숙해지고, 그의 연구를 더욱 심화, 확대시켜 나갈 수 있을 것이다.

東文選 文藝新書 211

토탈 스크린

장 보드리야르
배영달 옮김

　우리 사회의 현상들을 날카로운 혜안으로 분석하는 보드리야르의 《토탈 스크린》은 최근 자신의 고유한 분석 대상이 된 가상(현실)·정보·테크놀러지·텔레비전에서 정치적 문제·폭력·테러리즘·인간 복제에 이르기까지 현대성의 다양한 특성들을 보여 준다. 특히 이 책에서 보드리야르는 오늘날 우리를 매혹하는 형태들인 폭력·테러리즘·정보 바이러스와 관련하여 기호와 이미지의 불가피한 흐름, 과도한 커뮤니케이션, 프로그래밍화된 정보를 분석한다. 왜냐하면 현대의 미디어·커뮤니케이션·정보는 이미지의 독성에 의해 증식되며, 바이러스성의 힘을 지니기 때문이다.

　보드리야르는 현대성은 이미지의 독성과 더불어 폭력을 산출해 낸다고 말한다. 이러한 폭력은 정열과 본능에서보다는 스크린에서 생겨난다는 의미에서 가장된 폭력이다. 그리고 그것은 스크린과 미디어 속에 잠재해 있다. 사실 우리는 미디어의 폭력, 가상의 폭력에 저항할 수가 없다. 스크린·미디어·가상(현실)은 폭력의 형태로 도처에서 우리를 위협한다. 그러나 우리는 스크린 속으로, 가상의 이미지 속으로 들어간다. 우리는 기계의 가상 현실에 갇힌 인간이 된다. 이제 우리를 생각하는 것은 가상의 기계이다. 따라서 그는 "정보의 출현과 더불어 역사의 전개가 끝났고, 인공지능의 출현과 동시에 사유가 끝났다"고 말한다. 아마 그의 이러한 사유는 사유의 바른길과 옆길을 통해 새로운 사유의 길을 늘 모색하는 데서 비롯된 것일 터이다. 현대성에 대한 탁월한 통찰력을 보여 주는 보드리야르의 이 책은 우리에게 우리 사회의 현상들을 비판적으로 읽게 해줄 것이다.

롤랑 바르트 전집 3

현대의 신화

이화여대 기호학 연구소 옮김

현대의 신화

  이 책에서 바르트가 분석하고자 한 것은, 부르주아사회가 자연스럽게 생각하고 자명한 것으로 생각해 버려서 마치 신화처럼 되어 버린 현상들이다. 그것은 1950년대 중반부터 60년대 초까지 프랑스 사회에서 일어나고 있는 현상이지만, 이미 과거의 것이 되어 버린 것이 아니라 오늘날에도 유효한 것이기 때문에 독자들의 많은 관심을 불러일으키고 있다. 저자가 이책에서 보이고 있는 예리한 관찰과 분석, 그리고 거기에 대한 명석한 해석은 독자에게 감탄과 감동을 체험하게 하고 사물을 보는 새로운 눈을 뜨게 한다. 특히 후기 산업사회에 들어와서 반성 없이 이루어지고 있는 것, 가벼운 재미로만 이루어지면서도 대중을 지배하는 모든 것에 대해서 이 책은, 그것들이 그렇게 자연스런 것이 아니라는 것, 자명한 것이 아니라는 것을 알게 한다. 사회의 모든 현상이 숨은 의미를 감추고 있는 기호들이라고 생각하는 이 책은, 우리가 그 기호들의 의미 현상을 알고 있는 한 그 기호들을 그처럼 편안하게 소비하고 있을 수 없다는 것을 우리에게 알게 한다.

  이 책은 바르트 기호학이 완성되기 전에 씌어진 저작이기 때문에 엄밀한 의미에서 바르트 기호학을 대표하는 것은 아니지만, 그러나 그의 타고난 기호학적 감각과 현란한 문체로 이루어져 있어서 그의 기호학이론에 완전히 부합되고 있을 뿐만 아니라, 그의 텍스트 실천이론에도 상당히 관련되어 있어서 바르트 자신의 대표적 저작이라 할 수 있다.

東文選 文藝新書 175

파스칼적 명상

피에르 부르디외

김웅권 옮김

　어느 정도 성취를 이룬 인간은 인간에 대한 관념을 내놓아야 한다. 《파스칼적 명상》이라는 제목이 암시해 주듯이, 본서는 기독교 옹호론자가 아닌 실존철학자로서의 파스칼의 심원한 사유 영역으로부터 출발해 인간과 세계에 대한 새로운 통찰을 제시하고 있다. 본서의 입장에서 볼 때 파스칼의 사상에서 중요한 것은, 인간 사유의 선험적 토대를 전제하지 않고 인간 정신의 모든 결정물들을 이것들을 낳은 실존적 조건들로 되돌려 놓고 있다는 것이다.

　사실 사유에 대한 가장 근원적인 문제 제기들은 세계와 실제에 대해 거리를 두고 있는 상태에 대한 문제 제기에서 출발한다. 우리는 이러한 방법적 비판을 파스칼 속에서 이루어 낼 수 있다. 왜냐하면 그의 인류학적 고찰은 학구적 시선이 무시할 수밖에 없는 인간 존재의 특징들로 향하고 있기 때문이다. 그리고 또 하나의 이유는 그가 인간학이 스스로의 해방을 이룩하기 위해 수행해야 하는 상징적 슬로건을 제공하기 때문이다. 이 슬로건은 "진정한 철학은 철학을 조롱한다"이다.

　이 책은 실제의 세계와 단절된 고독한 상아탑 속에 갇힌 철학자들이 추상적인 사유를 통해 주조해 낸 전통적 인간상을 송두리째 뒤흔들고 있다. 부르디외는 사회학자로서 기존 철학에 정면으로 도전하면서, 인간 존재의 실존적 접근을 새로운 각도에서 모색함으로써 전혀 다른 존재의 모습을 제시하고 있다. 그것은 사르트르류의 실존적 인간과는 또 다른 인간의 이미지이다. 그것은 관념적 유희로부터 비롯된 당위적이거나 이상적 이미지, 즉 허구가 아니라 삶의 현장 속에 살아 움직이는 실천적 이미지인 것이다.

東文選 文藝新書 148

재 생 산

피에르 부르디외

이상호 옮김

이 책은 1964년에 출간된 《상속자들》에서 처음으로 선보였던 연구작업의 이론적 종합을 시도한다. 교육관계, 지식인이나 평민의 언어 사용 및 대학 문화 활용, 그리고 시험과 학위의 경제적·상징적 효과에 대한 경험 연구에서 출발하며, 상징폭력 행위와 이 폭력을 은폐하는 사회조건에 대한 일반 이론을 보여 준다. 이 이론은 상징적 주입관계의 사회조건에 대해 설명함으로써 언어학·사이버네틱 이론·정신분석 이론의 누적된 영향 아래서, 사회관계를 순수한 상징관계로 환원시키는 경향을 보이는 분석의 방법론적 한계를 규정한다.

이 책에 따르면, 학교는 환상을 생산하지만 그 효과는 환상과 거리가 멀다. 그래서 학교의 독립성과 중립성이라는 환상은, 학교가 기존 질서를 재생산한다는 가장 특별한 기여 원칙에 귀속된다. 나아가 이 책은 문화자본의 분배 구조를 재생산하는 법칙을 해명하고자 시도함으로써, 오늘날 교육 체계에서 작동되는 모순을 완벽하게 이해하는 수단을 제공할 뿐만 아니라 실천 이론에도 기여한다. 행위자를 구조의 생산물이자 구조의 재생산자로 구성함으로써 범구조주의의 객관주의만큼이나 창조적 자유의 주관주의에서도 벗어날 수 있는 실천 이론 말이다.

현대 교육사회학 분야에서 빼놓을 수 없는 역작으로 평가 받는 이 책은 단순히 교육사회학에 국한되지 않고 교육과 사회, 개인행위와 사회질서, 미시사회학과 거시사회학의 상관성을 밝히는 데 중요한 단서를 제공하고 있다.

東文選 文藝新書 153

시적 언어의 혁명

줄리아 크리스테바

김인환 옮김

미셸 푸코는 《말과 사물》에서 19세기 이후 문학은 언어를 자기 존재 안에서 조명하기 시작하였고, 그런 맥락에서 휠덜린·말라르메·로트레아몽·아르토 등은 시를 자율적 존재로 확립하면서 일종의 '반담론'을 형성하였다고 지적한다. 그러한 작가들의 시적 언어는 통상적인 언어 표상이나 기호화의 기능을 초월하기 때문에 다각적이고 종합적인 연구를 필요로 한다. 본서는 바로 그러한 연구를 구체적으로 보여 주는 시도이다.

20세기 후반의 인문과학 분야를 대표하는 저작 중의 하나로 꼽히는 《시적 언어의 혁명》은 크게 시적 언어에 대한 일반적인 특징을 종합한 제1부, 말라르메와 로트레아몽의 텍스트를 분석한 제2부, 그리고 그 두 시인의 작품을 국가·사회·가족과의 관계를 토대로 연구한 제3부로 구성된다. 이번에 번역 소개된 부분은 이론적인 연구가 망라된 제1부이다. 제1부 〈이론적 전제〉에서 저자는 형상학·해석학·정신분석학·인류학·언어학·기호학 등 현대의 주요 학문 분야의 성과를 수렴하면서 폭넓은 지식과 통찰력을 바탕으로 시적 언어의 특성을 다각적으로 조명 분석하고 있다.

크리스테바는 텍스트의 언어를 쎙볼릭과 세미오틱 두 가지 층위로 구분하고, 쎙볼릭은 일상적인 구성 언어로, 세미오틱은 원초적이고 본능적인 언어라고 규정한다. 그리하여 시적 언어로 된 텍스트의 최종적인 의미는 그 두 가지 언어 층위의 상호 작용에 의해서 결정된다고 본다. 그리고 시적 언어는 표면적으로 보기에 사회적 격동과 관계가 별로 없어 보이지만, 실상은 사회와 시대 위에 군림하는 논리와 이데올로기를 파괴하는 힘이 있다는 것을 말라르메와 로트레아몽의 《말도로르의 노래》에 대한 연구를 통하여 증명한다.

東文選 文藝新書 162

글쓰기와 차이

자크 데리다

남수인 옮김

　해체론은 데리다식의 '읽기'와 '글쓰기' 형식이다. 데리다는 '해체들'이라고 복수형으로 쓰기를 더 좋아하면서 해체가 '기획' '방법론' '시스템'으로, 특히 '철학적 체계'로 이해되는 것을 거부한다. 왜 해체인가? 비평의 관념에는 미리 전제되고 설정된 미학적 혹은 문학적 가치 평가에 의거한 비판이라는 부정적인 이미지, 부정성이 필연적으로 내포되어 있는 바, 이러한 부정적인 기반을 넘어서는 讀法을 도입하기 위해서이다. 이 독법, 그것이 해체이다. 해체는 파괴가 아니다. 비하시키고 부정하고 넘어서는 것, '비평의 비평'을 하는 것이 아니다. 해체는 "다른 시발점, 요컨대 판단의 계보·의지·의식 또는 활동, 이원적 구조 등에서 출발하여 다른 가능성을 생각해 보는 것," 사유의 공간에 변형을 줌으로써 긍정이 드러나게 하는 읽기라고 데리다는 설명한다.

　《글쓰기와 차이》는 이러한 해체적 읽기의 전형을 보여 준다. 이 책은 1959-1966년 사이에 다양한 분야, 요컨대 문학 비평·철학·정신분석·인류학·문학을 대상으로 씌어진 에세이들을 수록하고 있다. 이 책은 루세의 구조주의에 대한 '비평'에서 시작하여, 루세가 탁월하지만 전제된 '도식'에 의한 읽기에 의해 자기 모순이 포함될 수밖에 없음을 지적함으로써 자신의 읽기가 체계적 읽기, 전제에 의거한 읽기, 전형(문법)을 찾는 구조주의적 읽기와 다름을 시사한다. 그것은 "텍스트의 표식, 흔적 또는 미결정 특성과, 텍스트의 여백·한계 또는 체제, 그리고 텍스트의 자체 한계선 결정이나 자체 경계선 결정과의 연관에서 텍스트를 텍스트로 읽는" 독법이 될 것이다. 이러한 독법을 통해 후설의 현상학을 바탕으로, 데리다는 어떻게 로고스 중심주의가 텍스트의 방향을 유도하고 결정하고 있는지 보여 주는 한편, 사유의 새로운 지평을 열어 보고자, 중요하지 않은 것으로 간주되어 경시되거나 방치된 문제들을 발견하고 있다.

東文選 文藝新書 170

비정상인들

1974-1975, 콜레주 드 프랑스에서의 강의

미셸 푸코
박정자 옮김

비정상이란 도대체 무엇일까? 하나의 사회는 자신의 구성원 중에서 밀쳐내고, 무시하고, 잊어버리고 싶은 부분이 있다. 그것이 어느 때는 나환자나 페스트 환자였고, 또 어느 때는 광인이나 부랑자였다.

《비정상인들》은 역사 속에서 모습을 보인 모든 비정상인들에 대한 고고학적 작업이며, 또 이들을 이용해 의학 권력이 된 정신의학의 계보학이다.

콜레주 드 프랑스에서 1975년 1월부터 3월까지 행해진 강의《비정상인들》은 미셸 푸코가 1970년 이래, 특히《사회를 보호해야 한다》에서 앎과 권력의 문제에 바쳤던 분석들을 집중적으로 추구하고 있다. 앎과 권력의 문제란 규율 권력, 규격화 권력, 그리고 생체-권력이다. 푸코가 소위 19세기에 '비정상인들'로 불렸던 '위험한' 개인들의 문제에 접근한 것은 수많은 신학적 · 법률적 · 의학적 자료들에서부터였다. 이 자료들에서 그는 중요한 세 인물을 끌어냈는데, 그것은 괴물, 교정(矯正) 불가능자, 자위 행위자였다. 괴물은 사회적 규범과 자연의 법칙에 대한 참조에서 나왔고, 교정 불가능자는 새로운 육체 훈련 장치가 떠맡았으며, 자위 행위자는 18세기 이래 근대 가정의 규율화를 겨냥한 대대적인 캠페인의 근거가 되었다. 푸코의 분석들은 1950년대까지 시행되던 법-의학감정서를 출발점으로 삼고 있다. 이어서 그는 고백 성사와 양심 지도 기술(技術)에서부터 욕망과 충동의 고고학을 시작했다. 이렇게 해서 그는 그후의 콜레주 드 프랑스 강의 또는 저서에서 다시 선택되고, 수정되고, 다듬어질 작업의 이론적 · 역사적 전제들을 마련했다. 이 강의는 그러니까 푸코의 연구가 형성되고, 확장되고, 전개되는 과정을 추적하는 데 있어서 결코 빼놓을 수 없는 필수 불가결의 자료이다.